ИССЛЕДОВАНИЕ СОВРЕМЕННЫХ РУССКОЯЗЫЧНЫХ КОРЕЙЦЕВ 14

Территория принудительной миграции : Казахстан

Мен Дмитрий Вольбонович

Кандидат философских наук
Доктор политических наук
Профессор Казахского Национального Университета им. Аль-Фараби

ИССЛЕДОВАНИЕ СОВРЕМЕННЫХ РУССКОЯЗЫЧНЫХ КОРЕЙЦЕВ 14

Территория принудительной миграции : Казахстан

First published 2022. 2. 18.

First paperback edition 2022. 2. 25.

Author	Мен Дмитрий Вольбонович
Publisher	Yoon Gwanbaek
Publishing House	도서출판 선인
Business registration number	# 5-77 (1998.11.4)
Address	1, Nambusunhwan-ro 48-gil, Yangcheon-gu, Seoul, Republic of Korea
Phone	+82-2-718-6252/6257
Fax	+82-2-718-6253
E-mail	sunin72@chol.com

₩ 54,000

ISBN 979-11-6068-690-6 94900
ISBN 979-11-6068-676-0 (set number)

This work was supported by the Program for studies of Koreans abroad through the Ministry of Education of the Republic of Korea and Korean Studies Promotion Service of the Academy of Korean Studies (AKS-2016-SRK-1230003)

Корейский институт международных отношений университета Донгук Исследовательские книг 21
Центр исследований человека и будущего университета Донгук Исследовательские книг 19

ИССЛЕДОВАНИЕ СОВРЕМЕННЫХ РУССКОЯЗЫЧНЫХ КОРЕЙЦЕВ 14

Территория принудительной миграции : Казахстан

Мен Дмитрий Вольбонович

Предисловие

Настоящее исследование – результат трёхлетней работы, проведённой при поддержке Академии корееведения, в 2016 г. утвердившей данный проект в рамках секции «Планирование исследований в отдельных областях корееведения. Исследования зарубежных корейцев». В данной работе была предпринята попытка всесторонне рассмотреть, где и как живут корейцы России и стран Центральной Азии.

Более 160 лет назад корейцы, спасаясь от бедности и произвола местных чиновников, стали переселяться в приморские области России, переходя через реку Туманган (Туманная). Ныне живущие корёины (корё-сарам) – потомки этих переселенцев в четвёртом, пятом и даже шестом и седьмом поколениях. Первыми через Туманган переправились всего 13 дворов, чуть больше сорока человек, сейчас же диаспора корёинов насчитывает более 500 тысяч человек.

Сообщество корёинов, сформировавшее собственную идентичность как граждан Советского Союза, после распада СССР столкнулось с масштабным кризисом, когда страна оказалась разделена на 15 государств, а бывшие граждане СССР стали гражданами России, Казахстана, Узбекистана и так далее. Условия жизни в процессе перехода от социалистического общественного уклада к капиталистическому значительно изменились. Корёинам необходимо было приспособиться к новым реалиям независимых государств и изменившегося общества. Распад СССР породил масштабную этническую миграцию. Корёины оставляли позади колхозы и городские предприятия, с которыми привыкли себя ассоциировать, и отправлялись на поиски новой жизни.

Это было тяжёлое для всех время. Россия, страна-приемник распавшегося Советского Союза, вскоре объявила технический дефолт, российская экономика оказалась в затяжной рецессии. В независимых странах Центральной Азии начала подниматься волна национализма. Это время особенно тяжелым стало для корёинов, которые не были исконными жителями этих земель. Холодная война закончилась, но её влияние всё ещё ощущалось, поэтому рассчитывать на достаточную помощь от исторической родины также не приходилось.

Но перемены и трудности могут открывать и новые возможности. К тому же у корёинов был опыт принудительного переселения, тягости которого они смогли с достоинством преодолеть. С течением времени корёины постепенно стали находить своё место в России и странах Центральной Азии, начали проявлять себя во всех сферах общественной жизни. Они смогли войти в политические круги и занять официальные посты, приспособиться к капиталистической системе и показать впечатляющие экономические результаты силами собственных навыков и умений. Больших успехов достигли корёины и в сферах культуры и искусства, среди них появились выдающиеся олимпийские чемпионы, призёры кубков мира. Как и во времена Советского Союза, появлялись среди корёинов и уважаемые в академическом сообществе учёные. Эти люди создавали многочисленные ассоциации, общества сохранения национальной культуры и смогли утвердить новую идентичность корёинов как одного из этнических меньшинств России и стран Центральной Азии.

Данная серия научных работ является результатом исследования, посвящённого выдающимся корёинам современной России и стран Центральной Азии. Исследование отвечает на вопросы, кем являются эти люди, возглавляющие национальную диаспору корёинов, где и в каких сферах они активны, какое будущее ждёт корёинов.

Для всестороннего изучения современного положения корёинов это сообщество было разделено на географические и поколенческие группы со своими характерными признаками.

Географически корёины были разделены на 8 основных групп:

Пристанище для уехавших из Центральной Азии:
Сибирь;

В поисках новой жизни: Юг России;

Место принудительной мобилизации: Сахалин;

Принудительное переселение (1): Казахстан;

Принудительное переселение (2): Узбекистан;

Вновь переселившиеся: корёины Республики Корея, Европы и Америки.

Поколенчески корёины были разделены на следующие 3 категории:

– ушедшие на покой старейшины: старшее поколение;

– активные деятели: среднее поколение;

– будущее корёинов: подрастающее поколение.

Используя указанную выше классификацию, мы разделили результаты трёхлетнего исследования на 8 частей, по одной на каждый географический регион. Из них 7 частей были написаны в России и были переведены на корейский язык для корейских исследователей и организаций, интересующихся историей корёинов.

Все 8 частей исследования, насколько это возможно, придерживаются единой методологии и структуры изложения; однако, несмотря на общую форму, у каждой части есть свои особенности, связанные с различиями в описываемых регионах и территориальном распределении корёинов, характере изложения материала конкретными исследовательскими группами.

Целью проектной группы было с помощью данной серии

научных работ установить более точное понимание идентичности корёинов, внести вклад в улучшение взаимопонимания между корейцами Республики Корея и корёинами, в развитие связей между Кореей и Россией, странами Центральной Азии. Именно поэтому целью проекта стали изучение, классификация и описание различных сторон жизни корёинов.

При реализации поставленных задач участники проекта столкнулись с трудностями, связанными с неоднородностью групп корёинов, расселённых в разных географических регионах с различным историко-культурным, политическим и экономическим контекстом, и постоянно находящихся в движении.

Несмотря на эти трудности, основные задачи проекта были успешно выполнены. Ответственность за возможные недочёты публикации данной серии исследований – неполноту содержания, неточности материалов и ошибки при переводе – лежит на исследовательской группе и особенно на руководителе группы. Авторский коллектив будет благодарен за критические замечания.

Руководитель исследовательского проекта.

Февраль 2022 г.

Руководитель исследования

Слово авторов

По состоянию на 2020 год, истории корейцев в регионе СНГ (Содружества Независимых Государств, бывший Советский Союз) насчитывается ровно 156 лет(согласно отсчету с 1864 года, как год переселения). Сообщество корейцев из СНГ, история которого насчитывает около 150 лет с миграции, прожило короткую, но очень динамичную жизнь во всех слоях общества. Их жизнь была «настолько необычной», что они всегда привлекали внимание окружающих. И за 70 лет жизни на Дальнем Востоке в поисках сельхозугодий, и в Средней Азии, куда они были депортированы после того, как подверглись «японской антишпионской ненависти», и даже после расселения по всей Евразии, там, где начинали жить корейцы, образовывалось нечто сильное, что никто не мог преодолеть, и вскоре это распространялось на окружающие народы.

Жизнь корейцев никогда не была простой. Она была полна и страданиями, и лишениями, и успехами. «В конце невзгоды приходит счастье» говорят в народе. Этой пословицы постоянно придерживались корейцы на протяжении своей долгой жизни в странах СНГ. У корейцев

СНГ явно была уникальная ДНК(трудолюбие, прилежность и усердие) корейского народа, и ни и один народ не пошел дальше этого. Сегодня корейская община в Казахстане смогла выстоять как заметный народ, потому что кровь и ДНК корейцев текут в их телах.

Как уже упоминалось, жизнь корейцев СНГ, в том числе казахстанских корейцев, была короткой, но насыщенной и динамичной. «Богатое» содержание, которое может быть воспроизведено во многих фильмах, присуще жизни корейцев во всех сферах, как политика, экономика, общество, культура и искусство, образование. Чтобы помочь новым читателям понять корейцев СНГ, давайте посмотрим на 150-летнюю историю корейцев СНГ, разделив ее на четыре периода.

Прежде всего, давайте рассмотрим период проживания на Дальнем Востоке (1864-1937) до насильственной депортации. В этот период корейцы (зарубежные корейцы) писали историю миграции в различных сферах, доказывая свое национальное превосходство, несмотря на условия нестабильной жизни реиммиграционной политики российских властей. Корейцы были признаны экспертами в области сельского хозяйства в процессе развития сельского хозяйства. Через движение ополченцев (после войны 1910 г.) и партизанскую борьбу (период гражданской войны, 1918–22) они продемонстрировали усердие и передовое сельское хозяйство корейского народа, а также его приверженность защите власти на Дальнем Востоке. Кроме того, после образования Советского Союза (1922 год) они были признаны основной массой русского общества благодаря активному участию в социалистическом строительстве, сосредоточившись в корейской деревне в Владивостоке, и организации колхозов (конец 1920-х годов). А также благодаря своей деятельности в СМИ (например, «Газета Хэджо» (1908), «Тэдонконбо» (1908-10), «Газета Квоноп» (1912-14), «Сонбон» (1923-1937) и т. д.), художественной деятельности (Корейский театр, 1932 г., в будущем «Театр Корё»), деятельности в образовании (школа Ханмин, школа Мёндон, Образцовая средняя школа № 9/1924 г., педагогическая спецшкола Чосон/1924 г., педагогический университет Корё/1931 г. и т. д.) они сохранили и унаследовали дух и самобытность корейского народа. В ходе этого процесса были созданы различные формы культурно-исторических ресурсов, особенно устные традиции и культура еды. Традиционная бытовая культура, такие как игры или другие мероприятия, обряд перехода на новый этап, традиционные игры, фестивали, были сохранены наиболее четко и были переданы следующему поколению.

Далее следует период проживания в Средней Азии (1937-1953). В 1937 году в результате сталинской репрессивной политики против этнических меньшинств и принудительной миграции все корейцы были перемещены в Среднюю Азию. Корейцы поддерживали дух корейского народа в условиях расовой дискриминации ограничений по месту жительства, «нестабильных людей» и «японских шпионов», и добились выдающейся производительности в реконструкции колхоза, в областях сельского хозяйства и животноводства (рис, хлопок, другие культуры, животноводство и т. д.). Колхоз был не просто административной единицей для корейцев, но и местом, как родина, являясь центром экономической общности и социальной культуры, которые являются основой выживания. Другими словами, корейцы служили авангардом тыловой поддержки во время Второй мировой войны посредством сельскохозяйственной деятельности. Кроме того, корейцы продолжали поддерживать самобытность и национальные традиции корейского народа посредством постоянной деятельности в СМИ («Ленин Кичи» 1938-91; «Сонбон», основанный в 1923 году) и художественной деятельности (Театр Корё, 1938 - настоящее время, реорганизованный театр Чосон, основанный в 1932 году/музыкальная труппа Ариран (передвижная труппа исполнителей)/небольшая художественная труппа и т. д.). Общество корейцев постепенно получило признание как «нация, которой доверяют».

После наступил период проживания на евразийском

континенте (1953–1990), который начался с отмены ограничений, последовавших за смертью Сталина. Смерть Сталина в 1953 году и появление Хрущева стали важным поворотным моментом в жизни корейской общины в Средней Азии. Корейцы стали жить по всей Евразии. С расширением миграции или долгосрочного проживания в других регионах из-за того, что студенты и молодые люди учатся за границей или занимаются сельским хозяйством (сезонное сельское хозяйство), в системе колхозов также произошли изменения, и жизнь стала более свободной и изобильной. Особенно в этот период получили большое развитие и возродились «Ленинкичи» и корейский театр. «Ленинкичи» - единственная корейская национальная газета за рубежом, которая сохраняет свою жизнеспособность на протяжении 97 лет, она содержит ценную информацию в различных областях, включая корейский язык, литературу и традиции. Корейский театр также является единственным национальным театром за рубежом с 88-летней традицией. Он играл роль наследника национального искусства в представлениях, в которых классические произведения, такие как Щимчхонджон, Хынбуджон, Янбанджон и ДжангваХонгрёнджон, сочетаются с различными народными песнями.Конечно, активную деятельноть небольших художественных коллективов в различных корейских общинах, помимо театра Корё, нельзя не учитывать. Хотя преемственность традиционной корейской бытовой культуры ослабла из-за изменений в качестве жизни после распада советской системы, благодаря усилиям «Ленинкичи» и театра Корё, небольших художественных коллективов из разных частей страны и первого поколения иммигрантов, ресурсы традиционного культурного наследия корейцев неуклонно сохраняются и развиваются.

Наконец, период Содружества Независимых Государств (1991 - настоящее время) от распада Советского Союза до настоящего времени.Развитие корейского общества продолжается по сей день даже после распада Советского Союза в 1991 году. Конечно, хаос в экономической системе сразу после распада Советского Союза и вспышки национализма (особенно в Узбекистане) и гражданской войны (Таджикистан) в Средней Азии вызвали трудности. В результате немало корейцев Средней Азии отправились в странствия по Украине (например, Джанкой) и России (например, Волгоград, Ростов и Приморский край) в поисках стабильной жизни.Тем не менее, общество корейцев, помимо сельскохозяйственного сектора, с гордостью зарекомендовало себя в сферах политики, бизнеса, права, религии, СМИ и исполнительского искусства.Конечно, усилия Ассоциации корейцев Корейского национального культурного центра (Корейский национальный центр и др.) и других организаций и структур, которые начали создаваться до и после развала СССР,по возрождению национального языка и традиций и по унаследованию национального духа бесценны.Прежде всего, проблема прошлой истории и правового статуса корейского народа была решена путем объявления Постановления о чести и реабилитации угнетенного народа (1994 г.). Это послужило движущей силой национального возрождения корейского общества.В нынешнем корейском обществе СНГ корейцы продолжают свои усилия по формированию национальной идентичности у молодого поколения как корейского народа посредством возрождения корейского языка, традиционной культуры, возрождения маленьких художественных трупп и т. д.

Жизнь упомянутых корейцев СНГ только за эти четыре периода показывает горячий накал и динамизм. В течение этого периода бесчисленные фигуры появлялись как герои в корейском обществе, и исчезали, украсив страницу истории. Все они были «героями труда» и «заслуженными людьми», признанными Советским Союзом и казахстанским обществом. Корейцы Казахстана активно участвуют в жизни основной массы общества. В ходе строительства советского социализма, а затем в ходе строительства нового независимого Казахстана, они были лояльны государству своими блестящими успехами и достижениями. С другой стороны, они значительно повысили общественную репутацию и самовосхваление корейского народа.

В процессе трех лет написания рукописи, авторы хотели бы поделиться с читателями историей корейцев, основываясь на «главных персонажах казахстанской общины корейцев», которые появлялись на протяжении многих поколений, особенно от вынужденной миграции в Среднюю Азию в 1937 году по настоящее время. С этой целью авторы знакомят с деятельностью корейской общины в Казахстане, разделяя ее на три поколения - старшее, зрелое и новое. Кроме того, мы хотели бы проанализировать и диагностировать общую ситуацию между страной проживания, корейской общиной и Кореей.Со времен вынужденной миграции до распада Советского Союза «старшее поколение корейцев» играло ведущую роль в корейском обществе и воспроизводило миф о корейском народе на советской земле. «Зрелое поколение корейцев» - это поколение, которое посвятило себя корейскому обществу и государству Казахстан и построило основу корейского народа в процессе строительства государства Казахстан, независимой страны, после распада Советского Союза. Наконец, «новое поколение корейцев» - это новое поколение корейцев, которые в будущем будут руководить казахстанским корейским обществом, которое построено на фундаменте старшего и зрелого поколений.

Заранее следует отметить, что в этом тексте немало исторических моментов, в которых различия между поколениями не ясны. Другими словами, учитывая, что средняя продолжительность жизни человека составляет 70 лет, эти три поколения трудно описать так, как если бы они измерялись линейкой. Также, это связано с тем, что многие люди,родившиеся в 1940-50 годы, все еще живы после распада Советского Союза, и при этом их деятельность продолжалась и в советское время, и после распада Советского Союза в новом независимом Казахстане. Принимая это во внимание, авторы решили обозначить период деятельности старшего поколения периодом от вынужденного переселения до распада Советского Союза. Временная сфера деятельности зрелого поколения корейцев была сосредоточена на построении национальной независимости Казахстана со времен до и после распада Советского Союза. Хотя масштабы периодической деятельности нового поколения корейцев аналогичны деятельности зрелого поколения, мы попытались сосредоточиться на ориентированных на будущее аспектах нового поколения корейцев.

Имея это в виду, Автор разделил эту книгу на три части.

Первая часть была посвящена активной деятельности старшего поколения корейцев, которые с неукротимым духом возродили миф о переселении корейцев в Среднюю Азию из советского Дальнего Востока, несмотря на боль и испытания вынужденной миграции. Стараниями старшего поколения впервые отстроили заново колхозы в Средней Азии.Это было основой для образования и интеллектуального общества, и, кроме того, были воспроизведены мифы корейского народа, такие как реконструкция Корейского театра и переиздание «Ленин Кичи». Затем во второй части рассказывается о деятельности зрелого поколения корейцев, которые подняли репутацию и гордость корейского народа в период Советского Союза и во время строительства новой независимой страныКазахстан. Основываясь на репутации и достижениях старшего поколения, зрелое поколение показало исключительные способности в политике, бизнесе, культуре и искусстве, а также в образовании. Они участвовали в строительстве казахского государства и сыграли особенную роль в формировании и развитии новых международных отношений между Казахстаном и Кореей. Наконец, третья часть посвящена нынешней жизни нового поколения корейцев, стоящих между сохранением этнической идентичности и ассимиляцией. Эта часть касается современной семейной системы, общественной жизни и межнациональных браков нового поколения корейцев. Также упоминается страсть амбициозного нового поколения корейцевк переосмыслению мифа о корейских героях труда посредством деловой активности.Более того, также описаны опасения, что проводимая Казахстаном на национальном уровне политика национального единства и национального объединения может в конечном итоге притупить национальную идентичность корейцев, стоящих на перекрестке ассимиляции.

Автор постарался включить как можно больше свежей информации, но все еще не хватает многого. Автор был бы очень рад если труд может внести небольшой вклад как в пользу обычных читателей, так и для академических исследователей. Он надеется, что это поможет понять корейское общество всем, кто интересуется корейцами СНГ.

Содержание

|Часть 1|
Продолжающийся миф корейской диаспоры на новой земле Центральной Азии
- старшее поколение корейцев

|Часть 2|

Участие корейцев в реформировании Казахстана после развала Советского Союза и этническое возрождение - зрелое поколение корейцев

|Часть 3|
Будущее и этническая идентичность корейцев: между преемственностью и ассимиляцией
- новое поколение корейцев

Часть 1

Продолжающийся миф корейской диаспоры на новой земле Центральной Азии

- старшее поколение корейцев

Глава 1

Участие корейцев в строительстве социализма после депортации с Дальнего Востока

1. Трудовые подвиги тружеников сельского хозяйства за ускоренное построение социализма

Корейцы в Казахстане живут и трудятся уже 80 лет. На всех этапах становления и развития республики их судьбы и чаяния неразрывно связаны со всеми народами, проживающими на ее территории. Сегодня, в результате всеобщей гласности появились реальная возможность отразить роль корейских колхозов и совхозов в экономическом развитии республики.

Корейская община, насильственно депортированная в Казахстан в 1937 году, представляла собой уже сложившейся, со своими устоями, традициями, обычаями, накопивший определенный социальный и профессиональный потенциал. По официальным документам в республику было депортировано 104 колхоза, что составляло 6175 корейских семей – 30856 человек.

По директивам государственных органов, делу хозяйственного устройства переселенцев и их немедленному включению в производственную жизнь придавалось исключительно политическое и хозяйственное значение. Устройство корейцев переселенцев на местах проходило с огромными трудностями. Несмотря на тяготы и лишения, выпавшие на долю репрессивного народа, корейцы все же сумели выжить и достойно себя сохранить. Именно в трудные с 1937 года корейцы смогли заложить фундамент для своего дальнейшего развития.

Корейцы переселенцы в Казахстане были обустроены главным образом в самостоятельные колхозы или доприселены в существующие колхозы. К 1938 года корейские колхозы функционировали следующим образом: Кзыл-ординской области 28, Алма-атинской области 19, Актюбинской области 4, Северо-казахстанской области 5, Южно-казахстанской области 2, Карагандинской области 5,

Кустанайской области 2, Гурьевской области 3 рыболовецкого колхоза. Доприселение было осуществлено по областям, следующим образом: Северо-Казахстанской области 1 колхоз, Карагандинской 5, Западно-казахстанской 33, Алма-атинской 30, Южно-казахстанской 30, Кзыл-ординской 74, Кустанайской 14, Гурьевской 9.

Положение корейских переселенцев оставалось тяжелым. В октябре 1939 г. было проведено обследование корейских колхозов. Выяснилось, что состояние жилых построек было признано в большинстве колхозов неудовлетворительным. Жилые дома требовали обязательного текущего и восстановительного ремонта. Обеспеченность водными источниками была также недостаточной, не хватало питьевой воды, работы по изысканию источников начались с большим опозданием, да и качество воды было неудовлетворительным.

В результате осуществления обширного комплекса мероприятий официальных органов, помощи местных колхозов и больших трудовых затрат самих переселенцев, корейские колхозы республики сумели заложить в 1937-1940 годы начало фундамента производственно-технической и жилищно-бытовой базы для своего дальнейшего развития. В то трудное время корейцам помогла выстоять братская поддержка местного населения. У корейцев остались тёплые воспоминания, переживших переселение, в которых они с благодарностью отзываются о добром отношении к себе со стороны казахов, русских и других народов, с которыми они жили.

Но как бы то ни было, где бы ни находились заклеймённые корейцы, они самоотверженно работали во имя победы над врагом фашизма. Своим трудом, приближая ее светлый час. В фонд обороны от них поступали миллионы рублей. И в этой борьбе проявились лучшие качества корейцев. В экстремальных условиях они смогли сконцентрировать всю свою энергию, весь свой талант на обустройство новой жизни на неизведанной земле. Вечный памятник им, взрастившие на пустынных и заболоченных землях благоустроенные поселки, цветущие сады, рисовые и хлопковые плантации. Их трудовой подвиг по достоинству был отмечен государством. В советское время 68 корейцам труженикам сельского хозяйства Казахстана было присвоено высокое звание Героя Социалистического Труда, тысячи награждены орденами и медалями. Это было какое-то озарение, всплеск массового трудового героизма. За невиданно короткие сроки корейские колхозы осуществили прорыв, подлинную революцию в рисоводстве, овощеводстве и животноводстве.

Особенно высокие урожаи на значительных площадях снимал знатный рисовод республики Ким Ман Сам, который в 1942 г. достиг мирового рекорда урожайности риса (свыше

150 центнеров с гектара). Советское правительство высоко оценило достижения Ким Ман Сама. За внедрение передовых приемов агротехники, обеспечивающих получение рекордных урожаев риса ему в 1946 г. была присуждена Государственная премия СССР, а в 1948 г. присвоено высокое звание Героя Социалистического Труда.

Ким Ман Сама, колхоз «Авангард» Чиилийского района Кзыл-ординской области

В годы Великой Отечественной войны корейцы поднялись вместе со всеми народами, чтобы внести посильный вклад для победы. Приближая день побед, они осваивали новые земли, увеличивали посевные площади. К ним относятся в первую очередь передовики производства, награжденные орденами и медалями. Так, только одним Указом Президиума Верховного Совета СССР от 28 марта

1948 г. 21 корейцам Талды-Курганской области было присвоено высокое звание Героя Социалистического Труда. Многие были отмечены орденами и медалями.

А 21 мая 1949 г. среди награжденных орденами и медалями по Кзыо-Ординской области из 92 человека 52 были корейской национальности, в том числе 16 – удостоены орденом Ленина, 20 – орденом Трудового Красного Знамени, 14 – удостоены звания Героя Социалистического Труда. Это после десяти лет насильственной депортации с Дальнего Востока.

Успехи корейцев в Казахстане очень велики. Сегодня корейцев можно встретить во всех отраслях народного хозяйства, среди них много знаменитых политических деятелей, руководителей промышленных и научных производств, ученых, деятелей культур и спорта. Основой всего этого был труд корейца-земледельца, земля вскормила его, вырастила и сделала достойным гражданином своей страны.

2. Корейцы в государственной структуре Казахстана

За 80 лет проживания на земле древних казахов на их долю достались адаптация в новых незаселенных землях,

Великая Отечественная война в 1941-1945 гг., строительство социализма и коммунизма и наконец, развал Советского Союза. Живя по соседству с разными народами, они не утратили своей национальной самобытности, стараются донести будущему молодому поколению всё самое лучшее и передовое, которое они бережно сохранили.

Их судьбы и чаяния неразрывно связаны со всеми народами, проживающими на их территории. Сегодня в результате демократизации общества, появились реальные возможности отразить самые различные стороны жизни. В связи с этим они уже создали мощную базу трудовой и высокой нравственности. Об этом свидетельствуют их самоотверженный труд на благо отечества. Сегодня можно с гордостью называть имена наших соотечественников, занятых в государственной и научной сфере.

Что же из себя представляют корейцы, активно участвующие в государственных и образовательных органах? На этот вопрос ответить можно так. С высоты сегодняшнего состояния культуры, общественной жизни особенно контрастно видны те исходные рубежи, с которых начиналось духовное развитие корейцев в Казахстане. Корейцы стали нацией сплошной грамотности и занимают лидирующее положение в стране по высшему образованию.

Если первый этап истории формирования образованности характеризуется накоплением количественного, то в настоящее время она переросла в качественное состояние. В настоящее время трудно найти ту отрасль, в которой будь она правительственной, государственной, научной, культурной и других, где бы не принимали участие корейцы. Среди них можно встретить министров, зам. министров, директоров банков, академиков, крупных бизнесменов, членов парламента, генералов и др. Не случайно в последнее время в среде корейской диаспоры значительно оживилась деятельность новаторов, они активно участвуют в модернизации и реформировании страны. Это естественно. В период начавшихся преобразований в республике им удалось разрушить отжившее, разбудить национальное самосознание, преодолеть социальное и национальное безразличие.

С распадом СССР, радикально изменилась общественная ситуация в Казахстане. В настоящее время это совсем другая страна со своей развитой экономикой, а также культурным и духовно-нравственным ценностями. Столкнувшись, с новыми постсоветскими реалиями, корейцы, как и все переживают трудные времена. Сама нынешняя экономическая и политическая реальность способствует этому. С получением независимости Казахстан находится на пути к новому цивилизованному обществу. Идёт процесс модернизации всей общественной жизни, поиск новых путей будущего развития.

На современном этапе казахстанской модернизации в результате трансформации властных отношений произошла смена политической элиты. К власти пришёл новый правящий слой. Наряду с представителями прежней номенклатуры, сначала её второго, а затем и третьего «эшелона», с представителями бизнеса, особенно крупного, в состав высшего казахстанского слоя делегировала лидеров из своей национальной среды. Если обратимся во времена Советского Союза, корейцы занимали высокие должности в правительственных органах, их выбирали депутатами Верховного Совета КазССР и СССР. Приведем несколько примеров. Здесь особо следует отметить Ким Илью Лукича – доктора экономических наук, профессора, который 22 года руководил министерством финансов, был депутатом Верховного Совета Казахской ССР, избирался членом ЦК КП Казахстана.

В советское время заместителями министра и ответственные посты в правительстве занимали: Ким Афанасии Григорьевич – министерство по делам молодежи, туризма и спорта, Ким Иван Васильевич – министерство местной промышленности, Пак Геннадий Николаевич – министерство хлебопродуктов, Хван Владимир Иванович – министерство мясной и молочной промышленности и Хегай Алексей Юрьевич – министерство автодорог, Пак Алексей Андреевич – начальник птицпром в Казахстане, затем в СССР (ранг министр птицепромыщленности), Ни Владимир Васильевич – Управляющий деламиадминистрации Президента РК.

Ким Юрий Алексеевич – государственный и политический деятель Казахстана. Вся трудовая деятельность протекала на ответственных должностях в органах юстиции. Он являлся Председателем Комитета по вопросам государственного строительства и региональной политики Верховного Совета Казахстана 13-го созыва, Председателем Центральной избирательной комиссии, Председателем Конституционного Совета РК.

Ким Георгий Владимирович являлся Председателем Государственного Комитета по национальной политике (министр по национальной политике), министром юстиции, Советником Президента РК и Председателем Высшего судебного совета, заместителем генерального прокурора республики, ныне является депутатом Сената РК.

В 1950-е годы корейцы уже избирались депутатами Верховного Совета Казахской ССР и СССР. Депутатом Верховного Совета СССР (парламент) была избрана Ким Элла Ивановна – бригадир птицеводческого совхоза «Уштобинский» Талды-курганской области. Депутатами Верховного Совета Казахской ССР избирались: Ким Николай Иванович, Ким Роза, Ли Тен Хан, Рем Ген Чер, Тян Ольга,

Хван Николай Григорьевич, Хегай Ксения, Шин Вера Васильевна, Чжен Моисей Алексеевич. После развала СССР депутатами Мажилиса РК избирались: Ким Юрий Алексеевич, Шер Раиса Петровна, Цхай Юрий Андреевич, Цой Виктор Евгеньевич, Ким Георгии Владимирович и Ким Роман Ухенович. Состоявшиеся выборы 20 марта 2016 г. депутатами различных органов власти 26 являются корейцы.

Представители корейского интеллектуального труда, в частности учёные, обладающие эрудицией, высокой культурой и профессионализмом, вне всякого сомнения, оказывают определенное положительное влияние на возрождение корейской диаспоры. Корейцы, напрямую связанные с властью, были вовлечены в политику в качестве научных консультантов, доверенных лиц при выборных кампаниях. В качестве примера можно привести доктора юридических наук, профессора Ким Владимира Александровича. Он являлся одним из главных разработчиков проекта Основного Закона – Конституции РК 1995г.

Доктор философских наук, профессор Хан Гурий Борисович в свое время являлся членом Высшего дисциплинарного Совета при Президенте РК и доверенным лицом кандидата в Президенты РК Н.А. Назарбаева. Хан Г.Б.- первый президент Республиканской ассоциации корейских культурных центров Казахстана, являлся вице президентом Всесоюзной ассоциации советских корейцев.

Ким В.А. и Хан Г.Б., участвуя в разработке и принятии управленческих решений, оставались по своему профессиональному предназначению учеными, они подчиняют непосредственно исследовательские проблемы политическим приоритетам. Корейцы также широко представлены в Правлении Ассамблеи Народа Казахстан. Руководители региональных корейских культурных центров являются членам АНК. А директор Государственного Республиканского корейского театра музыкальной комедии Ни Л.А. назначалась заместителем Председателя АНК. (Председателем АНК является Президент РК).

Именно эти люди способствуют корейской диаспоре развитию политической культуры, повышают интеллектуальный уровень, доказывают, что политика, государственная деятельность и нравственность вполне совместимы. Это доказывает, что для них важны не политика, сопричастность к различным политическим процессам, происходящим в стране, а простые общечеловеческие ценности, тесно связанные с повседневной жизнью.

Таким образом, из всего сказанного можно сделать краткий вывод: корейцы в Казахстане весь свой талант, трудолюбие, стремятся подчинить служению Родине, которое содействует формированию национального самосознания. В то же время завоеванию авторитета государства на международной арене и формированию высокого имиджа за рубежом. В их повседневной работе проявляются черты истинных тружеников, патриотов Родины, отличающиеся безграничным служением ей. У них за плечами 80 - летний опыт проживания в многонациональной стране. Цель их жизни – совместно с другими народами сделать Родину счастливой и комфортной.

3. К О Р Е Й Ц Ы - Л а у р е а т ы ГОСУДАРСТВЕННЫХ премий СССР, КАЗ ССР И РЕСПУБЛИКИ КАЗАХСТАН

Проживание корейцев на земле казахов – это было не просто череда сменяющих друг друга годы, а это времена, наполненные глубоким жизненным смыслом, титаническим трудом и созиданием. В период бурного строительства социализма в СССР и в независимом Казахстане корейцы уже были представлены во всех сферах народного хозяйства: культуры, науки, медицины, образования, техники, промышленности, сельского хозяйства и др. Если в первые годы после насильственного переселения с Дальнего Востока в Центральную Азию их уделом являлись только земледелие, возделывание продуктов сельского хозяйства и тяжелый физический труд, то в настоящее время они освоили все наследие мировой цивилизации. И всюду демонстрировали образцы самоотверженного и творческого труда.

Многие передовики сельского хозяйства и промышленности были занесены в Республиканскую Книгу почета Верховного Совета Казахской ССР, а особо отличившимся присуждены Государственной премией. Первым этого почетной награды удостоился рисовод из

колхоз«Авангард» Чиилийского района Кзыл-ординской области

колхоза «Авангард» Чиилийского района Кзыл-ординской области Герой Социалистического Труда Ким Ман Сам.

Ким Владимир Николаевич, род. в 1937 г., лауреат Государственной премии СССР (1971 г.), в 1962 г. окончил Московский архитектурный институт. В 1962-1974 гг. главный архитектор мастерской ГПИ «Алма-Атагипрогор». В Алма-Ате по проектам Ким В.Н. (совместно с Репинским Н.И,, Чхоботовым Л.Л., Ратушиным Ю.Г. и др.) построены здания дворца им. Ленина (дворец Республики в 1970 г.), Государственная библиотека им. Пушкина (Национальная библиотека в 1972 г.) и др.

Ким Николай Николаевич (1932 г.) род. в г. Владивостоке, лауреат Государственной премии СССР (1989 г.), депутат Верховного Совета Казахской ССР X11 созыва (1990 г.). В 1955 г. окончил геолого-разведочный факультет Томского политехнического института. С 1955 г. мастер, начальник участка, главный инженер в Восточно-Казахстанском геологическом Управлении в Усть-Каменогорске. С 1969 г. начальник Зыряновской геологоразведочной экспедиции. С 1990 г. заместитель Председателя Комитета по промышленности, транспорту и связи Верховного Совета Казахской ССР. награжден двумя орденами Трудового Красного Знамени и медалями.

Ли Виталии Гаврилович род. в 1915 г. в г. Хабаровске, доктор геолого-минералогических наук (1970 г.), профессор

(1976 Г.). Лауреат Государственной премий Казахской ССР (1972 г.) и СССР (1985 г.). В 1941 г. окончил Казахский горно-металлургический институт. Первооткрыватель месторождения Саяк. Руководил разведкой крупнейших медных полиметаллических месторождений. Основные научные труды посвящены проблемам металлургии. Награжден орденами и медалями СССР, а также Почетной грамотой Верховного Совета Казахской ССР.

Ни Леонид Павлович род. в 1923 г., доктор технических наук (1968), профессор (1969 г.), академик НАН РК, лауреат Государственной премии СССР (1980 г.), заслуженный деятель науки Казахской ССР (1971 г.). В 1946 г. окончил Казахский горно-металлургический институт. Важнейшие исследования посвящены физической химии и технологии глинозема, общему учению о природе растворов и учению о гетерогенных процессов. Им решены многие вопросы, связанные с переработкой некондиционного алюминиевого сырья, проведены и внедрены важные работы по совершенствованию и интенсификации основных процессов глиноземного производства. За создание и промышленное освоение нового способа переработки низкокачественных бокситов Ни Л.П. совместно специалистами алюминиевой промышленности удостоен Государственной премией СССР. Автор более 500 опубликованных трудов, в том числе 12 монографий, более

100 авторских свидетельств и ряда патентов Франции и Канады. Выступал на международных конгрессах в США, Германии, Венгрии, Чехословакии, Польше и др. странах. Подготовил более 40 кандидатов и 4 доктора наук. Награжден орденами и медалями.

Пак Давид Николаевич род. в 1905 г. в Посьетском районе Приморского края. Зоотехник-селекционер, доктор сельскохозяйственных наук (1964 г.), профессор (1970 г.), Лауреат Государственной премии СССР (1951 г.), заслуженный деятель науки Казахской ССР (1983 г.). В 1932 г. окончил Саратовский зооветеринарный институт, а в 1936 г. аспирантуру Всесоюзного научно-исследовательского института животноводства. Разработал научные основы создания алатауской породы крупного рогатого скота, преобразования пород с учетом меняющихся социально-экономических факторов и направления отбора. Сформулировал положение о сочетаемости пород и линий крупного рогатого скота в зависимости от характера развития признаков в поколениях предков. Награжден орденами и медалями.

Цой Игорь Гиленович (1949-2012гг.), г. Целиноград (Астана), доктор медицинских наук (1988 г.), профессор (1990 г.), лауреат Государственной премии Республики Казахстан (2008 г.). В 1972 окончил Целиноградский медицинский институт. В 1976-1988 гг. работал в центральном аппарате

Министерства здравоохранения республики, с 1988 г. заместитель директора по научной работе Научного Центра региональных проблем питания АМН СССР. Являлся ведущим в республике специалистом по проблемам клинической иммунологии и экспериментальной аллергологии. Им создана научная школа по клинической инфекционной иммунологии. Под его руководством защищены докторские и кандидатские диссертации.

Цой Лаврентий Иванович род. в 1916 г. в селе Сидими Хасанского района Приморского края. Ученый-животновод, доктор сельскохозяйственных наук (1972 г.), профессор (1974 г.), лауреат Государственной премии СССР (1970 г.), заслуженный зоотехник КазССР (1967 г.). В 1944 г. окончил Алма-Атинский зооветеринарный институт, в 1954 г. аспирантуру Казфилиала ВАСХНИЛ. Основная научная работа в области селекции и разведения овец. Участвовал в выведении тонкорунной породы овец южно-казахстанского мериноса, совершенствовал методы развития этой породы. Обосновал эффективность промышденного скрещивания в овцеводстве. Имеет правительственные награды, под его научным руководством защищены докторские и кандидатские диссертации.

Цой Гук Ин (1926-2015 гг.) род. в провинции Хамбук, район Ким Чэк, уезда Нам, село Лидэ в Северной Корее. В 1958 г. окончил в Москве режиссерский факультет ВГИК. В 1934 г.

вместе с родителями переехал в Китай, где получил начальное и среднее образование. В 1945-1948 гг. служил в рядах Народно-освободительной армии Китая, в 1948-1952 гг. работал в киностудии в Пхеньяне. С 1958-1990 гг. работал в киностудии «Казахфильм» в качестве ассистента режиссера, режиссера, режиссера постановщика. Он принимал участие в художественных фильмах: «Молодожены» (1962 г.), «В те дни» (1965 г.), «Лесная баллада» (1973 г.), «Третья сторона медали» (1975 г.), «Клад черных гор» (1978 г.), «Год дракона» (1982 г.), «Чокан Валиханов» в 4-х сериях (1987 г., Маньчжурский вариант (1988 г.). В 1987 г. за участие художественного фильма «Чокан Валиханов» удостоен Государственной премии Казахской ССР в области литературы, искусства и архитектуры.

Цхай Александр Алексеевич род в 1941 г. в гор. Макинск Акмолинской области, доктор технических наук, профессор, лауреат Государственной премии Казахской ССР. В 1970 г. окончил химический факультет КазГУ им. Кирова. Он является высококвалифицированным специалистом в области электромембранных технологий в создании опреснительного электродиализного оборудования. В начале 90-х годов совместно с учеными Новосибирска им выполнен цикл работ в области разделения растворов электролитов, представляющих огромный интерес для нефтедобывающей промышленности и ядерной энергетики. Электродиализное оборудование, разработанное Цхаем А.А. установлено более чем 450 объектах в Казахстане и странах СНГ, также в Республике Корея, Бразилии, Оман и др. странах.

Ю Валентина Константиновна, род. в 1955 г. в Узбекистане, доктор химических наук, профессор, лауреат Государственной премии Республики Казахстан. Окончила химический факультет Самаркандского государственного университета им. Навои. Является одним из авторов анальгетика «Просидол», включенного в официальные издания Международного реестра лекарственных средств и реестры жизненно необходимых и важнейших лекарственных средств Казахстана и России, а также «Казкаина», рекомендованного для проведения второй стадии клинических исследований по двум показателям в качестве местного анестетика и антиаритмического средства. Ряд научных проектов поддерживается грантами международных научных фондов CROF, INTAS, МНТЦ. Основные научные труды включают более 300 наименований, в том числе более 100 статей и охранных документов на изобретения и тезисы докладов на международных и республиканских конференциях США, Бельгии, Италии, России, Мексике и др. странах.

Гдава 2

Социальное положение корейцев после распада СССР

1. Адаптация корейцев в условиях рыночных отношений и роль в модернизации и реформировании казахстанского общества

Сдвиги в демографической ситуации корейцев наряду со скачкообразным социально-зкономическим развитием страны оставалось стабильным. За 80 лет проживания в Казахстане корейское население практически мало выросло. По демографическим данным в 1937 году корейцев в республике насчитывалось около 93 тысяч, в настоящее время их около 110 тысяч.

Если в 1937 году депортированных корейцев вселяли в сельские районы, то сейчас очень велик поток миграции в города. Эта тенденция привела к тому, что доля городских жителей корейцев достигла 83%. Причин переезда из сёл в города очень много: учёба молодёжи, крестьяне становились промышленными рабочими, сокращение сельских кооперативов колхозов и совхозов, ухудшением инфраструктуры в деревни и др.

2017 год, как мы уже отмечали, является годом юбилейным, когда все корейцы бывшего Союза будут отмечать 80-летие депортации с Дальнего Востока в Казахстан и Среднюю Азию. Эта дата и горечь, и праздник с «сединою на висках и со слезами на глазах». В то же время 2017 год это 26 лет независимости Республики Казахстан. Что же происходит с корейцами после распада Союза, стало лучше или хуже? На это нельзя дать ответ однозначно, так как судьба корейцев есть судьба всего многонационального Казахстана.

Социологический анализ социально-стратификационной структуры корейского населения показало, что и среди них происходят изменения: переход из одних социальных структур в другие и появление новых социальных стратов. Автор совместно с профессором Кан Г.В. провёл в 1996 и 2005 годах социологическое исследование в местах компактного проживания корейцев в городах Алматы и Уш-тобе.

Социологические исследования показали, что в последние годы появляются новые слои, социоструктурные образования – предприниматели и деловые люди, кооператоры, свободные профессионалы и другие. Исследования показали изменения в социальной структуре в корейской диаспоре. От иррационального (мифилогического), отражения начинается поворот к более «взвешенной» индентификации, более рациональному пониманию собственного места в обществе.

Одним из важнейших условий становления рыночных отношений является развитие среднего и малого бизнеса. Его формирование определяет, прежде всего, общей экономической политикой, проводимой в стране. Вместе с тем существуют особенности предпринимательской деятельности корейцев, которые обусловлены закономерностями и тенденциями социально-экономического развития и рыночной коньюктуры.

Для эффективного функционирования предпринимательской деятельности в Казахстане имеются все необходимые предпосылки. Хотя он не имеет выгодных географических положений, но разнообразные природные богатства, позволяющие заниматься многими видами хозяйственной деятельности, а так же формировавшаяся на местах рыночная инфраструктура обслуживания среднего и малого бизнеса. Расширение предпринимательской деятельности корейцев – важный фактор активизации устойчивого экономического развития.

Корейцы бизнесмены практически действуют во всех без исключения отраслях хозяйственного комплекса республики. Если на 1997 год по городу Алматы было зарегистрировано более 1,5 тысяч видов коммерческих предприятий различных организационно-правовых форм собственности (включая фермерских хозяйств), что составило значительное количество от общего числа всех хозяйствующих субъектов города, то в 2015 году их количество возросло до более 3000.

Городская (Алматы) структура предпринимательства, занятая корейцами несколько отличается от республиканской пропорцией. Из анализа, занятых корейцами предпринимательской деятельности в Алматы, можно сделать некоторый вывод, что больше их интересует и куда направляют капиталовложения, которые могут быть отражением среднего показателя корейского предпринимательства. Чтобы быть предельно объективным в оценке деятельности в бизнесе корейцев, нами использованы исходные данные алматинского статуправления.

Анализ производственной организации малого бизнеса (например, производство строительного кирпича и керамической черепицы, мебельная промышленность, трикотажные изделия и др.)показал, что их численность не очень велика. Более ярко выражено посреднические услуги при купли-продажи товаров народного хозяйства, биржевые операции с фондовыми ценностями и др.

Промышленной деятельностью на данный момент занято около 20% малых предприятии, строительством и ремонтом – 19%, общей коммерческой деятельностью по обеспечению функционирования рынка – 47%, наукой, медицинским обслуживанием – 12%.

Интенсивное развитие малого предпринимательства происходит в основном в посреднической сфере и отраслях, не требующих значительных капитальных вложении. В то же время инновационный бизнес, связанный с использованием рискового капитала, создание новых технологии, вложение средств в освоение производства новых видов продукции, начинает набирать темпы и успешно функционирует.

Казахстан преодолевает кризисный период, следовательно, предпринимательская деятельность корейцев бизнесменов находится на высоком потенциале и жизнеспособности. По республиканским статистическим данным ежегодно по стране регистрируется до трёх тысяч различных предприятий, организуемыми корейскими бизнесменами. При этом ликвидируется (из-за неспособности конкуренции) лишь каждое седьмое из вновь созданных. Наибольшее количество предприятий за последние два года было образовано в сфере обслуживания и торговли, около 40%. На долю производственной сферы приходится чуть больше 27%, непроизводственной сферой – около 30%.

Значительно увеличивается число субъектов, занятых предпринимательством без образования юридического лица. Эта категория предпринимателей отдаёт предпочтение сфере торговле: торговля на рынке овощами, бахчевыми, салатами из моркови, капусты, редьки и другими. На негосударственных предприятиях Алматы работают около 7% занятых в экономике города. Если же учесть вторичную занятость, а также численность работающих в фермерских хозяйствах (сезонная работа на выращивание лука и бахчевых), индивидуальных предпринимателей без образования юридического лица, то эта доля составляет примерно – 12%. Наибольшая численность постоянно работающих на средних и малых предприятиях сосредоточена в торговле, посреднической услуге, общественном питании, обменные операции – 20%.

В малых предприятиях корейцы участвуют и производят около 27% всего объёма работ и услуг. При этом доля этого объёма больше удельного веса численности постоянно занятых в данном секторе, что свидетельствует о более высокой эффективности труда на мелких предприятиях по сравнению с другими сферами приложения труда.

В Казахстане 14 областей, корейцев проживает около 110 тысяч. В среднем на тысячу корейцев в 2015 году приходилось около 3-4 малых и средних предприятий. Динамика и плотность размещения этих хозяйствующих субъектов на территории страны различна. Наибольшее количество зарегистрированных предприятий расположено в городе Алматы и Алматинской области, а также Южноказахстанской, Джамбулской, Кзылординской, Карагандинской, где предпринимательская деятельность всех корейцев составляет примерно – 68%. Во многом это обусловлено целенаправленными усилиями местных органов управления, тесным взаимодействием областных структур с предпринимателями.

В 1997 году в республике принят закон о поддержке среднего и малого предпринимательства, там изложено общие правовые, экономические и организационные основы государственной политики поддержки предпринимательства. Местным органам управления предоставлено право самостоятельно утверждать размеры патентных ставок субъектам среднего и малого бизнеса в зависимости от приоритетности направлении их деятельности. Закон должен способствовать активизации поддержки предпринимательской деятельности на местах.

Для воспитания подрастающего поколения в духе

патриотизма, ответственности за судьбу своей Родины Ассоциация корейцев Казахстана немало сделала для развития предпринимательской деятельности корейцев. Особо важное значение имеет связь с бизнесменами Республики Корея.

Основная часть работодателей отмечают необходимость в приобретении современного компактного и высокотехнологического оборудования. В настоящее время практически это уже стало возможным, дефицит финансовых ресурсов позади. Бизнес Казахстана шагнул вперёд, банки готовы содействовать любому начинающему бизнесмену. Этим воспользовались предприимчивые молодые люди. Конечно, трудности и проблемы возникают, зачастую это незнание экономических и правовых форм и законов. Но в процессе предпринимательства и передачи знании опыта молодым успешно преодолевается.

Формирование слоя предпринимателей. При попытке анализа основных групп субъектов рыночной экономики, в которой заняты корейцы: предпринимателей (сюда входят руководители акционерных обществ, совместных предприятии); фермеров и сельских предпринимателей, обслуживающих производство и сбыт сельскохозяйственной продукции; работников частных и недавно приватизированных предприятий; наконец, те социально-профессиональные группы в госсекторе, которые разделяют эти установки и могут более или менее войти в состав «среднего класса».

Жизнь за последние десять лет привела автора к выводу, что и среди корейской диаспоры формируется принципиально новый слой, с новыми для нашего общества установками на самостоятельность в принятии решении, экономическую активность и ответственность, с высокой самооценкой и высокими материальными запросами.

Выделим три основных групп предпринимателей-корейцев: 1. предприниматели-собственники, владельцы-директора средних и малых предприятий и председатели АО и СП; 2. менеджеры не государственных предприятий, не являющиеся собственниками этих предприятий – директора совместных предприятий, руководители бирж, брокерских контор и т.д.; 3. руководители общественных организаций, представляющих интересы предпринимателей или их отдельных групп.

Кто же такой современный предприниматель (бизнесмен) кореец? Средний возраст 35-40 лет. Среди них растёт и число женщин-предпринимателей, большинство работают с мужьями или с родственниками. Успешные бизнесмены относят себя к некой элите диаспоры. Для столь высокой самооценки у них есть известные основания. Все директора АО и СП имеют по несколько вузовских дипломов, некоторые являются кандидатами, большинство бывшие преподаватели университетов, научные сотрудники академии наук и т.д.

Из поколения в поколение корейцы занимались земледелием, они выращивали зерновые, овощи и другие сельскохозяйственные культуры. После распада Союза большая часть диаспоры переехала в города и занялась предпринимательством, но некоторая часть занялась фермерским хозяйством. Несмотря на объективные трудности, урожайность возделываемых культур и эффективность производства у них заметно выросла чем в колхозах и совхозах при СССР.

Большая доля, занимающихся самостоятельным фермерским бизнесом – это бывшие вчерашние колхозники и работники совхозов. Среди них много квалифицированных сельских специалистов механизаторов, трактористов, агрономов, животноводов, строители, водители и др. Среди фермеров-корейцев можно встретить бывших директоров совхозов и колхозов. Они и сегодня продолжают свою профессиональную деятельность, руководят большими и малыми хозяйствами, опыт, приобретённый при Союзе пригодился и здесь.

Некоторая часть новых фермеров не занималась в прошлом сельским хозяйством, хотя и жили в деревне (это в основном сельская интеллигенция – учителя, медработники, служащие конторы и пр.). Значительный резерв фермерства

– горожане-корейцы, живя в городе, но поддерживали связь с селом, что позволило им не терять навыки крестьянского труда и быта. Неудовлетворённость условиями работы в городской жизни и стремление иметь собственное дело, испытать свои способности привело их к фермерству.

Становление фермерских хозяйств и сейчас наталкивает на ожесточённое противодействие всё ещё мощной на селе командно-административной системы на всех уровнях. Основными источниками конфликтов являются проблемы предоставления земли новым хозяевам. Часто власти, монопольно владеющие землёй, искусственно возбуждают общественное мнение против выделения будущему фермеру участка земли.

Чаще всего корейское фермерское хозяйство состоит только из одной семьи, реже для ведения хозяйства объединяются несколько родственных семей. Для развития дальнейших перспектив фермерских хозяйств в Казахстане в последнее время делается очень многое. Государство всячески поддерживает крестьян в отношении выкупа земли, передачи по наследству, закупок, выгодной реализации собранной продукции и пр.

Если раньше фермерство представлялось, как своеобразная «десантная группа», заброшенная в высшей степени в неблагоприятную среду, то сегодня оно рассматривается крестьянами, как жизненная необходимость на будущее. Многие факторы говорят, что сельским жителям одним не поднять инфраструктуру своей жизни, здесь необходимы колоссальные капиталовложения со стороны государства. По программе «Аул» в стране в этом направлении очень много сделано. Об этом говорит сбор зерновых в 2005-2007, 2010 годах, когда сельские труженики собрали 18 миллионов тонн зерна и более. Конечно, проблем у сельчан ещё много, но их вдохновляет темпы развития страны, значительную лепту, которую внесли они.

В целом среди корейской диаспоры в последнее время формируется новый социальный слой, чьё существование не зависит от опосредующей роли государства перераспределении производственного продукта. Этот страт отличается специфическим э т о с о м, в основе которого лежит потребность в самостоятельности, в праве принимать решения в собственности, ориентация на размер дохода, а не на его гарантированность, готовность к экономической ответственности.

В этом новом слое выделяется ядро и периферия, которая и представляет собой основной резерв его роста. По данным статуправления, корейцы занимающиеся разными видами предпринимательской деятельности и по результатам социологического опроса, около 1-1,5 тысячи составляют так называемых «новых корейцев», то есть живущих по стандартам европейского «среднего класса». Конечно, эту группу нельзя назвать предпринимательской, ибо она выделена лишь по критерию дохода, уровню потребления. Тем не менее этот показатель можно принять как определённую величину данного социального слоя. К ним относятся в первую очередь руководители корпорации, банков, генеральные директора, председатели правления, члены Советов директоров, президенты фирм и другие. Подавляющее большинство работают в частных предприятиях, далее в совместных, затем предприятия, находящиеся в собственности коллектива и инофирм.

Зарождение корейской элиты началась ещё с насильственного переселения в 1937 году с Дальнего Востока, но окончательно она сформировалась именно после распада СССР. Как известно, важнейшим отличительным признаком тоталитарной системы является запрещение всякой самоорганизации граждан, пытающейся быть независимой от монопольно правящей партии. Благодаря политической активности корейцев, начинается своеобразный Ренессанс «единства нации», Укрепляются отношения между социальными слоями. В условиях существования негосударственного сектора экономики сюда же следует отнести и определённую часть хозяйственной элиты, кроме номенклатурной.

Эти особенности функционирования и подготовки национальной элиты приводит к способности быть хранителем традиций, а потому и носителем преемственности всего национального. Поэтому, в настоящее время, можно сказать, что среди корейской диаспоры, вообщем-то сформировалась элита. Сюда в первую очередь входят номенклатура, руководители крупных корпорации и фирм, видные учёные и другие. Начинается активное формирование новой элиты корейцев бизнес-элиты. Появились две правящие элиты: политическая и экономическая.

Новые коммерческие структуры возглавляют в основном люди молодые и не все имели в прошлом карьеру номенклатурщиков. Однако круг людей, контролирующих национальное движение достаточно узок и их связи с политическим истэблишментом до сих пор остаются весьма тесными. Главными целями растущего влияния бизнесменов на национальное движение является поднятие авторитета корейской нации. Приведём несколько имён «новых корейцев», которые в Казахстане успешно занимаются бизнесом и оказывают огромную помощь в развитии экономики страны и национальной возрождении корейской диаспоры.

Прежде всего, это Ким Владимир Сергеевич (р.1960г.), с 1997 года президент ОАО «Корпорация Казахмыс». В 1982 году окончил Алматинский архитектурно-строительный институт, квалификация – инженер строитель. До этого работал каменщиком, прорабом, инструктором Ленинского райкома КП Казахстана, исполнительным директором Фонда культурного, социального и научно-технического развития республики. С 1992 года председатель правления СП «Казахстан-Самсунг».

Нам Олег Юрьевич (р.1959г.), в 1981 году закончил Алматинский архитектурно-строительный институт, Председатель Совета директоров ОАО Корпорации «KUAT». «KUAT» - крупнейшая строительная компания в республике, в ней занято около 9500 человек. Возводит административные и жилые современные комплексы, является своеобразным «ноу-хау» в строительном производстве.

Корпорация «KUAT» в 2002 году во Франкфурте награждена международной организацией Business Initiative Directions народным призом «Арка Европы» в номинации «Золото» за стремление к качеству, лидерству, передовым технологиям и инновациям. В 2003 году в Париже корпорация была удостоена Платиновой звезды «Мировое качество». А в 2004 году в Швейцарии международным призом «Эра качества» в категории «Бриллиант». Foundation for excellence in business practice наградил её Золотой медалью «За высшее качество в деловой практике», Экспертный совет Высшего Института бизнеса и управления INSAM(Женева) удостоил Золотой медалью «За безупречную деловую репутацию». Корпорация защитила сертификат по международному стандарту системы менеджмента качества ISO9001-2000 перед самой известной в мире Британской компанией BSI. Среди множества казахстанских и международных наград есть особая: первое место и хрустальный приз от Международной академии архитектуры (г.Москва).

Ни Геннадий Михайлович (р.1949г.) окончил КазГу факультет журналистики и Алматинский архитектурно-строительный институт. Незаурядные организаторские способности проявились при реконструкции телевизионного завода «NAM», где он работал генеральным директором, а также вице-президентом учреждения «Достар Холдинг». В настоящее время Ни Г.М. является руководителем аппарата Председателя Совета директоров ОАО «Банк Каспийский». Где бы он не работал, везде проявлял талант руководителя и новатора производства, имеет правительственные награды республики.

Минувшее десятилетие для корейцев Казахстана явилось переломным периодом, как и в жизни всех народов республики. Наша страна, став суверенной, независимой, вступила на путь самостоятельного демократического развития в условиях рыночной экономики. Произошли существенные сдвиги во всех сферах общественных отношений, рыночных преобразований и обеспечение экономического роста страны. Казахстан сформировал фундамент совершенно новой экономической системы, демократического правового государства, укрепил современные общественные институты, существенно изменил качество и стандарты жизни. Мы добились внутренней стабильности, обеспечили надёжность социальной базы развития, создали лучшую в регионе экономику. Мы перестали быть государством третьего мира.

За эти годы республика окрепла экономически, выбрала свой собственный путь развития, добилась признания и авторитета в мировом сообществе. В этом значительном прогрессе страны внесли и вносят свою скромную лепту и корейцы Казахстана. Они активно участвуют в пробуждении новой эры своей Родины.

Здесь необходимо открыть некоторые принципиальные характеристики корейской диаспоры, позволяющие говорить о ней как об особом социокультурном феномене, обладающем чрезвычайным политическим влиянием. Можно сказать, что корейцы своими силами «заработали» условия для сохранения культуры и языка. Их называют экономически активным урбанизированным этносом, имеющим длительную традицию дисперсного проживания в качестве национального меньшинства.

Для быстрого адаптирования в местных условиях и временном пространстве, корейцы, живя в чужих территориях, обрели большую силу сопротивления. За счёт образования и способностей, высокой приспособляемости, им удалось устроиться в неблагоприятных для себя условиях. Корейская диаспора в мире в настоящее время насчитывает около 7 миллионов, это 8% от исторической родины Корейского полуострова. Общая характеристика социально-политического положения корейцев, переселившихся в другие страны, показывает комфортную обустроенность этого народа, будь то коммунистический Китай, демократическая Америка или дискриминационная Япония. Они предпочитают селиться в крупных городах (чаще столичных) Вашингтоне, Лондоне, Москве, Токио, Алматы, Париже, Лос-Анджелесе и др.

Несмотря на репрессии и депортации, корейцы смогли «выжить» даже в такой неравнодушной к национальным меньшинствам стране, как СССР. Советское правительство интегрировало корейцев не по религиозным соображениям, а как нацию с Дальнего Востока в Центральную Азию. Характеризуя корейскую диаспору, целесообразно остановиться на её политических функциях, ибо в большинстве странах проживания они ведут активную политическую деятельность в общественных объединениях, а также в государственных и местных органах власти. Политические интересы национальных общин осваивают парламентарии корейского происхождения России, Узбекистана, Казахстана и других странах.

Признаком национальной активности предстаёт обилие различных общественных организаций. Только в Казахстане корейцами зарегистрировано на различных уровнях множество общественных организаций, в которые входят разной направленности от молодёжной до ветеранов труда и др.

В Алматы сконцентрировано основная часть корейской элиты, потенциал которой используется в научной и коммерческой сферах. Корейская диаспора является на сегодняшний день одним из эффективных интегратором кадровых и идейных ресурсов, общенациональной воли, ибо она не обанкротилась и в отличие от других бюрократических структур динамична, демократична и бескорыстна.

Корейская диаспора при всей своей самобытности и даже уникальности всё же имеет и определённые схожие черты с некоторыми другими диаспорами, прежде всего, с еврейской и немецкой. Если суммировать в их схожести в их деятельности, то получится некий обобщающий портрет этих диаспор со следующими характерными чертами: максимальная дисперсность, экономическая предприимчивость, высокая степень приспособляемости и в то же время «нерастворимость», социально-культурная замкнутость, наконец, невысокая популярность в общественном окружении иноэтнического окружения.

Латентный характер внутриобщинных связей, как в корейском, так и в названных диаспорах, дают основания рассуждать о свойственных им специфических механизмах этнического влияния, неподдающегося контролю со стороны местных государственных органов.

Проблема эмиграции корейцев тоже возникает в последнее время. Разумеется, люди вольны определять место своего постоянного жительства, но давайте зададимся некоторыми вопросами. Ждёт ли корейцев лучшая доля на новых местах? Разумно ли расставаться с краем, который давно стал родным, где жили и живут твои родичи в третьем, пятом, а то и в седьмом поколении, где покоятся прах дедов и отцов?

Почему они должны покидать места, где обильно пролитые потом и кровью, преображённые их трудом, оставлять нажитое ими колоссальное богатство: заводы, фабрики, электростанции, отстроенные города, возделанные пашни и другое. В наших силах многое решать здесь, никуда не уезжая. Думать, что переселенцев ждут с распростертыми объятиями, заблуждение и наивность.

Страна, в которой живут корейцы, исторически полиэтнична. Казахи – народ, который дал название республики, во многом схожи по менталитету, по своему характеру с корейцами. В самом деле, как и корейцам, казахам присущи такие черты народного характера, как открытость и доброта души, готовность обогреть, поделиться всем с нуждающимся. Им чуждо чувство неприязни и превосходства. Казахи всегда демонстрируют дружелюбие к корейцам. Корейцы во многом сроднились с казахами и никогда ранее не чувствовали себя так, словно живут здесь не дома. Судьбы казахов и корейцев переплетаются уже не одно десятилетие. Всякого бывало во взаимоотношениях двух народов, но больше было доброго, позитивного. И вообще народам нечего делить, кроме общей исторической судьбы. Они обречены исторически и географически вместе жить.

Добиться атмосферы полного взаимопонимания, полного равноправия, выправить перекосы во всех сферах нашей жизни – задача не из простых. Но она благородная и нужная. Её решение потребует огромных и непрерывных усилий с обеих сторон. Преодоления отживших, консервативных стереотипов мышления и проведения на всех уровнях.

Корейцам, кстати, надо подсчитать своим долгом лучше и глубже познать душу казахского народа, мы можем снискать искреннее уважение казахов тем, что будем стремиться к тому, чтобы наши дети, познавая красоту родного корейского языка, активно изучали казахский язык. Это будет на пользу всем.

В утверждении адаптировании и дружественной

атмосферы между нашими народами много могут сделать люди старшего поколения, аксакалы, учёные, педагоги, общественные и политические деятели. Осознать новые исторические реалии предстоит нашей молодёжи, вступающей в жизнь. Главное – понять время, в котором мы живём и чётко определить своё место, свои ориентиры, свою роль в новых исторических условиях. Мы должны без больших нравственных потерь приспосабливаться к новым условиям и при этом оставаться самим собой.

Отдельная человеческая жизнь коротка, а народы живут тысячи лет. Казахи и корейцы в течение десятилетий многому научились друг у друга. В перспективе вырисовываются контуры качественно нового содружества союза евразийских государств, основой которого, очевидно, суждено стать азиатским и Казахстану.

Сейчас корейцам нужно принципиально переосмыслить всю 80-летнюю жизнь в Казахстане. Будет глубоким заблуждением, если мы предадимся иллюзиям по поводу того, что в советскую эпоху нам жилось плохо и наоборот. Нужно признать, наши представления на уровне массового сознания не всегда бывают объективны. Чтобы достичь истины, надо пропустить её через множество фильтров. Отсюда и крайности – от попыток замазать «белые пятна» только чёрной краской до идеализации недавнего прошлого. То и другое одинаково опасны для исследования корейской диаспоры.

Сегодня не является секретом, что вся советская история сопровождалась многочисленными нарушениями прав народа и фактами прямого геноцида. Это – голод 20-30-х годов XX века, когда погибли миллионы граждан. Численность местного населения сократилось почти наполовину, а другие национальности потеряли миллионы честных тружеников, образованных и предприимчивых людей. Был подорван генофонд многих наций. Это – массовые репрессии и расстрелы лучших представителей национальной культуры, науки, литературы и общественной мысли. Это – массовые депортации народов и ликвидация национальных образований.

Нет вины корейцев в том, что XX век стал для них веком трагедий и испытаний. В начале – аннексия Японией Кореи, что привело к массовой эмиграции за пределы Корейского полуострова, затем насильственное переселение с Дальнего Востока в Центральную Азию и Казахстан, кровопролитная война в Корее 1950-1953 годы. Не виноваты корейцы, что не по своей воле оказавшиеся в Казахстане и обретшие здесь свою Родину. Но жизнь продолжается, и будет идти только в лучшую сторону. В этом нет сомнения.

2. Особенности становления и формирования корейской интеллигенции

Корейская интеллектуальная элита в Казахстане стала формироваться с того самого момента, когда началось насильственное переселение в данный регион. Она сравнительно молодая, начала складываться в 20-30-е гг. XX века на российском Дальне Востоке, а интенсивно развиваться в 40-50-е гг. уже в Казахстане.

Особенностью формирования корейской интеллигенции является то, что она претерпела в своем развитии множество бедствии, которые выпали на ее долю. Начиналось формирование буквально с нуля. Как известно, история корейцев бывшего СССР начинается с середины X1X века, когда они нелегально начали осваивать российские земли на Дальнем Востоке. Первые переселенцы с Корейского полуострова большую часть представляли из себя крестьянство, мелкие ремесленники, то есть простолюдины, малограмотные. Об образованности и интеллигентности и речи тогда не могло идти.

Важную роль в развитии и формировании национальной элиты сыграло открытие в 1931 году во Владивостоке Государственный Корейский педагогический институт с несколькими факультетами. Преподавание велось на родном корейском языке. В 1934 году состоялся первый выпуск, 217 квалифицированных специалистов заложили основу нынешней интеллигенции корейцев.

Что же из себя представляет корейская интеллигенция на сегодняшний день XX1 века? На этот вопрос ответить можно так. С высоты сегодняшнего состояния культуры, общественной жизни особенно контрастно видны те исходные рубежи, с которых начиналось духовное, научное развитие корейцев в Казахстане и в целом по СНГ. Корейцы стали нацией сплошной грамотности, которые занимают лидирующее положение в стране по высшему образованию.

Если первый этап истории формирования корейской интеллигенции характеризуется накоплением количественного, то в настоящее время она переросла в качественное состояние. Трудно найти ту отрасль, в которой будь она научной, культурной, технической, где не работали корейцы. Среди них можно встретить ученых академиков, докторов и кандидатов наук, писателей, поэтов, художников, артистов и многих других специальностей.

Надо отметить, что, несмотря на малообеспеченность к новым веяниям рыночной экономики творческая и научная интеллигенция продолжает выполнять функции элиты нации. В последнее время в среде корейской диаспоры значительно оживилась работа и деятельность интеллигенции, она активно участвует в модернизации и реформировании страны. В период начавшихся преобразований в республике интеллигенции удалось разрушить отжившее, разбудить национальное самосознание корейцев.

С распадом СССР, радикально изменилась общественная ситуация в Казахстане. В настоящее время это совсем другая страна со своим развитым экономикой, а также культурным и духовно-нравственным ценностями. Столкнувшись, с новыми постсоветскими реалиями, корейская интеллигенция пережила трудные времена.

Сейчас ситуация кардинально изменилась. Переход республики к рыночным отношениям привел к проявлению деловой активности корейской интеллигенции. Часть ее сменила прежнюю профессиональную деятельность на новое поприще, связала свою жизнь с бизнесом. Хотя и в прежние годы интеллигенция, в частности ученые, входили в номенклатурную элиту, но их наличие здесь нередко имело как бы декоративный характер.

Представители корейского интеллектуального труда, в частности ученые, обладающие эрудицией, высокой культурой и профессионализмом, вне всякого сомнения, оказывают определенное положительное влияние на возрождение корейской диаспоры. Хотя следует признать, что немалая часть корейской интеллигенции, вошедшая во властную элиту, не овладела знанием корейского языка. Но это не мешает им быть патриотами своей диаспоры.

Как уже отмечали, корейская интеллигенция напрямую связывали себя с властью, особенно это касается обществоведов, немало ученых вовлечены в политику в качестве научных консультантов, доверенных лиц при выборных кампании и т.д. В качестве примера можно привести доктора юридических наук, профессора Ким Владимир Александрович. Он является одним из главных разработчиков Конституции РК.

Известный ученый Хан Гурий Борисович в свое время являлся членом Высшего дисциплинарного Совета при Президенте РК, являлся доверенным лицом кандидата в Президенты РК Н.А. Назарбаева, первый президент Ассоциации корейцев Казахстана.

Ученые Ким В.А. и Хан Г.Б., участвуя в разработке и принятии управленческих решений, но оставались по своему профессиональному предназначению интеллигенцией, они подчиняют непосредственно исследовательские проблемы политическим приоритетам.

Среди корейской научной интеллигенции, вошедшие во властные структуры были люди, которые работали в верхнем эшелоне власти. Здесь необходимо упомянуть Ким Ильи Лукича д. э. н., профессора, министра финансов Казахстана. В свое время по распоряжению правительства СССР находился в Афганистане в составе правительственной Комиссии по составлению первого пятилетнего плана развития народного хозяйства в должности старшего советника по финансам.

Наиболее высоких результатов ученые корейцы достигли в области физики, математики, геологии, химии, медицины и естественных наук. Патриархом в исследовании по проблемам математики и промышленности заслуженно являются академик НАН РК Ни Л.П. и чл.-кор. АН РК Ким Енгван Инсугович. Значительный вклад в науку и технику внесли корейские ученые доктора наук: Квон С.С., Ким М. Х., Ли В. Г., Ли В.Д. , Мун Г.А., Пак А.М., Пак Д.Н., Пак И.Т., Цой Л.И., Цой С.В., Цхай А. А., Цай Д.Т., Цхай С.М., Шим П.С., Хван М.В., Ю В.К., в области медицины Ан Ф.Г., Ким О.М., Нигай Г.А., Тюгай Т.М., Цой Г.В., Цой И.Г., Цой О.Г., Цой Н. И., в области общественных наук Кан Г.В., Ким Г.Н., Ким О.Г., Пак Н.С., Хан Н.Н. и мн. др.

В Казахстане выросла целая плеяда талантливых корейских деятелей культуры – артистов, литераторов, художников, музыкантов, многие из которых удостоены правительственных наград, имеют почетные звания.

Из всего сказанного можно сделать вывод: в корейской диаспоре в настоящее время в целом сформировалась интеллигенция. В нее в первую очередь входят представители духовной культуры, работники образования и науки в университетах и академических институтах, политическая номенклатура и др.

Глава 3

Развитие культуры, спорта и СМИ

1. Республиканский академический корейский театр музыкальной комедии

Театральное искусство корейского народа зародилось с древних времен. На основе самобытных песен и танцев, имеющих сюжетную линию, исполняемых под сопровождение народных музыкальных инструментов, появился драматический театр.

Формой его выражения становятся театр масок, театр пантомимы, акробатическая клоунада и театрализованные народные празднества.

С конца XIX века на Дальнем Востоке России появляются

переселенцы из Кореи, которые со временем образовали корейскую диаспору со своим национальным искусством. В начале 20-х годов XX века в Приморском крае в корейских селах стихийно возникают сотни драматических кружков. Подмосток сцены стал трибуной агитации, подчиненный насущным задачам дня.

Бурное развитие и рост этих самодеятельных кружков приводит к качественному изменению и 9 сентября 1932 года, по решению Советского правительства в городе Владивостоке создается краевой Корейский театр.

Основу театра составили талантливые участники из этих кружков, имена которых впоследствии стали легендарными в национальном искусстве. Они были основателями Государственного Республиканского Корейского театра музыкальной комедии, старейшего в мире корейского театра, которому в 2017 году исполняется 85 лет: Ким Дин – народный артист КазССР, Ли Хан Дек – народная артистка КазССР, Ли Николай П. – народный артист КазССР, Цой Бон До – заслуженный артист КазССР, Ли Гир Су – заслуженный артист КазССР, Ли Ген Хи - заслуженный артист КазССР, Пак Гун Себ - заслуженный артист КазССР, Ким Хо Нам - заслуженный артист КазССР, Тхай Дян Чун – заслуженный деятель искусств КазССР, Цой Ен - заслуженный деятель искусств КазССР, Ен Сен Нен - заслуженный деятель искусств КазССР и многие другие.

1932-1937 года – Дальневосточный период жизни корейского театра знаменателен тем, что начиная с 1935 года после выпуска спектакля «Сказание о девушке Чун Хян» Ли Ден Ним, режиссер – Ен Сен Нен, театр обретает широкую популярность в Приморском крае и этот год, по мнению ветеранов театра, стал точкой отсчета становления Корейского театра центром национальной культуры диаспоры.

1937 год – один из труднейших периодов в истории театра, депортированного вместе со всем корейским населением из Приморского края в Среднюю Азию и Казахстан.Коллектив театра оказался разделенным. Главной задачей переселенцев было выживание на чужой, незнакомой земле, однако тяга к духовным ценностям была настолько сильна, что вскоре были образованы два самостоятельных областных корейских музыкально-драматических театра – Кзыл-ординский и Ташкентский.

Кзыл-Ординский период жизни театра продлился с 1937 года по 1942-й и за это время у театра появились зрители разных национальностей, так как наряду со спектаклями национальных драматургов, восторженно принимавшихся зрителем, в репертуаре театра появились, ставшие популярными спектакли русских и советских актеров: «Любовь Яровая» К.Тренев, «Егор Булычёв и др.» М.Горький, «Русские люди» К.Симонов и т.д.

С большим успехом идут представления концертных программ, которые театр дает в колхозах во-время посевных, уборочных и других мероприятий. Свой 10-ти летний юбилей театр встречает уже как Талды-Курганский театр, так как по решению Казсовнаркома от 13 января 1942 года он был переведен на станцию Уш-Тобе Каратальского района.

В годы Великой Отечественной войны 1941-1945гг. коллектив театра вместе со всем советским народом жил и работал под лозунгом: «Все для фронта, все для Победы!»Были подготовлены концертные программы из песен и стихов о войне, сатирические скетчи и интермедии, с которыми артистами выступали перед ранеными солдатами в госпиталях, а на выездах перед эвакуированными и местными спектаклями: «Синий платочек» В.Катаев, «Дни и ночи» К.Симоков, «Поток жизни» Тхай Дян Чун и др.

Большой вклад в развитие театра и укрепление его роли, как центра национальной культуры и искусства, внес Те Ден Гу (заслуженный деятель искусств КазССР), который с 1946 года стал директором театра и на протяжении почти 40 лет был бессменным его руководителем. При его активном участии происходит в 1950 году объединение Ташкентского и Талды-Курганского театров в один – Талды-Курганский Корейский музыкальный драматический театр, что значительно усилило творческий состав театра.

В репертуаре появились спектакли русских, советских и

зарубежных драматургов: «Козы-Корпеш и Баян-Слу» Г. Мусрепов, «Легенда о любви» Н.Хикмет, «Ревизор» Н.Гоголь, «Отелло» В.Шекспир, «Коварство и любовь» Ф.Шиллер и др.В республике стали известны имена талантливых композиторов Тен Чу, Тен Ин Мун, Ким Виктор В., художников Кан Георгия М (заслуженный деятель искусств КазССР), Пак Константина Е и др.

Те Ден Гу сумел привлечь к работе в театре профессионалов – Эдуарда Богушевского, на должность главного дирижера театра, Александра Пашкова на должность главного режиссера театра, писателя и драматурга в качестве заведующего литературной частью театра. Творчество этих мастеров способствовало появлению театра на всесоюзных и международных театральных сценах. Одной из ярких работ театра является музыкальный спектакль «Сказание о зайце» автор Хан Дин, режиссер А.Пашков, композитор Э. Богушевский, хореограф Римма Ким, который в течение многих лет не сходил со сцены, сопровождаемый восторженными отзывами зрителей и признанием театроведов республики. По постановлению Совета Министров КазССР от 30 мая 1959 года театр переводится в город Кзыл-Орду и вновь становится Кзыл-Ординским Корейским музыкальным драматическим театром.

В 1960 году в театр приходит второе поколение артистов. Это молодые специалисты, окончившие Ташкентский театрально- художественный институт им. А. Островского. Они вскоре становятся ведущими актерами театра и впоследствии их заслуги будут отмечены высокими званиями и наградами правительства республики. Это – Ким Владимир Егорович.- народный артист КазССР, Пак София –заслуженная артистка КазССР, Сон Ольга - заслуженная артистка КазССР, Лим Роза - заслуженная артистка КазССР, Мун Александр - заслуженный артист КазССР, Ким Иосиф – актер, режиссер, драматург, Тен Анатолий – актер, режиссер, Пак Василий, Тин Петр, Ким Никифор.

В эти же годы из самодеятельности пришли в театр талантливые Пак Майя – заслуженная артистка КазССР, Тен Эдуард, Тин Федор, Пак Надежда, Ким Антон и др. 1968 год стал знаменательным для театра. С 8 января 1968 года по постановлению статус Государственного Корейского театра музыкальной комедии и вскоре театр переезжает в город Алма-Ату, где столичный зритель и театральные критики высоко оценивают новые постановки театра. «Кремлевские куранты» Н. Погодин, режиссер М. Новохишин из города Москвы, «Карагоз» М.Ауэзов, режиссер Ким Иосиф, «Материнское поле» Ч.Айтматов, режиссер Ким И. Консультант спектакля А. Мамбетов, народный артист СССР.

Нынешний вид Корейского театра в Алматы

28 августа 1968 года на сцене русского драматического театра им. М. Лермонтова состоялась премьера эстрадного ансамбля «Ариран», созданного на основе концертной группы театра. Организатором и художественным руководителем «Арирана» был талантливый вокалист Ким Владимир Александрович (заслуженный артист КазССР). Большой успех и широкую популярность на территории СССР «Арирану» обеспечили великолепные танцы артистов балета под руководством главного балетмейстера Риммы Ким, народной артистки КазССР, яркий талант артиста – конферанса Ким Ги Бона, высокое исполнительское

мастерство солистов: Ким Владимира (заслуженный артист КазССР), Пак Николая (заслуженный артист КиргССР), Сон Георгия (заслуженный работник культуры КазССР), Ли Вениамина (заслуженный артист КазССР), Ким Зои (заслуженная артистка КазССР), Пан Тамары, Цой Ларисы, Ким Хон Нюр, Дё Гюн Хва, Нигай Комы и др.

На особом месте в ансамбле находится эстрадный оркестр под управлением Э.Богушевского. Он много лет считался лучшим в республике и стать музыкантом этого оркестра можно было только после строгого конкурсного отбора. Впоследствии, после ухода Э.Богушевского, один из лучших среди этих музыкантов Хан Яков занял должность главного дирижера театра.

Вскоре он стал известен в республике и как композитор и как организатор международных фестивалей джазовой музыки и как создатель национально-этнографической группы «Самульнори» в театре. Эта группа под его руководством становится лауреатом нескольких фестивалей искусства в Европе и Республике Корея. Популярность ее вырастает настолько, что вскоре почти во всех коллективах становится главным художественной самодеятельности филиалов Ассоциации Корейцев Казахстана (АКК) и на всех праздничных мероприятиях звучали такие группы «Самульнори». Ныне главным дирижером театра работает Юн Георгий, заслуженный деятель РК, талантливый композитор, музыкант и актер. Он составил из вокалистов театра популярный квартет «Премиум». Музыка композитора Юн Георгия в спектаклях и концертных программах составляет львиную долю успеха этих постановок.

Традиции балетного искусства продолжает уверенно развивать главный балетмейстер театра Лариса Ким, Кавалер ордена «Достык-II степени». Танцы артистов балета театра восхищают красочностью, высокой культурой исполнения и профессиональным мастерством.

С 1975 года главным режиссером стал Мен Дон Ук, режиссер, драматург, писатель и педагог, заслуженный деятель искусств КазССР, до этого работавший главным режиссером Казахского ТЮЗа им.Г.Мусрепова. Вместе с ним в театр пришли молодые специалисты – его ученики, окончившие театральное отделение консерватории им. Курмангазы города Алматы: Ким Хан Нен, заслуженный артист КазССР, обладатель премии им. Ким Дина (народный артист КазССР); Ли Мэрий, заслуженный работник культуры КазССР, награждена премией им. Ким Дина; Дин Владимир, Ким Людмила, Ан Александр, Ким Олег (актер, режиссер), Огай Станислав (впоследствии в течении нескольких лет был спонсором театра); Хегай Александр, Пак Александра, Ким Галина (заслуженный работник культуры Республики Казахстан, обладатель премии им. Ким Дина, Кавалер ордена «Достык-II степени»), Ли Олег (заслуженный деятель искусств РК, режиссер, награжден премией им. Ким Дина, Кавалер ордена «Курмет», лауреат «Премии КГБ СССР в области литературы и «кино»).

Последний пополнением драматической труппы театра в XX веке были выпускники Алма-Атинского Государственного театрально-художественного института (АГТХИ), пришедшие в театр в 1984 году: Пяк Антонина, заслуженный деятель РК, обладатель премии им. Ким Дина; Цой Татьяна, заслуженная артистка КазССР; Цой Роман, заслуженный работник культуры РК, обладатель премии им. Ким Дина; Пак Эдуард, заслуженный работник культуры РК, награжден премией им. Ким Дина; Пак Сергей, Ким Григорий, Хан Эрик, Ли Маргарита.

Актёры Корейского театра, проводящие мероприятие; 2019.5

1990-й год положил начало творческим связям театра с театрами исторической родины. В апреле 1990 года театр гастролирует в г. Пхеньян КНДР, затем артисты приняли участие в международном фестивале искусств «Апрельская весна», где солистка театра Зоя Ким стала лауреатом этого фестиваля. В декабре 1990-го года, по приглашению руководства театра, директор Ассоциации национальных театров Республики Корея, госпожа Ким Гын Хи с педагогом по танцам госпожой Ше Сун Ген из города Сеул, в течение месяца обучали артистов балета сложным национальным танцам.

Руководство АКК, понимая важность не только сохранения, но и дальнейшего развития национальной культуры и искусства, стало оказывать всестороннюю помощь театру, как центру культуры и искусства диаспоры и активно способствовало развитию и популяризации художественной самодеятельности филиалов АКК в регионах.

В 1992 году АКК учредила ежегодную театральную премию им. Ким Дина, народного артиста КазССР, которой награждаются артисты за лучшие творческие достижения года. Совместно с театром АКК организовала и регулярно проводит республиканские фестивали корейского искусства.

В трудный для театра 1999 год президиум АКК проявил

инициативу, в результате которой Министерство Культуры Республики Казахстан, утвердило на должность директора Государственного Корейского театра музыкальной комедии госпожу Ни Любовь Августовну (заслуженный деятель РК), которая сумела определить приоритетные задачи для театра, найти пути для их разрешения и на протяжении уже почти двух десятков лет успешно руководит творческим процессом театра.

За этот период артисты завоевывают награды на международных фестивалях и конкурсах: этнографическая группа «Самульнори» -лауреат фестивалей искусств в Европе и республике Корея (1999-2004); артисты балета – обладатели II премии международного фестиваля испанского танца «Приз традиций», г. Алматы (2000); вокалисты Тен Илона, Ли Виталий, Ким Елена, Ли Станислав – лауреаты международных фестивалей вокального искусства в городах Москва, Бишкек, Астана, Алматы (2002-2006); актеры Цой Роман и Пак Эдуард - лауреаты международного фестиваля «Юмора и смеха», г.Алматы (2000); актриса Ким Галина – обладательница главного приза в номинации «Лучшая женская роль» на международном театральном фестивале «Мир Исабекова», г.Алматы (2012).

В этот период в театре работали: поэт Ли Станислав, творчество которого известно в Корее; писатель, драматург, кинорежиссер Сон Лаврентий; журналист, писатель и драматург Цой Ен Гын, которые внесли значительный вклад в театральное искусство. Совместная работа сценаристов Сон Л. и Ли С. с композитором Я.Хан и главным режиссером театра Ли Олегом привела к созданию спектакля «Память» о периоде жизни корейцев после депортации в Казахстан. Этот спектакль сопровождался большими эмоциями зрителей и получил награды на республиканском и международном театральных фестивалях в городах Астана и Сеул, республика Корея.

Такой же путь прошел спектакль по пьесе Цой Ен Гына «Не умирайте молодыми» о проблемах наркомании. В результате активной работы директора театра Ни Л.А. писатель и драматург Анатолий Ким, автор известных, во всем мире книг, по сценариям которого кинофильмы «Сестра моя Люся», «Месть» получили награды на международных кинофестивалях, а в театре, по его пьесам, спектакли «Плач кукушки» и «Дорожка феи в саду» получили высокие оценки зрителей и театроведов республики, стал сотрудничать с театром и вместе со Станиславом Ли и главным режиссером Олегом Ли, открыл студию «актерского мастерства» при театре и стал ее художественным руководителем. Спустя год, Ни Л.А. сумела добиться открытия корейского курса на театральном отделении Казахской Национальной Академии Искусств (КазНАИ) им.Т. Жургенова, где учащиеся студии стали основой этого курса и по окончании учебы в театре в 2006 году появились новые актеры: Елена Ким, Антонина Шегай, Виталий Нам, Игорь Шин, Борис Югай, Марина Ким, Наталья Ли.

Одной из приоритетных задач директора театра было укрепление и дальнейшее развитие творческих связей с Ассоциацией театров республики Корея. При содействии посольства республики Корея в Казхастане, Ни Л,А, успешно справилась с этой важной проблемой и теперь театр регулярно выезжает на международные театральные фестивали в Республику Корея, артисты нашего театра стажируются в театрах республики Корея, а театральные коллективы из Кореи ежегодно приезжают с гастролями в город Алматы и режиссеры и актеры из Кореи участвуют в постановках спектаклей нашего театра.

В результате тщательно проведенной работы директором театра Ни Л.А. на празднование 70-летия театра в сентябре 2002 года из Кореи прибыла делегация в составе: начальника управления комитета культуры республики Корея, г. Ли Ен Дина, ответственного секретаря этого комитета г. Ри Дин Бе, директора Государственного Национального театра республики Корея г. Ким Мен Кона, его заместителя г. Тен Хе Соба и артистов этого театра г. Ю Су Дшанга и г. Ли Ен Тхе.

Следствием этого стали регулярные посещения театра высокопоставленными гостями из Кореи, прибывающими в республику Казахстан с официальными визитами. Все эти гости, восхищаясь высоким профессионализмом артистов, выражали благодарность театру за сохранение и развитие национальных традиций, культуры и искусства в Казахстане, находящегося далеко от Корейского полуострова.

В 2003 году, объявленному «Годом Казахстана в России», Корейский театр был представителем искусства республики в городах Томск, Красноярск, Новосибирск и Москва. Для зрителей была подготовлена программа «Многоцветный Казахстан» о которой в СМИ говорили и писали как о «богатой палитре высокого исполнительского мастерства артистов Казахстана».

В 2006 году в России проходят «Дни корейской культуры». Артистов театра встречают зрители городов Ростов-на-Дону, Волгограда и Москвы. Популярность и востребованность национального искусства были очевидны.

В 2007 году театр вместе с АКК осуществил масштабные проекты «Путь диаспоры и «Поезд Памяти», посвященные 70-летию проживания корейцев в Казахстане и 75-летию Корейского театра. Маршрут гастролей театра начался в городе Владивостоке, прошел через город Хабаровск, Уссурийск и затем по регионам Казахстана.

И по всему маршруту корейская общественность, воздавая день памяти основателям театра, ставшего центром национальной культуры и искусства диаспоры Казахстана, подчеркивала значимость и необходимость миссии театра не только в Казахстане, но и на всей территории СНГ.

Уже 85-й год Государственный корейский театр музыкальной комедии вместе с талантливыми представителями корейской общественности воспитывает в подрастающих поколениях любовь и уважение к национальным традициям, культуре и искусству.

2. Газета «Корё Ильбо» и ее роль в распространении новостей для корейцев

Газета, изменив в 1991 году название, стала преемницей газеты советских корейцев «Ленин Кичи». Она начиналась как «Корё» - еженедельное русскоязычное приложение газеты «Ленин Кичи», которое начало выходить в 1991 году. Это приложение имело самостоятельный регистрационный номер. Всего было выпущено более 100 номеров "Корё". В редакции приложения работали такие известные ныне писатели-прозаики как Михаил Пак, Александр Кан, историк Герман Ким, детская писательница Генриэтта Кан и другие».

Вид Газеты «Ленин Кичи»

Редактор «Корё Ильбо» Со Ен Хван принял решение уйти от государственной опеки, газета получив независимость и должна была ориентироваться на самофинансирование. Однако расчеты редактора не оправдались. На первых порах газету поддержал ее учредитель, вице-президент Всесоюзной Ассоциации Советских Корейцев Хо Ун Бе. «Корё Ильбо» продолжала выходить, правда, в усеченном виде: вместо пяти номеров в неделю выпускалось всего три. В качестве приложения опять было решено издавать субботний номер на русском языке.

Финансовый кризис 1990 –х годов коснулся газет, многие из которых просто прекратили свое существование. В этот чрезвычайно трудный период для «Корё Ильбо» правительство Республики Корея оказало редакции большую помощь. Со второй половины 1997 года 16-полосная газета «Корё Ильбо»(формат А 3) стала 12-полосной. Причем, до 1998 года государство все-таки выделяло средства на содержание национальных газет, в том числе и на «Корё Ильбо». Эта дотация составляла около 60% суммы, необходимой для обеспечения более или менее нормальной работы редакции. Но с начала 1999 года Министерство культуры, печати и общественного согласия Республики Казахстан резко сократило ассигнования, доведя их до 30% от заложенного общего годового бюджета. По этой причине редакции газеты «Корё Ильбо» пришлось до минимума сократить штат и уменьшить количество полос с 12 до 8, а периодичность выпуска сократилась с четырех номеров до двух в месяц.

В конце 1999 года Министерство культуры, печати и общественного согласия Республики Казахстан, принимает решение приватизировать все национальные газеты, в том числе и «Корё Ильбо», то есть полностью передать их через тендер в частные руки. В это время Ассоциация Корейцев Казахстана выражает желание приобрести газету «Корё Ильбо». Однако ее коллектив, озабоченный дальнейшей судьбой родного издания, отвергает сложившуюся ситуацию.

С 1 января 2000 года «Корё Ильбо» стала собственностью Ассоциации корейцев Казахстана. В течение полугода новый редактор выпустил всего пять номеров. Учитывая сложившуюся ситуацию, руководство Ассоциации приняло решение пригласить на должность главного редактора профессионального журналиста Алексея Пана, работавшего в 1990-е в «Коре», а также в ведущих казахстанских газетах. С его приходом газета стала, как прежде, выходить еженедельно, на 16 полосах в черно-белом варианте, однако тираж ее оставался очень низким. Во второй половине 2001 года тираж газеты еще более сократился и составил чуть более одной тысячи экземпляров. Алексей Пан вместе с коллективом разработал план соответствующих действий и должен был представить его руководству Ассоциации, но получив предложение со стороны, оставил свою должность.

Следующим главным редактором газеты стал журналист Юрий Цай, также работавший в 1990-е в «Коре». Благодаря продолжавшемуся финансированию газеты из госбюджета и АКК, а также постепенному улучшению экономического положения в Казахстане, газета стала выходить стабильно, в положенном формате.

80-летие «Корё Ильбо» на сцене Корейского театра

Однако тираж оставался низким, в итоге Цай Юрий, не сумев поднять уровень газеты на должную высоту, оставил пост. Газету возглавил Цой Ен Гын, уроженец Сахалина, владевший литературным корейским языком, проработавший долгие годы на радио, в том числе руководителем программы радиовещания на корейском языке, за ним пришел молодой журналист Михаил Пак, работавший прежде в русскоязычных казахстанских изданиях. С конца 2009 года руководство газетой принял Константин Ким. «Корё Ильбо», выполняя госзаказ, получает государственное финансирование, недостающая часть поступает от АКК и других источников. Газета выходит без сбоев, еженедельно на 16 полосах и число подписчиков держится на уровне 1200-1300 человек.

3. Вклад корейцев в развитие спорта

Больших успехов достигли корейцы Казахстана в области спорта.

В советское время на подмостках спортивной гимнастики блистала Ким Нелли, эту спортсменку знает весь мир, Олимпийская чемпионка в Мюнхене и Мексике. Она также являлась чемпионкой мира, Европы, СССР и КазССР. За высокие спортивные достижения удостоилась высоких государственных наград СССР и Казахстана. В Алматы с 1998 г. проводятся соревнования по спортивной гимнастике на Кубок имени Нелли Ким для выявления молодых талантов.

В настоящее время она входит в Международный Комитет судейства по спортивной гимнастике и проживает в США.

Головкин Геннадий Геннадиевич, род 1985 г. в Караганде чемпион мира по боксу по версиям WBA (SUPER), IBO, IBF и WBC (INTERIM). 17 октября 2015 г. в поединке с канадцем Дэвидом Лемье в Нью-Йорке на всемирно известной арене «Мэдисон Сквер Гардиан» одержал очередную 34 победу на профессиональной карьере бокса. Из них 31 он завершил нокаутом, а 21 поединка закончились досрочно.

Ким Анатолии Григорьевич, заслуженный тренер Казахстана, главный тренер национальной сборной Казахстана и алматинского ЦСКА по баскетболу, вице президент Федерации баскетбола республики. Команда ЦСКА под его руководством в 1989 г. завоевала Кубок СССР, а в 1996 г. сборная Казахстана на чемпионате мира среди военнослужащих заняла почетное четвертое место.

Ни Алексей, заслуженный тренер Республики Казахстана по тяжелой атлетики, главный тренер сборной страны. Под его руководством выросло целая плеяда высококлассных спортсменов. Его ученики становились чемпионами Олимпийских игр, мира и Казахстана. Илья Илин двукратный чемпион Олимпийских игр в Пекине и Лондоне, четыре раза становился чемпионом мира. Чемпионами Олимпийских игр стали в Пекине Светлана Подобедова, Майя Майнеза и Зульфия Чушанло.

Весомый вклад в развитие казахстанского бокса внес заслуженный тренер СССР и КазССР Юрий Андреевич Цхай, его воспитанники завоевывали призовые места на Олимпийских играх, чемпионатах мира, Европы, СССР и Казахстана. Один из них Серик Конакбаев стал чемпионом Европы и серебряным призером Московской олимпиады. Цхай Ю.А. являлся президентом Ассоциации корейцев Казахстана, был избран сенатором Верхней палаты парламента Республики Казахстан. Один из инициаторов создания Федерации бизнесменов «Казахстан-Корея».

Заметный и впечатляющий след оставил в зимних конькобежной спорте Хван Май Унденович. Совсем молодым в 25 лет получил звание «Заслуженный тренер СССР» по конькобежному спорту. За свою тренерскую деятельность он подготовил более 100 спортсменов высшего класса, среди них призеры Олимпийских игр, чемпионы мира, Европы, СССР и Казахстана. Свыше 20 лет возглавлял Федерацию конькобежного спорта Казахстана, являлся членом Президиума Федерации и членом Всесоюзного тренерского Совета, Прдседателем главного тренерского Совета Казахстана. В последние годы Май Унденович работает профессором в Казахской академии спорта и туризма, продолжает консультировать перспективным спортсменам.

Чен Ир Сон (1921-1984 гг.) родился в г. Владивосток.

Заслуженный тренер Узбекской ССР (1966 г.). Окончил Чимкентский учительский институт им Н.К.Крупской, исторический факультет, а в 1952 г. Московский государственный институт физической культуры. В 1944-1957 гг. в Алма-Ате играл и работал в футбольной команде «Динамо», был капитаном и тренером. В 1958-1960 гг. советник по футболу сборной команды КНДР, подготовил первых 16 корейских мастеров спорта. Вернувшись из Пхеньяна, в 1961-1965 гг. работал на кафедре физического воспитания в Казахском государственном сельскохозяйственном институте. В 1965-1966 гг. старший тренер футбольной команды «Политотдел» Ташкентской области. В 1967-1968 гг. старший тренер команды «Восток» в гор. Усть-Каменогорске. В 1968-1970 гг. старший тренер Целиноградской футбольной команды «Целинник», в 1971-1972 гг. старший тренер «Кайрата». В 1973-1984 гг. старший преподаватель кафедры физвоспитания КазГУ им. С.М. Кирова. В 1980 г. советник по футболу в Республике Бенин (Западная Нигерия).

Глава 4

Знаменитые корейцы Казахстана

Все нижеперечисленные герои - старшее поколение корейцев. Они корейцы 1 и 1.5 поколения, которые подверглись насильственному переселению с Дальнего Востока. Кроме того, к ним также относятся корейцы, которые родились в Центральной Азии и других регионах Советского Союза до 1960-х годов. Представленные в книге старшее поколение корейцев были вовлечены в политической, экономической, социальной, образовательной, культурной деятельности, а также в искусстве и спорту. Это люди, которые после насильственной депортации, в советский период или даже после развала советского союза в уже независимом казахстанском обществе своей яркой активной деятельностью подняли статус корейской диаспоры не только в Казахстане, но и в других странах СНГ.

Правительством СССР и после распада СССР правительством Казахстана эти люди были награждены казахстанским государством в различных областях за внесенный ими вклад, получив звания героя социалистического труда, звания выдающихся деятелей искусства, труда, науки и другое, а также награждены почетной, благодарственными грамотами, медалями и многое другое.

◎ Ге Николай Денисович

Председатель общественного объединения "Потомки борцов за независимость Кореи Донип". Тренер по большому теннису. Мастер спорта СССР по тяжелой атлетике. 1995 г. рождения, г. Кызыл-Орда. В 1973 году окончил Казахский институт физической культуры по специальности тренер-преподаватель по тяжелой атлетике. С 1974 года после службы в армии до 1993 года активно занимался тренерской и преподавательской работой в Кызылординском институте инженеров агропромышленного производства, заведовал кафедрой физического воспитания. В 1991 году успешно защитил диссертацию на соискание ученой степени кандидата педагогических наук на тему: "Методика обучения технике тяжелоатлетических упражнений спортивно-технической подготовки тяжелоатлетов, исследования направленные на разработку нетрадиционных средств и методов обучения основам техники выполнения ударов в теннисе". Его учебные видеофильмы были представлены на Международном симпозиуме в г.Олимпия (Греция ,1993 г.) , на Чемпионате мира в Стамбуле (1995 г.), на первенстве мира среди юниоров -(Варна 1992 г.) Опубликованы 4 методические разработки для студентов институтов физической культуры, статьи специализированных журналах и сборниках. Автор четырех изобретений в области спорта. С 1978 по 1995 гг. была начата и завершена разработка новой технологии в спортивно-технической подготовки тяжело тяжелоатлетов. В настоящее время она используется отдельными тренерами в Казахстане, России, Украине, Белоруссии и Молдавии,а также более чем в 25 странах мира, которые приобрели учебный видеофильм В период 1992- 1997 гг. Внедрение новой системы технической подготовки тяжелоатлетов в дальнем зарубежье осуществлялось в Испании (Валенсия) и Уэллсе. Являясь председателем ОО "Потомки борцов за независимость Кореи "Донип", проводит большую работу по возрождению исторической справедливости , признание заслуг истинных борцов против японских интервентов. Источник: Корейцы Казахстана: Кто есть кто. Алматы, 2005; Корейцы Казахстана. Энциклопедический справочник. Алма-Ата, 1992.

◎ Ким Роман Ухенович

Первый вице-президент Ассоциации корейцев Казахстана. Президент федерации малого и среднего бизнеса. 1955 г. рождения, г. Уштобе. После окончания средней школы в 1972 году, начал трудовую деятельность рабочим районного бытового комбината. В следующем году в Алматинский зооветеринарный институт, после окончания которого работал в аппарате Министерства заготовок начальником отдела, а в 1993 году был назначен заместителем начальника управления, затем начальником управления маркетинга. С 1995 года занимал должность первого вице-президента крупного акционерного общества. С марта 1999 по март 2002 года работал акимом Каратальского района. С 2002 года - первый вице-президент Ассоциации корейцев Казахстана. Р.У. Ким свой организационный талант как общественный и государственный деятель особо проявил, находясь на посту Акима Каратальского района и первого вице-президента Ассоциации корейцев Казахстана. В трудные для республики Казахстан годы Р.У. Ким будучи Акимом Каратальского района внес неоценимый вклад в возрождении района. При его активном участии вышли на стабильный режим работы промышленные и сельскохозяйственные объекты, регулярно стали выплачивать заработные платы рабочим слушающим района. Велика заслуга Р.У. Кима и в консолидации корейских общественных объединений и в дальнейшем совершенствовании организационной структуры Ассоциации корейцев Казахстана. В 2001 году в честь 10-летия Независимости Казахстана был награжден юбилейной медалью. Источник: Корейцы Казахстана: Кто есть кто. Алматы, 2005; Корейцы Казахстана. Энциклопедический справочник. Алма-Ата, 1992.

◎ Кан Георгий Васильевич

доктор исторических наук, профессор, заместитель председателя Алматинского Корейского Национального Центра. Общественный деятель. Родился в 1956 году вп. Байжансай Южно - Казахстанской области. После окончания Казахского педагогического института им. Абая исторического факультета работал преподавателем этого же института. Успешно защитил кандидатскую диссертацию (1987) и был приглашен на работу в Алматинскую высшую партийную школу. Защитил докторскую диссертацию (1996), ему было присвоено ученое звание профессора. Был деканом исторического факультета, заведующим кафедрой востоковедения Казахского национального педагогического университета им. Абая, заведующим кафедрой «Философии и Истории» Казахского экономического университета им. Т. Рыскулова. Профессор Высшей школы права «Әділет». В национально-культурном объединении корейцев Казахстана более 15 лет, являлся вице-президентом Ассоциации корейцев Казахстана (АКК). В настоящее время заместитель председателя АКНЦ г. Алматы (Алматинский корейский национальный центр). Принимает активное участие в работе Ассамблеи народа Казахстана (АНК), является членом Ассамблеи народа Казахстана, членом научно-экспертного совета (НЭС) АНК. Кан Г.В. внес большой вклад в воспитание культуры межэтнических отношений молодежи. Принимал участие в делегации АНК в Российской федерации, в чтении спецкурса по казахстанской модели межэтнической толерантности в МГУ им. Ломоносова, выступил на эту тему с докладом в Институте изучения Центральной Азии и Кавказа в г. Токио (Япония). Кан Г.В. принимал участие в работе государственных комиссий Республики Казахстан: по подготовке Года народного единства и национальной истории (1998), по подготовке Типовой программы по истории Казахстана для вузов (2005). Принимал участие в подготовке Доктрины национального единства Казахстана (2010). Являлся членом общественной комиссии по доработке проекта Доктрины; работал в составе рабочей группы, которая на основе проекта Доктрины национального единства, альтернативных проектов, а также многочисленных предложений граждан и организаций готовила единый документ по вопросам национальной политики, направленный на реализацию Стратегического плана развития страны до 2020 г. Является членом Государственной комиссии по подготовке и проведению 550-летия Казахского ханства. Был членом редколлегии журнала «Отан тарихы. Отечественная история», является членом редколлегии журнала «Мәңгілік Ел». Автор более 200 научных трудов, изданных в Казахстане, в странах ближнего и дальнего зарубежья, в т.ч. десяти монографий, а также семи учебников и учебных пособий. Кан Г.В. автор учебника по истории Казахстана, который выдержал пять изданий и рекомендован Министерством образования и науки Республики Казахстан в качестве учебника для вузов. Этот учебник рекомендован деканатом Московского государственного университета для использования на историческом факультете МГУ им. Ломоносова в качестве базового. Он издан на казахском и русском языках. Кан Г.В. в составе авторского коллектива подготовил книги, посвященные истории Ассамблеи народа Казахстана на русском и казахском языках «Ассамблея народа Казахстана: Исторический очерк» (2010). «Ассамблея народа Казахстана: История двух десятилетий» (2015). Кан Г.В. является автором книги «Модель межнационального согласия Первого Президента Казахстана» (2010). Написал документальную историю корейцев Казахстана, которая переведена на корейский язык. Формируется его научная школа по проблемам межэтнических отношений в Казахстане, подготовил 10 кандидатов и докторов наук. Кан Г.В. входит в состав авторского коллектива по разработке учебного курса «Қазақ Елі» в Казахском Национальном Педагогическом Университете им. Абая (2014 – 2015). Награжден почетной грамотой Республики Казахстан (2002), медалью «20-летие Независимости Республики Казахстан», золотой медалью «Бірлік» Ассамблеи народа Казахстана, медалью «20 лет Ассамблеи народа Казахстана», имеет Благодарность Президента Республики Казахстан (2015). Награжден орденом «Курмет» (2015). Награжден медалью Ассоциации вузов Республики Казахстан «Саңлақ автор. Лучший автор». Являлся заместителем председателя АКНЦ и членом президиума АКК. Внес весомый вклад в развитие и в положительный имидж корейского этноса. Источник: Корейцы Казахстана: Кто есть кто. Алматы, 2005; Корейцы Казахстана. Энциклопедический справочник. Алма-Ата, 1992.

◎ Ким Георгий Владимирович

Государственный советник юстиции 3-го класса, государственный деятель, депутат Сената Парламента РК, член комитета по международным отношениям, обороне и безопасности, генерал-майор юстиции РК, кандидат юридических наук. Родился в 1953 году в г. Алма-Ате.

Окончил Карагандинскую высшую школу МВД СССР (1974). Следователь Управления внутренних дел Карагандинского облисполкома (1974-1977); начальник кабинета, научный сотрудник, преподаватель, старший преподаватель Карагандинской высшей школы  Министерства внутренних дел (1977-1985); старший преподаватель Алма-Атинского факультета Карагандинской высшей школы Министерства внутренних дел СССР (1985-1990); советник Президентского совета КазССР (1990-1991); старший референт государственно-правового отдела Аппарата Президента и Кабинета министров Республики Казахстан (1991-1992); судья Конституционного Суда Республики Казахстан (1992-1995); председатель Государственного комитета Республики Казахстан по национальной политике (1995-1997); заместитель заведующего отделом законодательства Аппарата Сената Парламента Республики Казахстан (1997-1998); Вице-министр юстиции Республики Казахстан (2000-2001); заместитель Генерального прокурора Республики Казахстан, Советник Президента Республики Казахстан (2001-2002); Министр юстиции Республики Казахстан (2002-2003); Советник Президента Республики Казахстан, председатель

Комиссии по вопросам борьбы с коррупцией и соблюдения служебной этики государственными служащими при Президенте Республики Казахстан (2003-2004); заместитель Генерального Прокурора Республики Казахстан - Председатель Комитета по правовой статистике и специальным учетам Генеральной прокуратуры Республики Казахстан (2004-2009). Председатель Комитета по судебному администрированию при Верховном Суде Республики Казахстан (2009-2010); председатель Комитета по исполнению судебных актов Министерства юстиции Республики Казахстан(2010-2011); председатель Республиканской коллеги и частных судебных исполнителей(2012-2013). На каждом посту, доверенному ему Главой Государства внесощутимы вклад в развитие юридической системы, реорганизовывая службу судебных исполнителей. Принимал активное участие в становлении независимого Казахстана. Участник разработки основного закона Конституции РК. Автор книги «Благородное дело для всех и каждого» (1997). Награжден медалью «За безупречную службу» 2 и 3 степени, «Астана»; «Почетный работник органов прокуратуры Республики Казахстан». ИИсточник: Корейцы Казахстана: Кто есть кто. Алматы, 2005; Корейцы Казахстана. Энциклопедический справочник. Алма-Ата, 1992.

◎ Квон Людмила Александровна

Кандидат экономических наук. Член Совета старейшин при АКНЦ, член Правления АКНЦ, председатель клуба "Чинсон" при АКНЦ. 1931 г. рождения, с. Новокиевское, Посьетский район, Приморский край. В 1954 г. окончила с отличием философско-экономический факультет (экономическое отделение) Казахского государственного университета, АН Казахстана. С 1957 г. окончила аспирантуру Института экономики АН Казахстана. 1957 г. работала преподавателем кафедры политической экономики КазСХИ. В 1963-1990 гг. - младший сотрудник, заведующая отделом проблем народонаселения и трудовых ресурсов Института экономики Академии наук Казахстана. С 1993-1997 гг. - заведующая отделом, заместитель директора в Казахском научно-исследовательском институте труда и занятости Министерства труда и социальной защиты Республики Казахстан. С ноября 1997 г. по июнь 2001 г. - старший научный сотрудник, заведующая отделом аспирантуры Института экономики Минобразования и науки РК. Главное научное направление Л. А. Квон сформировалось на стыке экономики, демографии и статистики труда. Научные интересы ее как преподавателя политической экономии связаны с исследованием методологии и теории макроэкономики, воспроизводственных процессов, концептуальных основ развития народонаселения и демографического оптимума, занятости населения , формирования и функционирования рынка труда. Научные результаты исследований реализованы в практических рекомендациях. В составе рабочей комиссии бывшего Госкомтруда Казахстана по разработке проекта "Закона о занятости населения" Казахстана (1991 г.), рабочей комиссии мажилиса - парламента РК по внесению изменений и дополнений в действовавший Закон о занятости (1996 г.), разработке Концепции миграционной политики РК (1995 г.), Концепции демографической политики РК (1999-2000 гг.), а также в научной экспертизе Концепции социально-трудовых отношений в РК и других официальных документов соответствующих ведомств. Творческое сотрудничество в течение тридцати лет Л. А. Квон с Госкомстатом РК (ныне Агентство РК по статистике), из них в качестве члена научно-экспертного совета более 15 лет, осуществлялось на основе непосредственного ее участия в разработках методологии составления балансов трудовых ресурсов по стране и регионам, методики расчетов незанятости населения, самостоятельной занятости и безработицы, стоимости расходов на рабочую силу. Общее количество публикаций составляет свыше 50 научных трудов, или 100 п.л., в т.ч. в 20 коллективных монографиях и сборниках статей. Л. А. Квон подготовлено семь кандидатов экономических наук. В течении 1976-1990 гг. она, будучи ученым секретарем Специализированного совета по защите докторских и кандидатских диссертаций, непосредственно участвовала в подготовке 200 экономистов высшей квалификации в республике. В 1991-1992 гг. - заместитель президента Республиканской ассоциации корейских культурных центров Казахстана. С момента организации Республиканской ассоциации корейских культурных центров Казахстана Л. А. Квон принимает активное участие в ее деятельности. Она является соавтором коллективных изданий: «Советские корейцы Казахстана» (Алматы, «Казахстан», 1992), «Ассоциация корейцев Казахстана» (Алматы, 2000), «Социально-экономическое положение Казахстана в переходный период и корейская диаспора» (1998), «Корейцы Казахстана в науке, технике и культуре» (Алматы, 2002), разработчиком Программы возрождения национальной культуры и корейского языка ко 2-ому съезду РККЦК (1992), участвовала во Всесоюзной конференции «Советские корейцы: история и современность» (1991). Источник: Корейцы Казахстана: Кто есть кто. Алматы, 2005; Корейцы Казахстана. Энциклопедический справочник. Алма-Ата, 1992.

◎ Ким Василий Анатольевич

Доктор технических наук, профессор, лауреат

Государственной премии Республики Казахстан. 1950 г. рождения, с. Куйган, Балхашский район, Алматинская область. В 1967 г. окончил среднюю школу им. Бозжанова с. Куйган. В 1968-1973 гг. обучался на химико-металлургическом факультете завода-ВТУЗа г. Темиртау по специальности металлургия черных металлов. После окончания института был направлен в Химико-металлургический институт АН КазССР (г. Караганда), где работает по настоящее время. С 2002 г. - заместитель директора. Ким В. А. является признанным ученым в области теории доменного процесса, техники высокотемпературного эксперимента. Им разработан метод дискретного описания математическими моделями сложных многокомпонентных металлургических систем, новые методы исследования равновесия в системе металл-шлак, получены систематизированные справочные данные по комплексу физико-химических свойств металлургических шлаков, углубленные представления о механизме поведения кремния и серы в доменной печи, создан ряд новых технических решений по совершенствованию доменного процесса. Вместе с другими учеными-металлургами получил Государственную премию Республики Казахстан. Научные разработки характеризуются практической направленностью. Свидетельством этого являются разработанные им новые шлаковые и дутьевые режимы доменной плавки фосфористого чугуна, которые прошли успешную апробацию и внедрены в доменном цехе ОАО "ИСПАТКАРМЕТ", а методические разработки - в учебную практику студентов металлургических специальностей и экспериментальную практику исследователей. В настоящее время Кимом В. А. с сотрудниками разработана технология получения металлургического топлива и восстановителя из некоксующихся углей открытой добычи Казахстана. Технология прошла успешную промышленную апробацию. По материалам выполненных исследований завершается реконструкция типового котельного оборудования и создано совместное предприятие по выпуску спецкокса. Опубликовано свыше 110 работ, в т.ч 2 монографии , учебное пособие , получено 10 авторских свидетельства СССР и патентов РК. Источник: Корейцы Казахстана: Кто есть кто. Алматы, 2005; Корейцы Казахстана. Энциклопедический справочник. Алма-Ата, 1992.

◎ Ким Герман Николаевич

Доктор исторических наук, профессор, Заслуженный деятель Республики Казахстан. Родился в 1953 года в г. Уштобе Талдыкорганской области. В 1990 г. защитил кандидатскую диссертацию "Социально-культурное развитие корейцев Казахстана (1946-1966.). В 1999 г. - докторскую диссертацию «История иммиграции корейцев.

Вторая половина XIX в. – 1945 г.». (специальность: «Всемирная история). В 2000 г. получил звание профессора. С 1999 в течение 10 лет возглавлял кафедру корееведения факультета востоковедения КазНУ им. аль-Фарабии и стоял у истоков школы корееведения, подготовив более 20 кандидатов наук, магистров и докторов (PhD). Он разработал вузовские учебные пособия, в том числе «Историю религий Кореи», вышедшее на русском и казахском языке и «Введение в диапорологию», изданное в 2016 году. Ким Г.Н. активно вовлечен в общественную работу. С 1999 является вице-президентом Ассоциации корейцев Казахстана, с 2015 г. - Исполнительным секретарем Центрально-Азиатской секции. Консультативного совета по мирному и демократическому объединению Кореи (КСМДОК). В течение ряда лет входит в экспертный совета по внешней политике при МИДе РК, а также Научно-Экспертный Совет АНК. С 2015 г. входит в состав Консультативного Совета по делам зарубежных корейцев при канцелярии премьер-министра Республики Кореи. Имеет правительственные и общественные награды в Казахстане и за рубежом. В 2007 году присвоено звание «Қазақстанның еңбек сіңірген кайраткері». В 2009 году награжден знаком «За заслуги в развитии науки Республики Казахстан». В 2014 году - Золотой медалью «Бірлік». Высокой наградой 2014 года стала премия теле-радио корпорации KBS за выдающиеся достижения в сфере гуманитарных и социальных наук. В 2015 году ему был вручен орден Республики Корея «Кукмин пхочжанг» («За гражданские заслуги»). Как и многие другие корейцы Казахстана награжден юбилейной медалью к «20-летию АНК». Источник: Корейцы Казахстана: Кто есть кто. Алматы, 2005; Корейцы Казахстана. Энциклопедический справочник. Алма-Ата, 1992.

◎ Ким Александр Сергеевич

доктор технических наук, Лауреат Государственной премии РК. Родился в 1951 году в с. Куйган Алматинской области. Окончил завод-ВТУЗ Карагандинского металлургического комбината (1974). Ведущий научный сотрудник химико-металлургическом института им. Ж. Абишева (1974). Лауреат Государственной премии РК за введение технологии стабилизации шлаков от распада (2003). Внедрена технология агломерации марганцевых и хромовых руд на Аксуском заводе ферросплавов (2009). Большой вклад Ким А.С. внес по повышению качества железорудных окатышей Соколо́вско-Сарба́йского горно-обогатительного производственного объединения. Научные интересы –

исследование закономерностей физико-химического взаимодействия в многокомпонентных системах с целью создания прогрессивных технологических процессов производства окатышей, агломератов, чугуна, стали, меди, свинца из минерального сырья Казахстана. Научный руководитель и ответственный исполнитель фундаментальных и прикладных работ в области подготовки и металлургической переработки минерального сырья Казахстана. Автор двух монографий, более 170 печатных научных трудов, 12 авторских свидетельств на изобретения и патентов. Источник: Корейцы Казахстана: Кто есть кто. Алматы, 2005; Корейцы Казахстана. Энциклопедический справочник. Алма-Ата, 1992.

◎ Ким Фридрих Николаевич

Кандидат сельскохозяйственных наук, доцент, академик НАК «Экология», 1930 г. рождения, с. Синельниково, Покровский район, Примерский край.Окончил в 1953 г. Казахский государственный сельскохозяйственный институт, гидромелиоративный факультет. Специальность: инженер-гидротехник. Специалист в области водного хозяйства и гидромелиорации – комплексное использование водных ресурсов и охрана от загрязнения стечными водами, водоснабжение и водоотведение свельских населенных пунктов, методы опресения и использования минерализированных вод, утилизация стоков живкомплексов и ферм для получения биогаза и удобрений, мелиорации и орошение, экология водохозяйственных систем. Работал на руководящих должностях в КазНИИ водного и лесного хозяйства Казфилиала ВАСХНИЛ. 1961-1963 гг. – в Главном Управлении КИВР Госкомитета СМ Казахской ССР по комплексному использованию и охране водных ресурсов. В институте водного хозяйства в системе Минводхоза СССР. С 1979 по 1990 г. – руководитель Отраслевой научно-исследовательской лаборатории по водоснабжению Минводхоза СССР и одновременно доцент кафедры гидравлики и водоснабжения КазСХИ. Опубликовал более 100 работ, в т.ч. 3 монографии объемом 18,5 п.л. Активный участник корейского движения по изучению языка, возрождению национальной культуры, обычаев и традиции. Заместитель председателя Совета ПАККЦ (ныне АКК, 1990-1993 гг.). Был членом Правления Алматинского корейского культурного центра. Награжден орденом Трудового Красного Знамени, медалями «За основание целинных и залежных земель», занесен в «Книгу Почета» Минводхоза Казахской ССР. В 1937 году был насильственно переселен в Казахстан. Источник: Корейцы Казахстана: Кто есть кто. Алматы, 2005; Корейцы Казахстана. Энциклопедический справочник. Алма-Ата, 1992.

◎ Ким Римма Ивановна

Народная артистка РК. Родилась в 1946 году в к. «Политотдел» Ташкентской области. Окончила Ташкентское хореографическое училище (1964). Пришла в Государственный республиканский корейский театр музыкальной комедии (1967), где выросла от солистки балета до главного балетмейстера. Принимала активное участие в организации танцевальной группы для исполнения корейских танцев. По направлению Министерства культуры КазССР обучалась в ГИТИСе по специальности педагог-балетмейстер музыкально-драматического театра (1982). Заслуженная артистка КазССР (1982). Основатель первого в Казахстане самодеятельного танцевального ансамбля корейского танца «Бидульги» (1989), художественный руководитель и балетмейстер-постановщик. Ансамбль стал лауреатом фестиваля «Апрельская весна» в КНДР (1994). Депутат Алма-Атинского городского Совета народных депутатов (1990). Народная артистка Республики Казахстан (1995). Вернулась в театр на должность главного балетмейстера (1997). Постановщик танцев для концертных программ и для спектаклей корейского театра. После юбилейного концерта ушла из театра и сейчас продолжает обучать корейскому танцу юное поколение, оставаясь бессменным руководителем ансамбля «Бидульги» (2006). Источник: Корейцы Казахстана: Кто есть кто. Алматы, 2005; Корейцы Казахстана. Энциклопедический справочник. Алма-Ата, 1992.

◎ Ким Сын Хва

Доктор исторических наук (1971), автор первой монографии по истории советских корейцев. Родился 4 февраля 1915 г. рождения, с. Нежино Надеждинского района Приморского края. В 1945-1956 г.г. был на ответственной партийной и государственной работе в Корейской Народно-Демократической Республике. После возвращения на родину учился в Академии общественных наук при ЦК КПСС. В 1960 г. окончил аспирантуру Института истории, археологии и этнографии АН КазССР и защитил кандидатскую диссертацию на тему: «Корейские крестьяне русского Дальнего Востока в конце XIX — начале XX вв.». В том же году стал старшим научным сотрудником этого института. Главной темой его исследований была история советских корейцев. Занимался также разработкой истории Октябрьской социалистической революции в Казахстане, установления Советской власти на местах. Награжден тремя орденами и медалями КНДР, орденом «Знак Почета» и медалью «За доблестный труд». В ознаменование 100-летия со дня рождения В.И.Ленина. Источник: Корейцы Казахстана: Кто есть кто. Алматы, 2005; Корейцы Казахстана. Энциклопедический справочник. Алма-Ата, 1992.

◎ Ким Зоя Викторовна

Заслуженная артистка РК. 1951 г. рождения, г. Уштобе, Талды-Курганская область. Её отец Ким Виктор – композитор и музыкант, мать Пак Екатерина – певица и драматическая актриса корейского театра музыкальной комедии. З. Ким начала петь в раннем детстве, и уже тогда была многократно отмечена лауреатскими званиями в различных вокальных конкурсах и фестивалях. В Санкт-Петербурге во время учёбы в институте дважды, в 1971 г. и в 1975 г. участвовала в традиционном молодёжном вокальном конкурсе «Весенний ключ» и оба раза была удостоена первой премии. Первую премию она получила и в телевизионном вокальном конкурсе «Эфир-71». Занималась вокалом в классе Шифрина – заслуженного артиста РСФСР, солиста и педагога Мариинского театра. После победы на конкурсе «Весенний ключ-71» была приглашена на занятия эстрадным пением в классе Архангельской, воспитавшей плеяду советских певцов. В 1971-76 гг. работала с известными концертными коллективами Санкт-Петербурга: с диксилендами Давида Голощёкина и Чебушева-Игнатьева, с оркестром радио и телевидения В. Владимирцева, концертным оркестром А. Бадхена. После ряда выступлений по Центральному телевидению была приглашена на работу в корейский театр , где она работает с 1981 г. по сей день. С первых выступлений на сцене корейского театра пользуется огромным успехом среди корейских зрителей. З. Ким записывает фонограммы к спектаклям и осуществляет синхронный перевод спектаклей. Ею были записаны фонограммы главных музыкальных партий к спектаклям: «Приключения зайца», Хан Дина. «Сказание о девушке Сим Чен» Цай Ена, «Плач кукушки», А. Ким, муз П. Юн, «пока не рассеется туман» М. Пак, «Гену и Дикне» Цай Ена, муз. Я. Хан, «Колокола из ада» Ен Сен Нена. Муз. А. Стругацкого, В.Ким и З. Ким создали центральный образ Феи в музыкальном спектакле ансамбля «Ариран» - «Инь-Янь» В. Мун и композитора Я.Хан. В 1989 г. во время первых зарубежных гастролей в КНДР З. Ким имела огромный успех у корейских зрителей. В Пхеньяне стала лауреатом Международного фестиваля искусств. Осенью 1989 г. ансамбль «Ариран» гастролировал по пяти городам Республики Корея, и везде пение З. Ким было восторженно принято зрителями. В 1991 г. с большим успехом выступала в США. 1993 г. находясь в течение 6 месяцев на стажировке в Национальном театре г. Сеула, пела в многочисленных концертах, проводимых совместно со звёздами корейской эстрады; была приглашена на радио и телепередачи. Там же, в Сеуле. З. Ким написала песню дл радиосериала «Дорога на родину длинною 50 лет», которую специально для неё написал известный композитор и дирижёр оркестра «КВС» Ким Кван Соб. В 1994 г. после стажировки в Сеуле сделала постановку с игрой на барабанах «Самбук» в своём театре. Этот танец включён в золотой фонд корейского театра. В 1997 г. состоялся сольный концерт певицы – «Мелодии любви» и выпущен одноимённый альбом в 2000 г. – совместный концерт с Георгием Сонном «Лирика сердца». В 2002 г. Сольный концерт к 25-летию творческой деятельности «Разноцветная песня» и одноимённый альбом. В 1996 г. З. Ким удостоена почётного звания «Заслуженная артистка РК». В 2002 г. была награждена медалью «Ерен енбегі». Источник: Корейцы Казахстана: Кто есть кто. Алматы, 2005; Корейцы Казахстана. Энциклопедический справочник. Алма-Ата, 1992.

◎ Квон Сергей Сым-Гувич

Член КПСС. Ученый в области горной науки, доктор технических наук (1971 г.), профессор (1973 г.). Окончил Московский горный институт (1948 г). В Караганде с 1950 по

1967/ гг.— проектировщик, зам. главного инженера проектного института «Карагандагипрошахт». С 1967 г.— доцент Карагандинского политехнического института. Автор 145 научных трудов в т. ч. 11 монографий, имеет 40 авторских свидетельств на изобретения. Основные научные труды посвящены совершенствованию способов вскрытия и подготовки шахтных полей, проектированию угольных шахт. Автор «Комплексных проектов реконструкции действующего шахтного фонда, освоения и развития Карагандинского бассейна на период 1960— 1985 гг.». Полный кавалер знака «Шахтерская слава». Соч.: Новые методы исследования и рациональные способы вскрытия шахтных нолей. М., 1972 (соавт.); Оптимизация технологических схем угольных шахт. Алма- Ата. 1974 (соавт.). Источник: Корейцы Казахстана: Кто есть кто. Алматы, 2005; Корейцы Казахстана. Энциклопедический справочник. Алма-Ата, 1992.

◎ Ким Владимир Александрович

(род. в 1922'f” бухта Находка (ныне г. Находка) Приморского края). Член КПСС с 1957 г. Доктор юридических наук (1963 г.), профессор (1967 г.), заслуженный работник МВД Казахской ССР. В 1946 г. окончил Алма-Атинский филиал Всесоюзного юридического заочного института, преподавал в Алма-Атинской юридической школе. В 1952 г.

окончил аспирантуру Института государства и права АН СССР. С 1952 г.—старший научный сотрудник, с 1957 г.—зав. отделом государствоведческих наук Института философии и права АН КазССР. В 1970 г.—зам. начальника Карагандинской Высшей школы милиции Министерства внутренних дел СССР, в 1976—1981 гг.—зав. кафедрой научного коммунизма Карагандинского политехнического института. С 1982 г —зав. кафедрой государственного права СССР в Казахском Государственном университете им. С. М. Кирова. Занимается изучением проблем развития Советов народных депутатов, совершенствования социалистической демократии и теоретических основ Конституции Казахской ССР. Участник Международного конгресса востоковедов в Москве (1960 г.). Награжден медалями «За освоение целинных земель», «За доблестный труд. Вознаменование 100-летия со дня рождения В.И.Ленина». Соч: Государственный строй Корейской Народно-Демократической Республики. М.,1955; Освоеобразии формипутей переходов народов к социализму. Алма-Ата,1950 (соавт.); Организационные меры по изучению Советов //История государства и права Советского Казахстана. Алма-Ата, 1960. Т.1.С.17—32; В.И.Ленин и решение национального вопроса. (Напримере Казахстана)//Изв.АНКазССР.Сер. общественных наук,1970.№>2идр. Источник: Корейцы Казахстана: Кто есть кто. Алматы, 2005; Корейцы Казахстана. Энциклопедический справочник. Алма-Ата, 1992.

◎ Ким Енгван Инсугович

(род. в 1911 г., с. Усть- Сидими Хасанского района Приморского края). Математик, доктор физическо - математических наук (1959 г.), профессор (1960 г.), чл.-корр. АН КазССР (1962 г.). Заслуженный деятель науки КазССР (1981 г.). Окончил педагогический техникум в 1932 г. в г. Ннкольск-Уссурийскс и МГУ в 1937 г. В 1937—1945 п\— преподаватель, старший преподаватель, зав. кафедрой, декан, зам. директора Кзыл-Ординского педагогического института. В 1945—1951 гг.— зав. кафедрой КазГУ, в 1951 — 1953 гг.— зав. кафедрой, декан, доцент Ростовского государственного педагогического института. В 1955— 1956 гг.— докторант Математического института АН СССР, в 1956—1964 гг.—зав. кафедрой Харьковского политехнического института, одновременно в 1957— 1964 гг.— профессор Харьковского педагогического института. В 1964—1987 гг. зав. лабораторией Института математики и механики АН КазССР и зав. кафедрой КазГУ. С 1988 г.— главный научный сотрудник лаборатории Института математики АН КазССР. Основные научные труды посвящены теории с частными производными. Соч.: Математические модели тепловых процессов в электрических контактах. Алма-Ата, 1977 (соавт.) и др. Источник: Корейцы Казахстана: Кто есть кто. Алматы, 2005; Корейцы Казахстана. Энциклопедический справочник. Алма-Ата, 1992.

◎ Ли Людмила Ен-Ировна (Давыдова)

Член общества потомков борцов за независимость Кореи. 1933 г. рождения, г. Владивосток.

Из древнего рода (предки из города Тэгу Республики Корея). 5 томов родословной хранятся сейчас в офисе-музее Ли Донхви в Сеуле, шестой - у нее, внучки Ли Донхви. Окончила Алматинский педагогический институт, физико-математический факультет. Алматинский институт народного хозяйства - отделение механизации учета, по специальности экономист.

Трудовой стаж - 35 лет преподавательской деятельности. Была учителем математики в средней школе, затем в учебных заведениях системы "Трудовые резервы", в учебном заведении Госкомстата КазССР. С 1990 г.- участница хора ветеранов "Родина", изучает корейский язык в Центре Просвещения при Посольстве Республике Корея. Член общества потомков борцов за независимость Кореи. Вдет активную работу по возрождению памяти борцов за независимость Кореи, потомки которых проживают в Казахстане. Была приглашена в Республику Корея на презентацию книги о Ли Донхви (монография профессора Пан Бель Рю Аль и двухтомное издание профессора Юн Пен Сок) и на празднование 80-летнего юбилея Шанхайского Временного правительства. Это дало возможность собрать материалы о жизни и деятельности Ли Донхви и издать книгу на русском языке к 130-летию со дня его рождения - "Повествование о Ли Донхви". Во Владивостоке установлен мемориальный комплекс, увековечивший память патриота Кореи и Приморья. Источник: Корейцы Казахстана: Кто есть кто. Алматы, 2005; Корейцы Казахстана. Энциклопедический справочник. Алма-Ата, 1992.

◎ Ли Владислав Сединович

род. 1951 г. в гор. Гурьеве. Работал на заводе в городе Гурьеве (1974-1975), служил в Армии (1976-1978). Окончил Алма-Атинский институт народного хозяйства (1982), Международную академию бизнеса (2005). Финансист-экономист, магистр делового администрирования. Старший, главный экономист ПЭУ Казахской республиканской конторы Госбанка (1982-1987); Заместитель начальника, начальник управления кредитования и финансирования легкой и пищевой промышленности Казахского республиканского банка «Жилстройбанк» СССР (1987-1989); Заместитель, первый заместитель председателя КЦАБ «Центрбанк» (1989-1995); Председатель правления Казахского акционерного банка кредитования социального развития (1995-1997); Первый заместитель председателя правления ЗАО «Жилстройбанк» (1997-1998); Председатель правления АО «Банк Центр Кредит» (1998) Член совета директоров акционерного общества«Банк Центр Кредит». Депутат Маслихата города Алматы шестого созыва. Источник: Корейцы Казахстана: Кто есть кто. Алматы, 2005; Корейцы Казахстана. Энциклопедический справочник. Алма-Ата, 1992.

◎ Ли Виталий Гаврилович

(род. в 1915 г., г. Хабаровск). Член КПСС с 1951 г. Доктор геолого-минералогических наук (1970 г.), профессор (1976 г.). Окончил в 1941 г. Казахский горно-металлургический институт. В 1941 —1952 гг.— геолог, старший геолог, главный геолог треста «Казцветметразведка». В 1952— 1957 гг.— главный инженер Казахского геологического управления. В 1957—1958 гг.— зав. лабораторией Всесоюзного института методики и техники разведки (г. Ленинград). В 1958—1961 гг.— главный геолог, главный инженер Агадырской геолого-разведочной экспедиции. В 1961—1967 гг.— зав. лабораторией Института геологических наук АН Казахской ССР, в 1967—1987 гг.— зам. директора, с 1987 г.— главный научный сотрудник этого же института. Первооткрыватель месторождения Саяк. Руководил разведкой крупнейших медных полиметаллических месторождений. Основные научные труды посвящены проблемам металлогении. Лауреат Государственных премий Казахской ССР (1972 г.) и СССР (1985 г.). Награжден Почетной грамотой Верховного Совета Казахской ССР. Соч.: Рудные формации свинцово-цинковых месторождений Центрального Казахстана. Алма-Ата, 1973; Металлогения Казахстана. Рудные формации месторождений свинца и цинка. Алма-Ата, 1978; Стратиформные полиметаллические и свинцово-цинковые месторождения Казахстана. Алма-Ата, 1979. Источник: Корейцы Казахстана: Кто есть кто. Алматы, 2005; Корейцы Казахстана. Энциклопедический справочник. Алма-Ата, 1992.

◎ Ли Олег Сафронович

Режиссёр, киноактёр. Главный режиссёр Государственного республиканского корейского театра музыкальной комедии. 1942 г. рождения, Узбекистан. Первое образование - техническое, несколько лет работал инженером по электронной микроскопии в НИИ геологии и разведки нефтяных и газовых месторождений. В Алма-Ате он поступает на театральный факультет консерватории имени Курмангазы, после окончания с 1975 г. работает в Государственном корейском театре, где им сыграно более 20 ролей. Одновременно закончил Режиссёрский факультет Алматинского государственного театрально-художественного института с 1971 г. и активно снимался в кино. Снялся в более чем 40 картинах, среди них самые известные в Казахстане «Транссибирский экспресс». Работа с Николаем Рыбниковым, Арменом Джигарханяном, Олегом Борисовым, Юрием Богатырёвым, Львом Дуровым, Леонидом Куравлёвым, Лией Ахмеджаковой, Анной Самохиной и др. Диплом режиссёра получил в 1983 г. В корейском театре он поставил более 40 спектаклей и концертных программ. Дипломная работа была поставлена по пьесе Ен Сен Ена «Колокола из ада». Это довольно удачная работа, которая в течение 7 лет постоянно была в репертуаре театра. Надо также выделить спектакли «Дом Бернарды Альбы» по пьесе Гарсия Лорки, «Память» о депортации корейцев по пьесе Лаврентия Сона и Станислава Ли , «скамейка» Александра Гельмана, Михаила Задорнова «Последняя попытка», её назвали «Куплю вашего мужа (дорого)». Этот спектакль примечателен тем, что изначально актёры и режиссёры твердили, будто это не постановочный спектакль, ведь, как известно, Задорнов силён речью, языком. Но всё таки он получился. Актуальна пьеса Цой Ен Гына «Не умирайте молодым», где затронута тема наркомании. Памятна пьеса Туфана Миннулина «Колыбельная», в которой идёт речь о брошенных детях, пьеса Геенриетты Кан «Не цветёт вишня осенью» - о детских домах. В классической пьесе Г. Лорки «Дом Бернада Альбы»

Олег Ли ввёл танец, как действующий образ. В театральных кругах спектакль имел большой резонанс. Театр является инициатором возрождения народных празднеств «Чусок» и «Оваль тано»,которые стали традиционными, режиссёр этих театрализованных представлений Олег Ли. Источник: Корейцы Казахстана: Кто есть кто. Алматы, 2005; Корейцы Казахстана. Энциклопедический справочник. Алма-Ата, 1992.

◎ Мен Вор Бон

Мен Вор Бон родился 7 января 1913 года на российском Дальнем Востоке, умер в Ташкенте 25 декабря 1991 г., он был самым младшим пятым ребенком в семье. По его рассказам его отец был грамотным человеком, учил детей грамоте, собирая их в своем доме. В 1910 году его родители эмигрировали с Корейского полуострова в Россию. Из пятерых братьев и сестер двое умерли, трое Андрей, Екатерина и он в 1937 г. были насильственно депортированы в Центральную Азию. После смерти отца в 1915 г. Вор Бон полностью проживал на иждивении старшего брата Андрея, который скончался в Алма-Ате в 1973 г. Окончив среднюю школу на Дальнем Востоке, он в 1935 г. поступил Владивостокский государственный корейский университет на филологический факультет. В 1937 г. корейский университет вместе со всеми корейскими студентами депортировали в Казахстан в город Кзыл-Орда, там Мен Вор Бон продолжал учебные занятия и окончил в 1939 г. Получив диплом об окончании педагогического института, он направляется учителем школы в Уш-тобе, там в 1940 г. женился на Ким Ольге Афанасьевне. Работал учителем, затем завучем в школе в селе «Достижение». В 1948 г. его по решению советского правительства его направили в Корейскую Народно-Демократическую Республику. В Северной Корее присвоили звание профессора и назначают зав. кафедрой и деканом русского языка и литературы Пхеньянского государственного университета им. Ким Ир Сена. В этом университете в то время работали Ким Сын Хва, Пак-Ир Пётр Александрович, Тен Юрий Данилович, Ким Ен Су и др. В годы Корейской войны 1950-1953 гг. работал сотрудником советской газеты «Советский вестник», которая просуществовала до 1955 г. Газета выходила на корейском языке и информировала все политические и экономические события КНДР Советскому Союзу. В 1955 – 1957 гг. Мен Вор Бон в чине полковника работал заместителем главного редактора армейской газеты КНА «Корейская армия», затем зав. кафедрой русского языка Военной академии КНА. В 1957 г. он возвращается с семьей в Советский Союз, его направляют слушателем в Ташкентскую Высшую партийную школу. Окончив в 1960 г. работал в Институте истории партии Узбекистана, затем корейской газете «Ленин Кичи» заведующим отделом промышленности и сельского хозяйства. Выйдя на пенсию с 1973- 1991 гг. преподавал корейский язык и литературу в Ташкентском педагогическом институте им. Низами. В октябре 1991 г. по приглашению Министерства образования и науки посетил Республику Корея. В 1990 г. в Сеуле вышла книга на корейском языке «Очерки счастья». Его перу принадлежат сотни статей, очерков и книг о жизни корейцев Узбекистана. Скончался в Ташкенте 25 декабря 1991 г. Его дети и внуки в настоящее время живут и работают в Узбекистане, Казахстане, России, Сеуле и Австралии. Источник: Корейцы Казахстана: Кто есть кто. Алматы, 2005; Корейцы Казахстана. Энциклопедический справочник. Алма-Ата, 1992.

◎ Мен Дмитрий Вольбонович

доктор политических наук, профессор родился 6 марта 1941 году в городе Уштобе Алматинской области. Один из ведущих ученых в области Корееведения в Казахстане и СНГ, труды которого признаны международным научным сообществом. В 1948-1957 годы по командировке отца Мен Вольбона проживал в Корейской Народно-Демократической Республике в городе Пхеньян, из них 1950-1953 гг. в Харбине. По возвращении из Северной Кореи в СССР, в Ташкенте в 1960 г. закончил среднюю школу. В 1960-1963 годы проходил службу в рядах Советской армии. С 1963-1964 гг. работал на заводе фрезеровщиком в «Ташсельмаш» в Ташкенте. В 1964-1969 гг. учился на философском факультете Казахского Государственного университета им. С.М. Кирова. После окончания университета был направлен преподавателем философии в Семипалатинский технологический институт мясо-молочной промышленности, где проработал 4 года. В 1973-1976 гг. проходил очную аспирантуру на кафедре философии КазГУ им. С.М. Кирова. В 1976-1978 гг. работал инспектором Управления преподавания общественных наук в Министерстве высшего и среднего специального образования КазССР. В 1978 году защитил кандидатскую диссертацию по философии на тему «Марксизм-ленинизм о революционном насилии и критика маоизма» и был направлен в Алмаатинский институт народного хозяйства. С 1986-1988 гг. доцент кафедры научного коммунизма КазГУ им. С.М. Кирова. В 1988-1991 гг. СНС Института Истории КП Казахстана, отдел межнациональных отношений. С 1991-1998 гг. доцент кафедры политологии и социологии Казахского экономической академии им. Т. Рыскулова. В 1998-2012 гг. работал доцентом, профессором на кафедре политологии и социологии, затем в Институте магистратуры и PhD докторантуры в КазНПУ им. Абая. С 2012 года по настоящее время работает профессором кафедры Дальнего Востока КазНУ им. Аль-Фараби. Научно-исследовательская и педагогическая деятельность. Мен Д.В. является одним из первым ученым, который в своих научных трудах посвятил изучению истории корейцев Казахстана, международному сотрудинчеству между Казахстаном и Республикой Корея и мирному объединению Корейского полуострова. Свою педагогическую деятельность он активно совмешает с научно-исследовательской работой. Им опубликованы в Казахстане, а также в ближнем и дальнем зарубежье более 300 научных печатных трудов, в том числе 10 монографии по проблемам корееведения, философии, политологии, социологии, национальных и международных отнощений на казахском, русском, английском, корейском, японском языках. Выступал с научными докладами на международных и республиканских конференциях и симпозиумах в ближнем и дальнем зарубежье: Республике Корея, Китае, Японии, США, Германии, Турции, Москве, Алматы, Тащкенте, Бишкеке. Является иностранным членом редколлегии научно-политических журналов: "The Unified Korea", "The Central Asian Association for Korean Studies", "Проблемы национальностей", "В мире корееведения", которые издаются в Республике Корея. В 2010-2012 гг. являлся

Президентом Ассоциации корееведения Центральной Азии. В 1998 и 2006 годах проходил научные шестимесячные стажировки в Университете Корё в Сеуле. Кроме научно-педагогических исследований профессор Мен Д.В. активно популяризует знания о Корейском полуострове: история, политика, экономика, культура, неоднократно давал интервью различным радио и телевизионным каналам Кореи. В 2009 году защитил докторскую диссертацию на тему «Республика Казахстан и Республика Корея в политическом процессе: новые реальности и взаимоотношения», научным консультантом являлся член-корреспондент АН РК, доктор философских наук, профессор Р.Б. Абсаттаров. Он активно вовлечен в общественную работу, в 90-е и в начале 2000 годов являлся заместителем председателя Корейского культурного центра города Алматы, в настоящее время является членом Правления Алматинского культурного корейского национального центра. Неоднократно принимал участие в работе Форума зарубежных корейских диаспор в Сеуле, свободно владеет корейским языком. Источник: Корейцы Казахстана: Кто есть кто. Алматы, 2005; Корейцы Казахстана. Энциклопедический справочник. Алма-Ата, 1992.

◎ Мун Гон Дя

заслуженный деятель искусств РК. Родилась в 1947 году в о. Сахалин. Окончила вокальное отделение Сумгаитского музыкального училища (1975). Работала в Ташкентском корейском ансамбле «Каягым». Работала в Республиканском корейском театре музыкальной комедии (1981). Лауреат Республиканского конкурса в Азербайджане (1973) и премии Всесоюзного ленинского комсомола (1980). Финалистка 1-го Международного фестиваля-конкурса «Азия Даусы». Неоднократно принимала участие в фестивалях искусства в Республике Корея. За развитие межнациональных отношений в области культуры и искусства между Казахстаном и Кореей награждена «Народным орденом Республики Корея». Источник: Корейцы Казахстана: Кто есть кто. Алматы, 2005; Корейцы Казахстана. Энциклопедический справочник. Алма-Ата, 1992.

◎ Мун Григорий Алексеевич

президент НТО «Кахак», доктор химических наук, профессор. Родился в 1954 году в г. Алма-Ата. Окончил химический факультет КазГУ (1977) и аспирантуру МГУ. Научный сотрудник, старший научный сотрудник, старший преподаватель, доцент Казахского национального университета им. Аль-Фараби (1988). Заведующий кафедрой университета. Член специализированных советов по защите кандидатских и докторских диссертаций. Член-корреспондент Национальной инженерной академии РК (2009). Член высшей научно-технической комиссии при правительстве РК. Занимается проблемами химии и физики полимеров, химической технологии, полимерного материаловедения и нанотехнологии. Под его научным руководством защитили 14 кандидатских и 5 PhD диссертаций. Автор более 450 научных, учебно-методических работ и изобретений, в том числе учебников и монографий. Обладатель самого высокого в Казахстане индекса Хирша. президент Корейского научно-технического общества «Кахак» (2014). Награжден орденом Республики Корея. Источник: Корейцы

Казахстана: Кто есть кто. Алматы, 2005; Корейцы Казахстана. Энциклопедический справочник. Алма-Ата, 1992.

◎ Ни Любовь Августовна

Директор Республиканского государственного корейского театра музыкальной комедии. Член Президиума Ассоциации корейцев Казахстана. 1952 г. рождения г. Жетысай, Южно-Казахстнская область. В 1970 г. поступила на историко-филологический факультет Тамбовского государственного педагогического института, где  проучилась до защиты диплома, но в связи с семейсым положением не защитилась. В 1980 г. поступила в Казахский государственный женский педагогический институт на факультет педагогики и психологии и в 1988 г. окончила по специальности: педагогика и психология. Трудовую деятельность начала в 1976 г. методистом в детском саду Бахабахтинского рисосовхоза. В 1985-1991 гг. Работала преподавателем истории в средней школе им. Джамбула Балшахского района. В 1991-1995 гг. – администратор-инженер акционерной корпорации «Тан-Балхаш» 1995-1996 гг. Работала заместителем директора Республиканского корейского театра. В ноябре 1999 г. была назначена директором Республиканского корейского театра. За сравнительно короткий период времени Любовь Августовна Ни вместе с главным режиссером театра Олегом Сафроновичем Ли внесли много нового в творческую жизнь коллектива корейского театра, осуществили постановки интересных спктаклей: «Тартюф» Ж.Б. Мольера, «Дом Бернарды Альбы» Г.Лорки, «Не умирайте молодыми» Цой Ён Гына. Источник: Корейцы Казахстана: Кто есть кто. Алматы, 2005; Корейцы Казахстана. Энциклопедический справочник. Алма-Ата, 1992.

◎ Ни Валентин Хаксунович

Кандидат физико-математических наук, профессор. 1927 г рождения, с. Посьет, Посьетский район, Приморский край. В 1952 г. окончил с отличием Казахский государственный университет по специальности: математика. С 1952 г. по настоящее время работает в Казахском национальном университете им. Аль-Фараби. В 1952-1959 гг. – ассистент кафедры высшей алгебры. С 1959 г. – старший преподаватель, доцент кафедры уравнений математической физики, с 1995 г. по настоящее время – профессор кафедры математического анализа. Научные работы В.Х. Ни связаны с проблемами уравнений, математической физики. В 1965 г. он защитил диссертацию на соискание ученой степени кандидата наук по теме: «Различные граничные задачи для систем уравнений параболического типа, когда характеристическое уравнение имеет кратные корни». Наряду с научно-педагогической работой с 1960 по 1970 гг. он работал заместителем декана механико-математического факультета и вечернего физико-математического факультета и вечернего физико-математического факультета, в подготовку специалистов математиков; прикладников, механиков и физиков. Проводит большую работу по воспитанию студенческой молодежи. За активное участие в развитии высшего образования и подготовке высококвалифицированных специалистов награжден Почетной грамотой Верховного Совета Казахской ССР, медалью «За доблестный труд», нагрудным знаком «Отличник высшей школы СССР». В.В. Ни является активным членом НТО «Кахак» большое внимание уделяет вопросам организации фонда поддержки науки и образования. В 1937 году был насильственно переселен в Казахстан. ИИсточник: Корейцы Казахстана: Кто есть кто. Алматы, 2005; Корейцы Казахстана. Энциклопедический справочник. Алма-Ата, 1992.

◎ Ни Леонид Павлович

(род. в 1923 г.). Член КПСС с 1954 г. Доктор технических наук (1968 г.), профессор (1969 г.), член-корреспондент АН Казахской ССР (1975 г.), лауреат Государственной премии СССР (1980 г.), заслуженный деятель науки Казахской ССР (1971 г.). В 1946 г. окончил Казахский горно-металлургический институт (ныне КазПТИ). С 1946 г.— в Институте металлургии и обогащения АН Казахской ССР, аспирант, младший, старший научный сотрудник, с 1962 г.— зав. лабораторией, в 1970—1981 гг.—зам. директора, с 1981 г.—зав. лабораторией. Важнейшие исследования посвящены физической химии и технологии глинозема, общему учению о природе растворов и учению о гетерогенных процессах. Им решены многие вопросы, связанные с переработкой некондиционного алюминиевого сырья, проведены и внедрены важные работы по совершенствованию и интенсификации основных процессов глиноземного производства. За создание и промышленное освоение нового способа переработки низкокачественных бокситов Л. П. Ни совместно со специалистами алюминиевой промышленности удостоен Государственной премии СССР. Под руководством Л. П. Ни развивается новое направление в технологии производства глинозема — переработка высококремнистого алюминиевого сырья гидрощелочными методами.

Фундаментальность данного направления работ заключается в том, что здесь научно обоснован принципиально новый метод селекции глинозема от кремнезема в гидротермальных условиях, в результате чего по-новому решается проблема получения глинозема из алюмосиликатного сырья. Автор более 500 опубликованных работ, в том числе 11 монографий, более 100 авторских свидетельств СССР и ряда патентов (Франция, Канада). Фундаментальные и прикладные исследования Л. П* Ни хорошо известны у нас в Союзе и за рубежом. Он янвляется руководителем международных тем, выполняемых по линии АН СССР. Выступал на международных конгрессах в США, Венгрии, Германии, Чехословакии, Польше. Подготовил 40 кандидатов и 3 доктора наук. Награжден орденом Октябрьской Революции и медалями. Соч.: Комбинированные способы переработки низко-качественного алюминиевого сырья, Алма-Ата: Н а у к а, 1988; Переработка высокожелезистых бокситов. Москва, 1979 (соавт.); Щелочные гидрохимические способы переработки высококремнистых бокситов. Алма-Ата; На-ука, 1967; Математические модели гидрохимических процессов глиноземного производства. Алма-Ата: Наука, 1982 (соавт.). Источник: Корейцы Казахстана: Кто есть кто. Алматы, 2005; Корейцы Казахстана. Энциклопедический справочник. Алма-Ата, 1992.

◎ Пак Алла Дясуновна

Экономист-статистик, начальник управления статистики г.Алматы, 1945 г. рождения, г. Уштобе. В 1968 г. окончила Алматинский институт народного хозяйства, специальность: инженер-экономист. После окончания института была направлена на работу в органы государственной статистики, где прошла трудовой путь от рядового работника до руководителя. Высококвалифицированный специалист в области экономики, статистики и демографии. В 1968-1985 гг. работала в Республиканском вычислительном центре. С 1986 г. по настоящее время возглавляет Управление статистики. Алматы, занимающее ведущее место среди региональных статистических управлений Казахстана. Неоднократно награждалась почетными грамотами Госкомстата СССР, Казахской ССССР, а также акимата г. Алматы. С 1986 по 1992 гг. являлась депутатом городского и районного Советов народных депутатов. Награждена: знаком «Отличник статистического учета СССР» (1988), орденом «Знак почета» (1990), медалью «Ерен Енбегі ушін» (1999) и медалью «10 лет независимости РК» (2002 г.). В марте 1990 года на 1 съезде корейцев Казахстана была избрана председателем ревизионной комиссии Республиканской Ассоциации корейцев Казахстана, в мае того же года приняла участие в работе Всесоюзного съезда корейцев (г. Москва), где была избрана в составе ревизионной комиссии Всесоюзной Ассоциации советских корейцев. На протяжении 10 лет принимала активное участие в корейском движении, была членом Совета республиканской ассоциации, членом правления Алматинского национального корейского культурного центра и бессменным Председателем Ревизионной комиссии Ассоциации корейцев Казахстана. Награждена дважды Почетной грамотой Ассоциации корейцев Казахстана. Публикации : Приложение «Демографическая характеристика корейцев Казахстана» в книге «Советские корейцы Казахстана». Алма-Ата, «Казахстан», 1992. «Корейцы в зеркале статистики» - в газете «Корё Ильбо», 2002, № 42-43 и другие. Источник: Корейцы Казахстана: Кто есть кто. Алматы, 2005; Корейцы Казахстана. Энциклопедический справочник. Алма-Ата, 1992.

◎ Пак Иван Тимофеевич

Доктор технических наук, профессор, заслуженный деятель науки и техники Республики Казахстан, иностранный член Российской Академии естественных наук, действительный член Международной Академии информатизации, Международной Академии о природе и обществе. 1930 г. рождения, с. Тихвангоу, Буденновский район, Приморский край. В 1954 г. с отличием окончил физико-математический факультет КазГУ. 1952-1954 гг. – преподаватель физики в школе № 23 г. Алматы. 1954-1965 гг. – лаборант, младший научный сотрудник, ученый секретарь лаборатории машинной и вычислительной математики АН КазССР. С 1965 г. по настоящее время – младший научный сотрудник, заведующий лабораторий, заместитель директора Института математики и механики АН РК (ныне Института математики НАН РК). Одновременно в 1990-1993 гг. – заместитель президента Академии наук РК, 1984-1991 гг. – заведующий филиалом кафедры ЭВМ КазПТИ. Научные интересы Пак И.Т. связаны с исследованием нетрадиционных форм компьютерного представления информации с целью разработки новых технических решений повышения производительности, обеспечения помехоустойчивости и точности вычислительных средств специального назначения. Им впервые выдвинута и обоснована компьютерная арифметика комплексных чисел. Им опубликовано 140 научных работ, в т.ч. шесть монографий (в соавторстве) «Основы машинной арифметики комплексных чисел», Алматы, Наука, 1970 г., «Распределение регулярных потоков сообщений в информационных процессах», Алматы, Наука, 1980 г., «Параллельные вычисления в комплексной плоскости», Алматы, 1984 г., «Модулярные структуры конвейерной обработки цифровой информации», Минск, 1992 г., «TheoreticalBasesofcomputing arithmetic», Сеул, 2000 г., «Промышленная математика», 1997. Оригинальные разработки И.Т.Пака защищены 17 авторскими свидетельствами и 20 патентами зарубежных стран (Англия, США, Япония, Франция, Германия, Италия, Швейцария). Признанием научных достяжений профессора Пак И.Т. явились присуждение ему высокого знания Заслуженного деятеля науки и техники РК (1995 г.) и избрания иностранным членом Российской Академии естественных наук. Профессор И.Т.Пак внес большой вклад в научно-организационную работу по вычислительной технике в республике. Он журировал вопросы компьютеризации в Академии наук на базе новых информационных технологий. С 1992 г. по 1998 г. был членом и заместителем председателя Диссертационного совета по присуждению ученой степени доктора наук, а с 1998 г. – председателем объединенного Диссертационного совета Д 53.12.01 по присуждению ученой степени доктора наук по специальности 05.13.15, 05.13.18. С момента организации (1991 г.) Корейского научно-технического общества «Кахак» является по Президентом, одновременно с 1995 г. по 1999 г. являлся Вице-президентом Республиканской Ассоциации корейцев Казахстана, с 1999 г. – членом Президиума Ассоциации корейцев Казахстана. Трудовая деятельность профессорв И.Т.Пака отмечена правительственными наградами. Еще в годы Великой Отечественной войны, будучи школьником, он принимал активное участие в работе на трудовом фронте, за что был награжден медалью «За доблестный труд в ВОВ 1941-1946 гг.». Награжден орденом Республики Корея «Донбекдян». В 1937 году был насильственно переселен в Казахстан. Источник: Корейцы Казахстана: Кто есть кто. Алматы, 2005; Корейцы Казахстана. Энциклопедический справочник. Алма-Ата, 1992.

◎ Пак Нелли Сергеевна

Доктор филологических наук. Заведующая кафедрой Казахского университета международных отношений и международных языков им. Абылай хан. 1942 г. рождения, г. Уштобе. В 1964 г. окончила факультет немецкого языка Алматинского института иностранных языков, аспирантуру в 1972 г. С 1964 по 1972 гг. – старший преподаватель Института культуры в Чимкенте. После аспирантуры работала старшим преподавателем, доцентом кафедры иностранных языков Алматинского энергетического института. С1998 г. заведует кафедрой ориенталистики Казахского университета международных отношений и международных языков им. Абылай хана, читает теоритические курсы по общему и корейскому языкознанию. Участвует в составлении государственных стандартов Республики Казахстан по

«Иностранной филологии», «Лингвистике». После защиты (1980 г.) кандидатской диссертации по специальности «Сравнительно-историческое и типологическое языкознание» в Тбилисском государственном университете продолжает научные исследования в облсти индоевропейского языкознания. Докторская диссертация на тему: «О генезисе глагольных префиксов в индоевропейских языках» защищена в 2003 году. С 1989 г. переключает свои интересы на корееведение, изучает язык, на котором говорят советские корейцы. Совместно с коллагой из США Р.Кингом начинает работу по составлению словаря исчезающего диалекта Юкчин. В 1993-1997 гг. работает старшим научным сотрудником Отдела корееведения Центра востоковедения Академии наук Республики Казахстан. Имеет более 50 научных трудов по различным областям языкознания: палеославистике, германистике, сравнительно-историческому и типологическому языкознанию, корейской диалектологии. В 1993 г. в качестве приглашенного ученого находится в СОАС Лондонского университета, в 1995 г. – в Институте языкознания в Берлине. Читает лекции о языке советских корейцев по приглашению университетов Западного Берлина, Сеульского университета, Академии корейского языка в Сеуле. Имеет гранты Британской Академии наук, Корейского фонда зарубежных исследований, Сороса.

Является членом ряда международных ассоциаций по корееведению. Участвует в зарубежных и республиканских конференциях по корееведению. Источник: Корейцы Казахстана: Кто есть кто. Алматы, 2005; Корейцы Казахстана. Энциклопедический справочник. Алма-Ата, 1992.

◎ Пак Давид Николаевич

(род. в 1905 г., деревня Фаташн Посьетского района Приморского края). Зоотехник-селекционер, доктор сельскохозяйственных НЗVК (1964 г), профессор (1970 г.), заслуженный деятель науки Казахской ССР (1983 г.), лауреат Государственной премии СССР (1951 г.). В 1932 г окончил Саратовский зооветеринарный институт а в 1936 г,- аспирантуру Всесоюзного научно- исследовательского института животноводства. В 1938—1942 гг.зав. отделом скотоводства Казахского научно-исследовательского института животноводства, в 1947— 1948 гг — руководитель секции животноводства Казфилиала ВАСХНИЛ, в 1954—1977 гг.—зав. отделом селекции и разведения молочного скота Казахского научно- исследовательского института животноводства, с 1978 г —профессор-консультант того же института. Основные научные труды в области селекции и разведения крупного рогатого скота. Разработал научные основы создания алатауской породы крупного рогатого скота, преобразования пород с учетом меняющихся социально-экономических факторов и направления отбора; сформулировал положение о сочетаемости пород и линий крупного рогатого скота в зависимости от характера развития признаков в поколениях предков. Награжден орденом «Знак Почета» и медалями. Соч.: Породообразование и эволюция крупного рогатого скота. Алма-Ата, 1962; Алатауская порода крупного рогатого скота. Алма-Ата, 1978. Источник: Корейцы Казахстана: Кто есть кто. Алматы, 2005; Корейцы Казахстана. Энциклопедический справочник. Алма-Ата, 1992.

◎ Пак Ир (Петр Александрович)

(1911–2001), кандидат философских наук, доцент. Общественный деятель. Родился в с. Янчихе Посьетского района Приморского края. После окончания педагогического техникума работал учителем, заведующим учебной частью школы села Ин-Корейское. Окончил Ленинградский педагогический институт (1940). Преподаватель марксизма-ленинизма в Ошском педагогическом институте. Завуч средней школы г. Узген и директор школы г. Фрунзе. Преподаватель кафедры философии КазГУ (1944). Исполнительный ректор Пхеньянского университета (КНДР) (1946–1948), преподаватель вечернего университета марксизма-ленинизма при штабе Советской армии в Северной Корее. Доцент кафедры философии КазГУ (1948–

1960 и 1968–1987). Заведующий кафедрой Алматинской государственной консерватории им. Курмангазы (1961–1968). Почетный председатель Совета по корейской литературе при Союзе писателей Казахстана (1987). Посвятил себя становлению и развитию в Казахстане корееведения. Автор более пяти десятков работ на исторические и философские темы. Вышел из печати главный труд его жизни «Вклад корейской литературы в мировую литературу (литературное обозрение за 5 тысяч лет)» (1998). Он блестяще владел русским и корейским языками и китайской письменностью, писал стихи, знал фундаментальные литературные и исторические первоисточники. Его лекции и выступления всегда имели большой общественный резонанс. Многие ученые: корееведы, философы и историки – считают себя его учениками, он гордился ими, наставлял, помогал. Требовательность и принципиальность счастливым образом сочетались в его характере с щедростью души, человечностью и заботой о людях. Источник: Корейцы Казахстана: Кто есть кто. Алматы, 2005; Корейцы Казахстана. Энциклопедический справочник. Алма-Ата, 1992.

◎ Пя Юрий Владимирович

Герой Труда республики Казахстан, председатель Правления АО «Национальный научный кардиохирургический центр». Родился в 1957 году в г. Джамбул. Выпускник 2-го Московского государственного медицинского института им. Н.И. Пирогова, кардиохирург международного уровня, главный внештатный кардиохирург Минздрава РК, доктор медицинских наук. Интерн в городской больнице г. Тула (1981), врач детской больницы №3 г. Фрунзе (1982–1984), кардиохирург Республиканской клинической больницы (1984–1985) и в Национальном центре кардиологии и терапии при Минздраве Кыргызской Республики (1985–1994). Окончил клиническую ординатуру при кафедре хирургии Национального центра кардиологии при Минздраве Кыргызской Республики (1984–1985). Врач в Медицинском центре «Sani Konukoglu» (Турция). Был приглашен в Казахстан для организации кардиохирургической службы. Получил диплом кандидата медицинских наук в Научном центре сердечно-сосудистой хирургии имени А.Н.Бакулева в Москве (2003). Доктор медицинских наук РФ (2010). В целях освоения новейших медицинских технологий повышал квалификацию в Каунасском медицинском институте, Центре им. А.Н. Бакулева в Москве, в Казахской медицинской академии в Астане, в Детском медицинском центре Шнайдера в Израиле, в Институте клинической и экспериментальной медицины в Праге. Прошел тренинг по трансплантации сердца в Вильнюсе, программу по хирургической подготовке в Фрейбургском университете в ФРГ, тренинг по восстановлению клапана в Бельгии, тренинг по лечению сердечной недостаточности в США, различные мастер-классы в Астане. Кроме того, прошел курс по специальности «Общественное здравоохранение». С 2010 года – Председатель Правления АО «Национальный научный кардиохирургический центр» Национального медицинского холдинга Назарбаев университета. Награжден орденом «Қазақстан Республикасының Денсаулық сақтау ісінің Үздігі» (2006), орденом «Денсаулық сақтау ісіне қосқан Үлесі Үшін» (2011), орденом Республики Казахстан «Парасат», нагрудным знаком №457 «Денсаулық сақтау ісіне қосқан Үлесі Үшін». 2012 г. Звание «Патриот года» в V Общенациональном форуме патриотов республики (2012). Обладатель национальной премии «Алтын Адам–Человек года» в номинации «Врач года-2012», Герой труда РК (2015). Источник: Корейцы Казахстана: Кто есть кто. Алматы, 2005;

Корейцы Казахстана. Энциклопедический справочник. Алма-Ата, 1992.

◎ Сон Лаврентий Дядюнович

Драматург, писатель. Заслуженный деятель искусств Республики Казахстан. 1941 г. Рождения, Каратальский район, Талдыкорганская область. Автор сценария игровых фильмов: «Необычный день», «Семейный альбом», «Выбор», «Сани в гору и под гору», «Соль», «Объяснение в любви» (в соавторстве с А.Тарази), «День и час Сериккула», «Дополнительные вопросы», «У кромки лунного кратера», «Страсти по Насте и дорога в Сеул». Режиссер-постановщик игровых фильмов: «Сани в гору и под гору», «Соль», «Объяснение в любви», «Дополнительные вопросы», «Отчим», «Примите Адама!». Автор пьес: «Весенний ветер», «День рождения» (в соавторстве с Ю.Хваном), «Память», «Умереть во гневе», «Авария» (в соавторстве с С. Нарымбетовым), «Саболини», «Приключение феи на грешной земле», «Женитьба деревенского дурачка», «Папа». Автор рассказов: «Куда улетают самолеты?», «Площадь треугольника», «DonBasilio», «Уроки музыки», «Белого журавля полет», «Leo-menscheskind». В 189 г. Организовал творческое объеденение писателей, ученых и кинематографистов «ТЫ и Я», которое создавало документальные фильмы об истории, культуре и быте малочисленных народов СССР (затем СНГ). Работал в качестве художественного руководителя, продюсера, автора сценариев, режиссера и монтажера. В 1991 г. Творческое объединение было реорганизовано в частную компанию «СОНГ СИНЕМА» (программа та же). Документальные фильмы «СОНГ СИНЕМА» (около 30) участвовали на международных фестивалях документальных фильмов, где удостаивались призов (Берлин, Пярну, Париж, Лима, Хельсинки, Сеул, Виль-сур-йон). Автор сценариев и режисер документальных фильмов: «Опыт», «Коре сарам», «Посещение кладбища», «Полюбил турчанку турок», «Учитель музыки», «Астана», «Потому что любил⋯», «Чем порадовать сердце», «Директор школы». Документальный фильм «Опыт» удостоен Третьего приза на международном фестивале телевизионных фильмов – г. Сеул, 1990 г. Документальный фильм «Директор школы» получил Первый приз на Четвертом Международном фестивале – г. Виль-сур-йон, Франция. 2002 г. Заслуженный деятель искусств Республики Казахстан. Источник: Корейцы Казахстана: Кто есть кто. Алматы, 2005; Корейцы Казахстана. Энциклопедический справочник. Алма-Ата, 1992.

◎ Тен Сан-Дин (Юрий Данилович)

Председатель Регионального консультативного совета по мирному объединению Кореи при президенте

Республики Корея, член Совета старейшин при АКК. 1918 г. рождения, г.Владивосток. В 1940 г. окончил Кызылординский педагогический институт. Работал учителем средней школы Далагашского района Кызылординской области. В марте 1945 г. был призван в армию и направлен в распоряжение Тихоокеанского флота. Служил на русском острове, участвовал в боевых десантных операциях за освобождение приморских городов Северной Кореи - Унги, Надин, Ченгдин, Эдайдин. За проявленные мужество и героизм был награжден орденом "Красного Знамени ".После освобождения Кореи был заместителем председателя Ассоциации деятелей литературы и искусства ,заведующим кафедрой русского языка и литературы университета Ким Ир Сена, заместителем министра культуры и пропаганды КНДР (1952-1955), Президентом фонда помощи семьям советских корейцев, репрессированных в Северной Корее, сопредседателем Фронта демократического объединения и спасения Кореи (штаб-квартира в Токио), председателем регионального Консультативного совета при Президенте Республики Корея по демократическому, мирному объединению Кореи (по Казахстану), членом Совета старейшин АКК и АКНЦ. В августе 1955 г. во главе делегации работников культуры посетил Советский Союз. В составе делегации были восемнадцать лучших артистов КНДР , выступивших с концертом в Москве , Ленинграде , Ташкенте,

Алма-Ате и Новосибирске. Во время пребывания в Алма-Ате познакомился с Мухтаром Ауэзовым, Сабитом Мукановым. В театре Оперы и балета был дан большой концерт, на котором присутствовали Л.И.Брежнев и Д.А. Кунаев. По возращении из Кореи в 1957 г. был направлен в Ташкент, прошел обучение в Высшей партийной школе. По окончании с 1961 по 1992 гг. работал в редакции газеты «Корё Ильбо» (тогда «Ленин Кичи», в Кызыл-Орде). Награжден орденом "Знак почета", Отечественной войны II степени в связи с 40-летием Победы. Будучи президентом фонда репрессированных корейцев в Северной Корее, сопредседателем Фронта демократического объединения и спасения Кореи был признан Заслуженным зарубежным соотечественником Республики Корея. В настоящее время проводит активную работу как преподаватель Регионального консультативного совета по мирному объединению Кореи. Источник: Корейцы Казахстана: Кто есть кто. Алматы, 2005; Корейцы Казахстана. Энциклопедический справочник. Алма-Ата, 1992.

◎ Хон Бом До

(род. в 1869 г., Корея-1943., г. Кзыл-Орда). Член КПСС с 1927 г., активный участник борьбы против японских интервентов в Корее и за установление Советской власти на Дальнем Востоке в начале 20-х годов. В 1889 г. поступил на военную службу в Пхеньянский военный гарнизон. Здесь, в течение трех лет, он, познав всю жестокость и бессмысленность армейской муштры и издевательств со стороны офицеров, сбежал из гарнизона. Затем два года работал на золотом руднике, занимался земледелием и охотой. В уезде Пхунсан стал лавой общества охотников-профессионалов под названием «Общество спокойных гор». Постоянные стычки корейских охотников под руководством Хон Пом До с отрядами японских экспедиционных войск явились началом борьбы «бойцов справедливости» против японских колонизаторов. В 1913 г. с небольшим отрядом перебрался на русский Дальний Восток. В те годы здесь усилилась партизанская борьба против интервентов и белогвардейцев. В Ольгинском, Анучинском, Иманском, Хабаровском районах Дальнего Востока тогда активно действовали корейские партизанские отряды, боровшиеся за установление Советской власти. Героические дела отряда Хон Пом До в приграничных районах Дальнего Востока были направлены на борьбу с реакционными силами, стремившимися не допустить здесь установления Советской власти. Постепенно отряд Хон Пом До полностью перешел на сторону тех, кто сражался против белогвардейцев и японских интервентов. Координацию действия корейских партизанских отрядов на Дальнем Востоке осуществлял специально сформированный Корейский реввоенсовет под руководством дальневосточных большевиков. В марте 1921 г. японские интервенты началм поспешную эвакуацию с Дальнего Востока. Чтобы избежать инцидентов, которые могли повлечь за собой затяжку гражданской войны,было решено отозвать многие корейские партизанские отряды в Иркутск. Среди оказался и отряд Хон Пом До. В Иркутске партизнские отряды были переформированы в Отдельную стрелковую бригаду в составе регулярной Красной Армии. Хон Пом До стал командиром одного из батальонов. В 1921 г. был избран делегатом съезда народов Дальнего Востока, созванного по инициативе В.И.Ленина. В мирное время возглавлял одну из сельскохозяйственных артелей на Дальнем Востоке. Последние годы жил в Кызыл-Орде., одна из улиц носит его имя. Источник: Корейцы Казахстана: Кто есть кто. Алматы, 2005; Корейцы Казахстана. Энциклопедический справочник. Алма-Ата, 1992.

◎ Хан Яков Николаевич

Композитор, член Союза композиторов Республики Казахстан. 1943 г. Рождения, Махта-Аральский район, Южно-Казахстанская область. Окончил Чимкентское музыкальное училище, оркестровое отделение по классу тромбон и Чимкентский государственный педагогический институт им. Аль-Фараби, отделение духового и эстрадного дирижирования. С 1968 по 1975 гг. - артист оркестра, дирижер, главный дирижер Государственного Республиканского корейского театра музыкальной комедии. 1975-1977 гг. – главный дирижер Корейского эстрадного ансамбля «Каягым» при Узбекконцерте г. Ташкента. 1977-1986 гг. – художественный и музыкальный руководитель программы Алма-Атинского «Варьете». Гастроли – Москва, Рига, Ленинград. 1979-1980 гг. – музыкант джаз-рок группы «Арай» Народной артистки КазССР Розы Рымбаевой. В 1980-1982 гг. играл в джазовых ансамблях «Бумеранг» и «Медео», которые принимали участие в Международных джазовых фестивалях в городах Москве, Ярославле, Новосибирске, Ленинграде, Фрунзе, Джамбуле и Алма-Ате. Композиция «Первые шаги» была удостоена приза и диплома на Международном джазовом фестивале в г. Днепропетровске как лучшая. Композиторской деятельностью начал заниматься в 80-90-х годах. Будучи художественным руководителем ансамбля «Ариран» и главным дирижером Корейского театра написал ряд песен и музыкальных пьес. В 1987 г. Впервые в театре ставится его рок-опера «Инь-Ян». Позднее он пишет несколько музыкальных спектаклей: «Гену и Дине» Цай Ена, «Ян Сан Бяк» Ен Сен Нена, «О любви и еще кое, о чем···» Хан Дина и другие. В 1989 г. Эстрадный ансамбль «Ариран» впервые открывает дорогу на землю исторической родины (апрель – г. Пхеньянь, октябрь – г. Сеул). В 1991 г. Силами музыкантов-энтузиастов создан джазовый оркестр под управлением Я.Хана «Биг-Бенд», цель которого – возрождение и развитие джазовой музыки в г. Алматы. Оркестр участвовал во многих международных джазовых фестивалях. В 1993 г. Он представлял Республику Казахстан на джазовом форуме в Новосибирске, где был отмечен критиками и специалистами в своеобразном звучании оркестра. В том же году создана фольклорная группа «Самуль-нори», которая в 2001 г. Завоевывает Гран-при на Международном фестивале в г. Сеуле. Одним из достижений композиторской деятельности является симфоническая поэма «Прерванная мелодия», которая была исполнена Государственным симфоническим оркестром РК под управлением Народного артиста РК Т.Абдрашева. На музыку поэмы талантливым хореографом и балетмейстером Ж.Байдаралиным (США) был поставлен балет, в котором главную роль исполняла известная балерина Лейла Альпиева. Спектакль был показан на Гала-концерте, посвященным 60-летию проживания корейцев в Казахстане. С 2001 г. Работает дирижером и руководителем «Биг-Бенда». В 2003 г. Написан первый казахстанский мюзикл «Любовь и дождь» по пьесе О Ын Хи, гастроли которого с большим успехом прошли в Сеуле в Январе 2004 г. Источник: Корейцы Казахстана: Кто есть кто. Алматы, 2005; Корейцы Казахстана. Энциклопедический справочник. Алма-Ата, 1992.

◎ Хан Гурий Борисович

Доктор философских наук, профессор, Заслуженный работник культуры Республики Казахстан, академик Международной Академии наук о природе и обществе (московское отделение). Заведующий кафедрой Казахской государственной юридической академии. 1931 г. рождения, с. Пуциловка, Славянский район, Приморский край. В 1954 г. окончил философско-экономический факультет Казахского государственного университета. 1954-1958 гг. – референт Талдыкорганской областной организации общества «Знание», 1956-1961 гг. – руководитель лекторской группы Талдыкорганского, затем Алматинского обкома партии. 1961-1963 гг. – преподаватель кафедры философии Казахского государственного университета, 1963-1966гг. – лектор ЦК КП Казахстана, 1969-1994 гг. – заведующий кафедрой философии АВПШ, Казахстанского института менеджмента, экономики и планирования. С 1994 г. по настоящее время – заведующий кафедрой «Международное право и международные отношения» Казахской государственной юридической академии. Основные направления научных исследований – проблемы становления и развития народов слаборазвитых стран, деформирование национального сознания и политического мышления у народов новых молодых суверенных государств. Им опубликовано более 100 научных работ, в т.ч. 4 монографии. Под его руководством были подготовлены и изданы учебники и учебные пособия: «Политология», «Основы экономической теории», «Внешняя политика Республики Казахстан», «Проблемы национальной безопасности и стратегии Казахстан-2030», «Афганистан и проблемы безопасности в Центральной Азии», «Национальное и социальное освобождение: внешние и внутренние условия», «Борьба продолжается» и др. Активно участвует в установлении международных научных связей. Он неоднократно выступал с научными докладами на международных симпозиумах, конференциях, дисскусиях в Японии, США, ФРГ, России, Украине, Белоруссии, Южной Корее, Венгрии, Алжире и других странах. Г.Б. Хан, будучи членом Национальной комиссии Казахстана по делам ЮНЕСКО, написал Обращение к читателям книги Абая «Слова назидания», изданное на казахском, корейском, русском и английском языках, в Республике Корея, где показан великий вклад сына казахского народа Абая в развитие мировой культуры. Ему принадлежит определенная заслуга в укреплении общественно-политической стабильности нашего общества, дружбы народов и межнационального согласия, за что указом Президента Республики Казахстан он был награжден орденом «Достык» («Дружба») и памятной медалью «Астана». По проблемам дружбы народов и межнационального согласия опубликовал книгу «Прошлое и настоящее корейцев Казахстана». Он является руководителем авторского коллектива книги «Ассоциация корейцев Казахстана», а также ответственным редактором энциклопедического справочника «Советкие корейцы Казахстана» и книги «Корейцы Казахстана». Принимает активное участие в демократизации и консолидации нашего общества. Он стоял у истоков создания Ассамблеи народов Казахстана, был членом Совета Ассамблеи. На IIIсессии Ассамблеи народов Казахстана обратился к Президенту Республики Казахстан, спикерам парламента с предложением о принятии «Закона о национальной безопасности Казахстана». Ему принадлежит главная заслуга в подготовке и проведении первого съезда корейцев Казахстана, который учредил Ассоциацию корейцев Казахстана и избрал его первым президентом. Ассоциация корейцев Казахстана сегодня является одним из самых активных субъектов Ассамблеи народов Казахстана. Г.Б. Хану принадлежит заслуга в установлении первых контактов корейской диаспоры Казахстана с общественными организациями Республики Корея, КНДР, США, Китая,

Японии, Бразилии, Аргентины и других стран, и в дальнейшем их развитии и укреплении. Он возглавлял делегацию корейцев Казахстана на встречах с представителями общественных организаций КНДР (1983 г.), Республики Корея (1989, 1991, 1993 и 1995 гг.), США (1991, 1993 гг.), встречался с президентами Республики Корея Ро Де У (1991 г.), Ким Ен Самом (1995 г.), Ким Дэ Джуном (2000 г.). С 1 июня 1999 г. является Почетным членом Консультативного Совета по мирному демократическому объединению Кореи, председателем которого является президент Кореи Ким Дэ Джун. После провозглашения суверенитета и независимости, Республики Казахстан Г.Б. Хан принимает активное участие в общественной и политической жизни молодой республики. Будучи членом Республиканской комиссии по правам человека при Президенте РК, членом Государственной комиссии по борьбе с коррупцией, ведет активную работу по укреплению и соблюдению законнов и государственной дисциплины и служебной этики руководящими кадрами Республики. В 1937 году был насильственно переселен в Казахстан. Источник: Корейцы Казахстана: Кто есть кто. Алматы, 2005; Корейцы Казахстана. Энциклопедический справочник. Алма-Ата, 1992.

◎ Хан Наталья Николаевна

доктор педагогических наук, профессор. Родилась в 1951 году в г. Гурьев. Окончила с отличием Гурьевский педагогический институт (1973) и аспирантуру при кафедре педагогики КазПИ им. Абая (1978). Старший преподаватель, зав. кафедрой психологии в Гурьевском пед.институте. Доцент кафедры педагогики АГУ им. Абая (1985–1991). Профессор кафедры национального воспитания и самопознания (2009), профессор кафедры пед. специальностей Института магистратуры и докторантуры в КазНПУ им. Абая (2013). Профессор кафедры педагогики и психологии Института педагогики и психологии КазНПУ им. Абая (2013–2014). Под ее руководством подготовлены: 1 доктор педагогических наук, 5 кандидатов, 1 доктор PhD, а также магистры педагогических наук. Автор свыше 100 научных работ, из них 7 учебно-методических пособий, 1 монография. Награждена нагрудными знаками «Почетный работник образования Республики Казахстан» (2010), «За заслуги в развитии науки Республики Казахстан» (2011), «Ұздік Ұстаз» (2011), «Құрметті қызметкер» (2014) КазНПУ им. Абая за многолетний добросовестный труд в области подготовки специалистов для системы образования Республики Казахстан. Источник: Корейцы Казахстана: Кто есть кто. Алматы, 2005; Корейцы Казахстана. Энциклопедический справочник. Алма-Ата, 1992.

◎ Хегай Алексей Юрьевич

Лауреат премии Совета Министров СССР, заслуженный гидротехник Казахской ССР, видный государственный и общественный деятель. Родился в с. Бухта Павлова Сучанского района Приморского края. Окончил гидромелиоративный факультет Казахского сельскохозяйственного института (1953). Главный инженер (г. Гурьев). Директор машинно-мелиоративной станции Минсельхоза СССР. Главный инженер Гурьевского облводстроя (1957). Начальник СМУ № 2 треста «Дорводстрой» (1959), заместитель председателя Госкомитета Совета Министров Казахской ССР по использованию и охране водных ресурсов. Заместитель управляющего (1963), управляющий трестом «Алматастрой». Возглавил работу по строительству уникальной плотины-селеуловителя в урочище Медео (1973). Первый заместитель начальника (1973), начальник Главного управления по строительству и эксплуатации селезащитных сооружений при Совете Министров Казахской ССР (1986), заместитель министра автодорог Казахской ССР (1988), начальник производственного объединения «Казселезащита». Член республиканской и всесоюзной проблемной селевой комиссии, научного совета по инженерной геологии и гидрогеологии АН СССР, председатель секции селевых потоков АН СССР, президент ассоциации по стихийным бедствиям. Лауреат премии Совета Министров СССР (1985), заслуженный гидротехник Казахской ССР (1985). Стоял у истоков корейского движения в Казахстане. Награждён орденами Трудового Красного Знамени, Дружбы народов, медалями, Почетными грамотами Верховного Совета Казахской ССР, отмечен бронзовой и золотой медалями ВДНХ СССР. Источник: Корейцы Казахстана: Кто есть кто. Алматы, 2005; Корейцы Казахстана. Энциклопедический справочник. Алма-Ата, 1992.

◎ Хегай Аркадий Юрьевич

Президент Международного правозащитного центра. Профессор Международного права. Генерал-майор юстиции. 1935 г. рождения, Будденовский район, Приморский край. Окончил юридический факультет Казахского государственного университета. Работал в органах прокуратуры Акмолинской, Актюбинской, Мангистауской областей, прошел путь от рядового следователя до прокурора области, старшего помощника

Генерального прокурора РК. Советник председателя банка "Центркредит; " проректор по международным и правовым вопросам социально-гуманитарного института "Дарын"; член рабочей группы УВКБ ООН , Председатель ОО "Казахская тюремная реформа". По его инициативе реализован ряд программ по вопросам социально-правовой защиты пенсионеров, беженцев, осужденных и иных наиболее уязвимых слоев населения, а также инициирован ряд законопроектов, в том числе по гуманизации уголовного законодательства и помощи жертвам политических репрессий. За особые заслуги в деле укрепление законности и правопорядка награжден орденом "Знак Почета", несколькими медалями, почетными грамотами. Неоднократно избирался в руководящие про партийно-государственный и профсоюзные органы РК, лауреат международной журналистской премии ОБСЕ и PRI за освещение в СМИ темы отмены смертной казни в Казахстане. Член Центрального комитета Партии патриотов Казахстана и правления ОО "Жанашир" ("Милосердие"). Является автором свыше 100 статей и ряда книг по проблемам защиты прав и свобод человека. Источник: Корейцы Казахстана: Кто есть кто. Алматы, 2005; Корейцы Казахстана. Энциклопедический справочник. Алма-Ата, 1992.

◎ Цхай Юрий Андреевич

Президент Ассоциации Корейцев Казахстана. Председатель Совета директоров "Достар-Холдинг", Председатель Совета директоров АО "Банк Каспийский", Президент АО "Каспийский Инвестиционный Холдинг", мастер спорта, заслуженный тренер Каз.ССР и СССР, Заслуженный работник культуры,почетный профессор Казахской государственной академии физической культуры и спорта. 1948 г. рождения, с. Новотроицкое, Джамбульская область. в 1972 г. окончил Киргизский государственный институт физической культуры и спорта. Тридцать лет его трудовая деятельность связана со спортом. Им подготовлена плеяда знаменитых казахстанских боксеров, которые защищали честь республики на всесоюзных и международных соревнованиях, среди них серебряный призер Олимпийских игр Серик Конакбаев, ныне депутат Мажилиса Парламента РК. Несколько лет Цхай Ю.А. возглавлял сборную команду Казахстана по боксу, являлся вторым тренером сборной Республики Корея. В 1992 г. вернувшись в Казахстан, Цхай Ю.А. возглавил частную компанию "Достар". При его непосредственном участии в г. Алматы были построены биснес-центр "Достар" и другие значительные объекты. Большой организаторский талант Ю.А.Цхай проявил не только в бизнесе, но и на общественной работе, когда он был избран в 1995 г. президентом Ассоциации Корейцев Казахстана (АКК). В октябре 1999 г. на VI съезде корейцы Казахстана избрали его президентом АКК на второй срок. Благодаря правильно выбранной стратегии и тактике в работе Ассоциации произошли позитивные изменения в стиле и методах работы, стабилизировалась ситуация внутри корейской диаспоры, создана обстановка единства, взаимопонимания и доброжелательности. Сейчас в Ассоциации задействованы все возрастные группы , гармонично сочетаются культура и бизнес, корейцы всех регионов участвуют в жизни диаспоры. В 1997 г. Ассоциация корейцев Казахстана успешно отметила 60 лет проживания корейцев на казахской земле. В 1998 г. провела акцию "Назарбаев - наш президент", выразив общее мнение корейцев о политической жизни страны. В этих мероприятиях Юрий Андреевич сыграл ключевую роль.

Ю.А.Цхай вносит огромный вклад в дело объединения и консолидации корейской диаспоры, в развитие и укрепление межнационального согласия, в налаживании деловых отношений АКК с посольством Корея в Казахстане, Алматинским центром просвещения, Корейским агентством международного сотрудничества, Ассоциацией Южно-корейских бизнесменов, фондов зарубежных корейцев и другие. Уделяет огромное внимание развитию молодежного движения в республике и регионах страны.

Велика его заслуга в создании корейского дома, который является собственностью АКК. В Корейском доме успешно функционирует, кроме офиса самой АКК, редакция газеты «Корё Ильбо», молодежный центр, научно-техническое общество "КАХАК", общественно-политический центр, танцевальная студия, библиотека, конференц-зал. Ю.А.Цхай прекрасно понимает, что Корейский дом является идеологическим ,социально-экономическим и культурным центром для представителей корейской диаспоры. Известный в республике бизнесмен и общественный деятель. Проводит большую работу по возрождению сельскохозяйственного машиностроения, методологической поддержке малого и среднего бизнеса, возглавляя такие компании как "Агромашхолдинг", Федерацию малого и среднего бизнеса. Много сделал Ю.А.Цхай для привлечения иностранных инвестиций в Казахстан, особенно по установлению связей с Республикой Корея. При его участии был открыт в г.Алматы завод LG по выпуску телевизоров, построен Корейский центр просвещения. Осознавая факт, что будущее Казахстана - молодежь, в 2000 г. была открыта международная школа-лицей "Достар". В этом же году Ю.А.Цхай объединил все компании и возглавляемые им организации в учреждение "Достар Холдинг", где является президентом. Председатель Совета директоров банка "Каспийский". Общественная деятельность также проявляется в качестве активного члена Совета Ассамблеи народов Казахстана, Всемирной конфедерации корейцев (штаб квартира в Японии), Международной конфедерации корейских ассоциаций(г. Москва), Международной федерации корейских бизнесменов Национального Олимпийского комитета Республики Казахстан, вице-президента Федерации бокса Республики Казахстан. Он - член постоянно действующего совещания по демократизации и дальнейшему развитию гражданского общества Казахстана. За заслуги и весомый вклад Цхая Юрия Андреевича в развитие казахстанского спорта, экономики и сохранение межнационального согласия он награжден медалью "За трудовую доблесть", "Астана", а также орденами "Достык" и "Курмет". В 2002 году от имени президента Республики Кореи Юрию Цхаю в числе десяти влиятельных лидеров корейских диаспор в странах мира был вручен орден "Магнолия" за неоценимый вклад в развитие экономики Республики Кореи. Источник: Корейцы Казахстана: Кто есть кто. Алматы, 2005; Корейцы Казахстана. Энциклопедический справочник. Алма-Ата, 1992.

◎ Цой Ен Гын

Его пьеса «Не умирайте молодыми» была отмечена на фестивале юношеско-молодежных спектаклей Казахстана, на международном фестивале в г.Гондю (Республика Корея).

Им выполнен сценарный вариант «Ариран» под одноименной корейской легенде, переведено несколько классических пьес для постановки в корейском театре. Рассказы Цой Ен Гына опубликованы в сборнике авторов СНГ «Невидимый остров». Основатель редакции республиканского радиовещания на корейском языке, первый ее главный редактор. Корпорацией телерадиовещания Казахстана занимал должность заместителя Генерального директора казахского радио, директора Международного радио. Работал главным редактором газеты «Корё Ильбо». С 2004 года – зав. литреатурной частью корейского театра. Награжден почетной грамотой Президиума Верховного Совета Казахской ССР. Лауреат международного конкурса журналистов Казахстана. Активный участник общественного корейского национального движения. Был членом правления первого созыва, делегатом Всесоюзного съезда корейцев в Москве. Источник: Корейцы Казахстана: Кто есть кто. Алматы, 2005; Корейцы Казахстана. Энциклопедический справочник. Алма-Ата, 1992.

◎ Цой Элла Андреевна

Заслуженный работник культуры. 1946 года рождения, г. Талдыкорган. Окончила Бишкекский автодорожный институт. Работала мастером, старшим инспектором производственного отдела на строительстве высокогорного катка «Медео». Затем окончила Высшую школу партии, с 1978 г. по рекомендации Калининского райкома партии работает на телевидении. Первый директор программ «Тамаша», «Азия Даусы» «Лучшие песни года», «Звезды встречаются в Алма-Ате». С 1991 года, то есть со дня основания руководит программой Ури Миндег. Является призером Международного кинофестивала документальных телефильмов, Сеул Корея – 2002 и 1999 гг. В 2000 г. награждена Орденом Дружбы народов, Почетной грамотой Президента Республики Корея. В 2001 г. присвоено звание «Заслуженный работник культуры» Министерства информации, культуры и спорта. Дочь – Глушкова Наталья PR-журналист Казахстанского Пресс-клуба. Источник: Корейцы Казахстана: Кто есть кто. Алматы, 2005; Корейцы Казахстана. Энциклопедический справочник. Алма-Ата, 1992.

◎ Цой Самен

Доктор технических наук, профессор. Профессор Казахского Национального технического университета им. К.И. Сатпаева. 1921 г. рождения, г. Сучан, Приморский край. Окончил Карагандийский горный техникум в 1941 г., Казахский горно-металлургический институт в 1948 г. После окончания института работал главным инженером треста угольной промышленности Хакасской автономной области, заведующим лабораторией оптимизации параметров и процессов, сектором кибернетики Института гороного дела АН КазССР. В настоящее время – профессор Казахского Национального технического университета им. К.И. Сатпаева. Цой С. Широко известен в научном мире как видный учёный в области горной науки. Научная деятельность профессора С. Цоя постоянно направлена на решение крупных проблем горного производства. Впервые он создал стройную теорию и разработал методы решения одной из актуальных и важнейших проблем в области горной науки – управление вентиляционными сетями, которые широко применяются на всех рудниках и шахтах. Содержание одной из его работ вошло в учебник академика А.А. Скочинского и профессора Комарова В.Б. «Рудничная вентиляция». – М.: Углетехиздат, 1959. Этой проблеме посвящены его фундаментальные труды – шесть монографий такие, как «Теория вентиляционных сетей», «Электронно-вычислительная техника в вентиляционной службе шахт», «Автоматизация проветривания шахт» и ряд других оригинальных работ. Все это даёт основание считать профессора С. Цой основоположником теории управления шахтными вентиляционными сетями. Многогранность его научной деятельности проявляется также в развитии нового направления научно-технического прогресса – создания систем автоматизированного проектирования шахт и рудников (САПР), что является одной из самых основополагающих проблем в горной науке. Впервые появляются фундаментальные труды – монографии: «Синтез оптимальных сетей горных выработок», «Автоматизация проектирования вскрытия шахтных полей», «Дискретные модели горного производства», «Математические основы системы автоматизированного проектирования шахт» и другие. Применение указанных неоднократно давало крупных экономический эффект в угольной и рудной промышленности, что отмечено в книге Д.А. Кунаева «Советский Казахстан» (Алматы: Политиздат, 1978.- С.101). Впервые в Советском Союзе появилась его фундаментальная работа – монография «Прикладная теория графов» объёмом 32,3 п.л., составляющая основу совремнной кибернетики. В последние годы он издал две книги – «Промышленная математика» (12 п.л.) и «Методологические основы проектирования рудников» (15п.л.), которые имеют большое значение не только в сфере практического применения при решении промышленных задач, но и в подготовке высококвалифицированных горных инженеров. В настоящее время профессор С. Цой успешно проводит крупномасштабные научные работы по созданию инновационных проектов подземной и открытой разработок месторождений цветных и благородных металлов. Целью этих проектов является разработка новой технологии производства цветных и благородных металлов непосредственно на местах добычи руд путём смены старого поколения технологии и техники новым. Профессор С. Цой внёс крупный вклад не только в развитие отечественной науки и техники, но и создал большую научную школу в области горной промышленности. Под его научным руководством защищены 53 диссертации на соискание учёной степени кандидата и доктора технических наук. Общее количество опубликованных научных трудов составляет более 250, в том числе 20 монографий и учебных пособий. Им получено 52 авторских свидетельства на изобретения. Он является одним из обладателей патентов: краткосрочное прогнозирование землетрясений, компьютер нового класса, высокоэффективный световой генератор электрической энергии, рентгенорадиометрический сепаратор нового класса для сортировки руды и пустых пород, универсальный трубчатый скребковый конвейер, радиорентгеновская аппаратура для определения содержания содержания полезных компонентов в различных средах, универсальный газоанализатор и др. Профессор С.Цой награждён медалями «За доблестный труд. В ознаменования 100-летия со дня рождения В.И. Ленина», «Ветеран труда», Почётным дипломом с занесением его имени в «Золотую книгу Почёта КазССР», Почётными грамотами АН КазССР, Министерства высшего образования и науки КазССР, КазПИМ, КазНТУ. В 1937 году был насильственно переселён в Казахстан. Источник: Корейцы Казахстана: Кто есть кто. Алматы, 2005; Корейцы Казахстана. Энциклопедический справочник. Алма-Ата, 1992.

◎ Цой Гилен Васильевич

Доктор медицинских наук, почётный академик Академии медицинских наук, Заслуженный врач, отличник здравоохранения Республики Казахстан. Хирург высшей категории. 1920 г. рождения, г. Владивосток. В 1943 г. окончил Крымский медицинский институт. По окончании института работал в освобождённых районах России хирургом. С 1945 по 1962 гг. был хирургом Кызылординской городской больницы; затем в городе Акмолинске - заведующим хирургическим отделением городской больницы, главным хирургом Облздравотдела. В 1952 г. был командирован в КНДР. С 1958 по 1962 гг. – главный хирург Акмолинского облздравотдела, главный хирург Целинного края. В период с 1962 по 1995 гг.- доцент, заведующий кафедрой хирургии, профессор кафедры госпитальной хирургии Целиноградского медицинского института травматологии и ортопедии в Астане. Член Правления Ассоциации хирургов г. Астаны. Награждён орденами «Октябрьской революции», «Трудового Красного Знамени»,

«Знак почёта», 6 медалями. Почётный гражданин Целинограда и Астаны с 1980 г. Решал вопросы профилактики травмирования в сельскохозяйственном производстве, занимался острыми хирургическими заболеваниями органов брюшной полости. В 1964 г. защитил кандидатскую, а в 1974 г.- докторскую диссертацию. Профессор с 1975 г. Опубликовал 136 научных работ, имеет 10 свидетельств на изобретения. В 1937 году был насильственно переселён в Казахстан. Источник: Корейцы Казахстана: Кто есть кто. Алматы, 2005; Корейцы Казахстана. Энциклопедический справочник. Алма-Ата, 1992.

◎ Цой Лаврентий Иванович

(род. в 1916 г., с. Сидими Хасанского района Приморского края). Член КПСС с 1957 г. Ученый-животновод, доктор сельскохозяйственных наук (1972 г.), профессор (1974 г.), лауреат Государственной премии СССР (1970 г.), заслуженный зоотехник Казахской ССР. (1967 г.). В 1944 г. Окончил Алма-Атинский зооветеринарный институт, в 1954 г. - аспирантуру Казфилиала ВАСХНИЛ. В 1944-1948 гг. – младший научный сотрудник Института экспериментальной биологии АН КазССР, старший научный сотрудник Актюбинской станции по животноводству. В 1948-1953 гг. – зоотехник в овцеводческих хозяйствах республики. В 1953-1960 гг. – старший научный сотрудник, зав.отделом, директор

Чимкентской государственной сельскохозяйственной опытной станции. С 1960 г. – доцент, заведующий, профессор кафедры овцеводсвта Алма-Атинского зооветеринарного института. Основные научные труды в области селекции и разведения овец. Участвовал в выведении тонкорунной породы овец – южно-казахстанского мериноса, совершенствовал методы развития этой породы. Основал эффективность промышленного скрещивания в овцеводстве. Соч.: Развитие и совершенствование казахских тонкорунных овец. Алма-Ата, 1953; Опыт создания племенной базы тонкорунного овцеводства в Южно-Казахстанской области //Вестник сельскохозяйственной науки, 1958 (соавт.); Как лучше сохранить ягнят. Алма-Ата, 1962; Южно-Казахстанский меринос. Алма-Ата, 1975 (соавт.). Источник: Корейцы Казахстана: Кто есть кто. Алматы, 2005; Корейцы Казахстана. Энциклопедический справочник. Алма-Ата, 1992.

◎ Цой Николай Дмитриевич

(1922–2014),кавалер ордена трудового красного знамени, кандидат технических наук, начальник Риддерского рудника, «Ветеран труда». Родился в г. Владивостоке. Окончил Казахский горно-металлургический институт (1949). По окончании института работал в Лениногорском полиметаллическом комбинате, где прошел путь от горногомастера до заместителя главного инженера комбината по производству. Главный инженер (1963), начальник Риддерского рудника. Автор около 50 научных работ и изобретений. Награжден орденом Трудового Красного Знамени, медалью «За доблестный труд. В ознаменование 100-летия со дня рождения В. И. Ленина», медалью «Ветеран труда», знаком «Шахтерская слава III степени», Почетными грамотами Верховного Совета Казахской ССР и Министерства цветной металлургии СССР и Казахской ССР. Почётный гражданин г. Лениногорска. Участник выставки ВДНХ СССР. Источник: Корейцы Казахстана: Кто есть кто. Алматы, 2005; Корейцы Казахстана. Энциклопедический справочник. Алма-Ата, 1992.

◎ Цой Николай Петрович

Заслуженный агроном КазССР. Родился в городе Хабаровске. Окончил Петропавловский пединститут. Директор совхозов и председатель колхоза в Кокчетавской области. Генеральный директор Кокчетавского объединения по птицеводству. Основателем села Зеленый Бор и бессменным директором знаменитой Щучинской птицефабрики являлся Николай Петрович Цой. Умелый хозяйственник, талантливый организатор, педагог и воспитатель Николай Петрович внес большой вклад в развитие нашего любимого села. О Николае Цой жители села вспоминают с большой теплотой и особой благодарностью, как о человеке с огромным сердцем. Николай Петрович родился в 1925 году в городе Хабаровск. По образованию он был зоотехником и учителем географии. Награжден орденом «Знак почета», орденом «Трудового красного знамени», орденом «Ленина», орденом «Октябрьской революции», орденом «Дружбы народов», медалью «За освоение целинных земель» и медалями «ВДНХ» (золотая, серебряная, бронзовая), «Победитель Соц. Соревнований СССР», Ветеран войны и труда. Заслуженный агроном Казахской ССР (1957). Источник: Корейцы Казахстана: Кто есть кто. Алматы, 2005; Корейцы Казахстана. Энциклопедический справочник. Алма-Ата, 1992.

◎ Цой Гук Ин

Лауреат Государственной премии КазССР, член Союза кинематографистов СССР. Родился в с. Лидэ в Севекрной корее. Окончил режиссерский факультет ВГИКа. Заведующий литературной частью и артист драмы Государственного республиканского корейского театра музыкальной комедии. На киностудии «Казахфильм» поставил художественные фильмы «Год дракона», «Манчжурский вариант», «Лесная баллада» и др. За постановку 4-серийного художественного фильма «Чокан Валиханов» удостоен Государственной премии КазССР в области литературы, искусства и архитектуры. Награжден орденом «Парасат». Источник: Корейцы Казахстана: Кто есть кто. Алматы, 2005; Корейцы Казахстана. Энциклопедический справочник. Алма-Ата, 1992.

◎ Цхай Борис Алексеевич

Генерал-майор. Родился в 1942 году в г. Джамбул Казахской ССР. Работал в Казэлектромонтаже г. Кокчетав в качестве монтажника (1961– 1962). Призван на действительную военную службу во ВВ МООП СССР (1962). Проходил службу в войсковой части 6604 ст. Решоты Красноярского края (1963).

Направлен в войсковую часть 7543 г. Новосибирск (1963), окончил школу сержантов (1963). Начал учебу в Ленинградской военно-политической школе МООП СССР (1963). По окончанию первого курса был направлен на учебу в Саратовское военное училище МООП СССР г. Саратова в связи с расформированием общевойскового факультета в г.

Ленинграде (1964). Окончил военное училище (1966) и был направлен для прохождения дальнейшей службы во ВВ МВД СССР Казахстана и Киргизии в войсковую часть 6637 г. Петропавловска. Прослужил на должностях командира группы, заместителя командира роты по политической части, командира роты, заместителя начальника штаба части (1977). Назначен на должность начальника штаба в войсковую часть 6697 г. Кустаная (1977–1979). Назначен начальником штаба в войсковую часть 6638 г. Усть-Каменогорск (1979). Окончил Петропавловский педагогический институт (1981). Назначен командиром отдельного батальона войсковой части 6607, а затем командиром полка г. Гурьев (1982). Командир войсковой части 6637 г. Петропавловска (1988). Командир 4 дивизии ВВ МВД Казахской ССР в г. Караганда (1992). Присвоено воинское звание генерал-майор (1995). Заместитель Командующего ВВ РК – начальник тыла (1995), заместитель командующего ВВ РК по подготовке войск (1996). Награжден орденом «За службу Родине в Вооруженных Силах СССР 3 степени», множеством юбилейных медалями, медалью « «Георгий Жуков 1896 – 1996 нагрудными знаками «Мастер спортаСССР»,«Заотличиевслужбе»2-мястепенями,«Кайсар» 2 степени,«За отличную службу в МВД», «Участник первого военного парада в день Независимости Республики Казахстан», «75 лет СВВУ им. Дзержинского». Источник:

Корейцы Казахстана: Кто есть кто. Алматы, 2005; Корейцы Казахстана. Энциклопедический справочник. Алма-Ата, 1992.

◎ Чжен Моисей Алексеевич

(род. в 1931 г.). Член КПСС, депутат Верховного Совета Казахской ССР X –XII созывов (1980, 1985, 1990 гг.). Окончил Алма-Атинскую высшую партийную школу. С 1950 г.- участковый, главный агроном МТС в Кокчетавской области. В 1952-1954 гг. – в Советской Армии. С 1954 г. – первый секретарь Келлеровского райкома комсомола, с 1961 г. – секретарь, второй секретарь Кзылтусского райкома Кокчетавской области. С 1964г. – начальник Чистопольского районного производственного управления сельского хозяйства, с 1965 г. – заведующий отделом Кокчетавского обкома Компартии Казахстана. С 1970 г. – начальник Кокчетавского облсельхозуправления. В 1985-1990 гг. – председатель Кокчетавского облсофпрофа. С 1990 г.- первый заместитель председателя Кокчетавского олбисполкома, член комитета Верховного Совета Каз ССР по внешнеэкономическим и межпарламентским связям. Источник: Корейцы Казахстана: Кто есть кто. Алматы, 2005; Корейцы Казахстана. Энциклопедический справочник. Алма-Ата, 1992.

◎ Шин Бронислав Сергеевич

Генеральный директор ОАО "Алматыинжстрой", депутат Алматинского городского маслихата. Председатель Алматинского корейского культурного центра. 1946 г. рождения, п. Чкалова, Атырауская область. С 1963 по 1965 гг. учился в Московском полиграфическом институте. В 1971 - 1976 гг. - учеба в Алматинском институте народного хозяйства. Трудовую деятельность начинал разнорабочим в г. Алматы, затем асфальтировщиком. Первый его объект - строительная площадка на ВДНХ, затем более 32 лет - в строительстве. Долгие годы Шин Б. С. возглавлял в должности директора трест "Главалматастрой", который был преобразован под его руководством в ОАО "Алматыинжстрой". "Алматыинжстрой" - одна из крупнейших строительных фирм в Казахстане (более 1000 работающих), ведет строительство и ремонт тепловых сетей, водопроводов, оросительных систем, дорог, отдельных уникальных объектов (набережная реки Есиль в Астане, отели "Рахат-Палас", "Анкара" в Алматы и др.). ОАО "Алматыинжстрой" имеет возможность обеспечивать строительные объекты современной техникой:

грузоподъемными механизмами и землеройными машинами, экскаваторами, бульдозерами, автокранами на гусеничном и пневмоходу, автогрейдерами, трубоукладчиками и т.д. Сегодня это 20 филиалов и представительств по всему Казахстану. Его неутомимая деятельность и умелое руководство ОАО "Алматыинжстрой" получили высокую оценку. В частности о нем лестно отзывается Аким Атырауской области И. Тасмагамбетов. "Президенту АО "Алматыинжстрой" Шин Б. С. Уважаемый Бронислав Сергеевич! Завершая свою деятельность на посту акима Атырауской области, выражаю Вам свою признательность за совместную и плодотворную работу и хотел бы отметить Ваш личный неоценимый вклад в социально-экономические преобразования области. Надеюсь, она заложила фундамент необратимых структурных изменений в экономике , преобразила социальный облик и пробудила веру населения в будущее региона. Желаю Вам здоровья, благополучия и свершения всех Ваших заветных желаний". И. Тасмагамбетов. Шин Б. С. имеет высокие правительственные награды: медали "Астана" (1998), "10 лет независимости Казахстана" (2001), "За доблестный труд" (2002). Активист Ассоциации корейцев Казахстана, крупный спонсор корейских общественных организаций. Источник: Корейцы Казахстана: Кто есть кто. Алматы, 2005; Корейцы Казахстана. Энциклопедический справочник. Алма-Ата, 1992.

◎ Шин Вера Васильевна

Заслуженный работник сельского хозяйства Казахской ССР. Почетный гражданин Алматинской области. 1929 г. рождения, село Шкотова, Шкотовский район, Приморский край. Трудовая деятельность началась в Каратальском районе Алматинской области, возглавляла звено по выращиванию риса, сахарной свеклы. На этой работе она всегда была в числе передовых. Вскоре ей доверили руководить звеном по выращиванию лука. Многие годы самостоятельно изучала технологию, передовой опыт по его возделыванию. Этому трудоемкому делу Вера Васильевна посвятила почти 60 лет. Дважды избиралась депутатом Верхнего Совета Казахской ССР. Награждена двумя медалями Ленина, Трудового Красного Знамени, Дружбы народов, Октябрьской революции, "Знак Почета" и многими медалями. 10-кратная участница ВДНХ СССР в г. Москве, неоднократно награждалась Золотой медалью. В год 70-летия со дня рождения, в 1999 г. ей было присвоено почетное звание "Почетный гражданин Алматинской области", имеет звание "Заслуженный работник сельского хозяйства Казахской ССР". До ухода на заслуженный отдых активно участвовала в художественной самодеятельности - пела и танцевала, играла в театральных постановках. Пользовалась заслуженным авторитетом у сельчан, к ней постоянно приезжали со всех уголков страны учиться ее большому опыту по выращиванию лука, односельчане символично называли Веру Васильевну "академиком". Источник: Корейцы Казахстана: Кто есть кто. Алматы, 2005; Корейцы Казахстана. Энциклопедический справочник. Алма-Ата, 1992.

◎ Шим Павел Семенович

(род. в 1925 г., деревня Хаиндо Океанского района Дальневосточного края). Член КПСС с 1954 г. Доктор экономических наук (1975 г.), профессор (1977 г.). В 1950 г. окончил финансово-кредитный техникум промышленного банка, в 1954 г. – кредитно-экономический факультет Московского финансового института, в 1957 г. – там же аспирантуру. В 1942-1945гг. находился в трудовой армии. С 1958 г. – младший, старший научный сотрудник, зав.отделом Института экономики АН КазССР. Основные направления научной деятельности – повышение эффективности промышленного производства в условиях перехода к рыночной экономике. Пути изменения структуры промышленности Казахстана в условиях экономического и политического суверенитета. Награжден медалью «За доблестный труд. В ознаменование 100-летия со дня рождения В.И.Ленина», Почетной грамотой Верховного Совета Казахской ССР. Соч.: Проблемы концентрации промышленного производства. Алма-Ата, 1972; Фондоемкость продукции в промышленности Казахстана. Алма-Ата, 1981. С. 3-80, 145-156; Производительность труда в условиях интенсификации производства: методологические и методические аспекты //Вестник Академии наук Казахской ССР. 1989. № 10. Источник: Корейцы Казахстана: Кто есть кто. Алматы, 2005; Корейцы Казахстана. Энциклопедический справочник. Алма-Ата, 1992.

◎ Ю Валентина Константиновна

Доктор химических наук, профессор Лауреат Государственной премии Республики Казахстан в области науки, техники и образования. Ведущий научный сотрудник института химических наук им. А.Б. Бектурова МОН РК. Учёный секретарь НТО «Кахак». 1955 г. рождения, Самаркандская область, Узбекистан. Окончила химический факультет Самаркандского государственного университета им. А. Навои по специальности органическая химия, химия физиологически активных веществ. В 1977-1979 гг. – учитель химии в средней школе г. Карши УзССР. С 1979 г. старший лаборант, младший, старший, ведущий научный сотрудник Института химических наук им. А.Б. Бектурова МОН РК. Является одним из авторов анальгетика «Просидол», включённого в официальные издания Международного реестра лекарственных средств и реестры жизненно необходимых и важнейших лекарственных средств Республики Казахстан и Российской Федерации, а также «Казкаина», рекомендованного для проведения второй стадии клинических исследований по двум показаниям – в качестве местного анестетика и антиаритмического средства. Сотрудничает с учёными научных центов США (Оклахомский государственный университет, Нью-Йоркский государственный университет), Европы (университет г. Гента, Бельгия, университет г.. Кардиффа, Великобритания), России и Белоруссии. Ряд научных проектов поддерживается грантами международных научных фондов, таких как CRDF, INTASи МНТЦ. Основные научные труды включают около 300 наименований, в т.ч. более 90 статей, более 100 охранных документов на изображения и тезисы докладов на международных и республиканских симпозиумах, конференциях в США, Бельгии, Италии, Мексике, России и Казахстане. Источник: Корейцы Казахстана: Кто есть кто. Алматы, 2005; Корейцы Казахстана. Энциклопедический справочник. Алма-Ата, 1992.

◎ Ян Вон Сик

Поэт, писатель, режиссер, публицист, член Союза кинематографистов СССР, член Союза писателей СССР, член Союза писателей Казахстана. Доктор философии

Европейского университета по специальности: филология. 1932 г. рождения, г. Андю, Северная Корея. С 1953 по 1958 гг. по направлению правительства КНДР обучался в Москве во Всесоюзном государственном институте кинематографии, по окончании которого остался в СССР. С 1960 г. проживает и работает в Казахстане – вначале на киностудии «Казахфильм», затем с 1984 г. – в редакции республиканской газеты «Ленин Кичи» (ныне «Корё Ильбо»). С 1993 г. по настоящее время редактор, заместитель редактора по корейской части. За время творческой деятельности создал более 50 кинофильмов различных жанров, включая художественные. Его перу принадлежат книги «Лунное послание» (1998), «Горный цветок» (2003), «Золотые мгновения» (2005), «Июльский дождь» (2005) и др. Его кинематографическая , литературно-публицистическая деятельность неизменно получала высокую оценку критики и признание зрителей и читателей, как в нашей республике, так и за ее пределами. Многие произведения отмечены призами и дипломами на республиканских, всесоюзных, международных смотрах, конкурсах и фестивалях. Газета «Корё Ильбо» под его руководством и при журналистском участии удостоена Международной премии имени выдающегося деятеля мировой культуры Чжан Ди Ена (Южная Корея). Он первый перевел на корейский язык Абая («Слова назидания»), М.Ауэзова, Г.Мусрепова и других казахстанских писателей. Благодаря Ян Вон Сику в Корее общественность познакомилась с книгой Н.А. Назарбаева «На пороге XXI века» (издана в г. Сеуле, 1997). В 1999 г. по Казахстанскому телевидению был показан многосерийный южно-корейский художественный фильм «Первая любовь» в переводе Ян Вон Сика (совместно с Цой Ен-Гыном). Научно-популярные фильмы, созданные Ян Вон Сиком входят в золотой фонд казахстанской кинодокументалистики. Разнообразна и плодотворна общественная деятельность Ян Вон Сика в качестве члена Ассамблеи народов Казахстана, правления Ассоциации корейцев Казахстана, Государственного фонда культуры, а также Консультативного совета по мирному объединению Кореи. Источник: Корейцы Казахстана: Кто есть кто. Алматы, 2005; Корейцы Казахстана. Энциклопедический справочник. Алма-Ата, 1992.

Часть 2

Участие корейцев
в реформировании
Казахстана после развала
Советского Союза и
этническое возрождение
- зрелое поколение корейцев

Глава 1

Национальное возрождение корейцев после развала Советского Союза

1. Корейская диаспора Казахстана: теоретико-практическое определение

Корейская диаспора Казахстана была образована миграциями на длинные расстояния, имевшими в постоянную продолжительность с пересечением внешних границ , сначала из Кореи в царскую Россию Дальний Восток, а затем в Центральную Азию в 1937 году. Она на протяжении всей своей истории имела вынужденный и насильственный характерследствии экономических и политических причин. Кроме того до начала 1910-х годов миграция корейцев в страны зарубежья отличались массовостью в США, Японию, Китай, Россию и другие страны. В современный период более характерными являются индивидуальные перемещения с практикой вызовов в страну реципиент.

Корейская диаспора обладает некоторыми чертами, представляющими исторический и теоретический интерес. Во-вторых, диаспоральные корейцы никогда не составляли большинства в тех областях, где они проживали, тем самым являлись этническим меньшинством, но имели некоторую значимость в экономической, научной структуре страны проживания, практически не обладая территориальной автономии.

Однако характерной чертой корейской диаспоры

является успешное функционирование в стране пребывания благодаря превосходной способности к адаптации, генетически заложенной трудолюбию и упорством, которые заложили их предки на протяжении веков. Благодаря этому они могут успешно функционировать в имперских странах с полиэтнической и мультикультурной структурой.

Корейская диаспора, являясь этническим меньшинством в стране проживания, старается поддерживать материальные и духовной связи со страной своего проживания. Современные ученые предложили следующую дифференциацию: мобильную и пролетарскую.

Представители мобильной диаспоры осознают свою принадлежность к передовой цивилизации, их профессиональные, коммуникативные и организационные способности позволяют им занять значительные (чаще всего экономические) позиции в стране проживания. Благодаря космополитической ориентации, языковым навыкам и коммерческим связям мобильные диаспоры играли и играют влиятельную роль во внешних сношениях принявшей их страны. Современные представители мобильной диаспоры, обладая важными экономическими и организационными ресурсами, могут оказывать влияние и помощь правительствам стран пребывания в решении как внутренних, так и внешних проблем.

Пролетарская диаспора является продуктом трудовой

миграции, в большей степени экономически отсталых стран, практически у этих трудовых иммигрантов нет профессиональных, коммуникативных, организационных навыков для эффективного действия в своих коллективных интересах. Занимаясь своим профессиональным трудом, они не имеют возможности оказывать влияние на политику правительств. Беспрецедентный миграционный поток рабочей силы в современном мире привели к тому, что пролетарские диаспоры стали формироваться очень быстрыми темпами, изменяя как социально-экономическую, так и демографическую ситуацию, прежде всего в стране донора, стране-реципиенте и в глобальном масштабе и в мире. Представители этих диаспор пытаются стать постоянными резидентами в стране-реципиенте, сохраняя в то же время тесные связи с исторической.

Корейская диаспора неоднородна и разнотипна складывавшаяся на протяжении ни одного десятилетия и имевшая в каждой исторический период различные причины для развития и формирования. Эти причины можно дифференцировать как политические и экономические.

К политическим можно отнести такие события, породившие и развившие корейскую диаспору, как аннексия Японией Корейского полуострова, насильственное переселение в 1937 году в Центральную Азию, развал

Советского Союза.

Экономические причины, побудившие корейцев к миграции – развал единого Советского Союза, нестабильность в экономике Казахстане. Следствием побудительных причин миграции корейцев в зарубежные страны явились многообразие статусов, представленных им в государствах реципиентов, от иммиграционных рабочих и служащих до постоянных жителей и независимых иммигрантов.

Миграция беженцев происходит внезапно и в опасных ситуациях для жизни. Имея тенденцию приобретать массовый характер, такое перемещение в основном сопряжено с потерей средств к существованию и общественного положения. Корейцы покидали свои дома, когда в Таджикистане происходила гражданская война между различными кланами и группировками власти, а конечный путь их следования часто бывал Казахстан. В результате переезда, чаще всего бегства, они оказывались в местах, где у них были родственники, друзья и знакомые. На мигрантов влияют так называемые «подталкивающие факторы», в отличие от «привлекающих».

На проблему миграции могут влиять на следующие факторы: 1. отношение мигрантов к самим себе, то есть проблема самосознания и идентичности; 2. отношение и политика страны-реципиента; 3. скрытые силы, которые влияют на политику в государстве по отношению к беженцам или этническим меньшинствам.

Исторический опыт трудовой иммиграции показывает, что регулируемая на государственном уровне иммиграция обогащает не только самих иммигрантов, принимающую страну – донора, из которой выезжает рабочий или служащий. В Казахстане уже поставлена практика трудовой иммиграции, как это делается во всем цивилизованном мире.

Проблема адаптации. Вернемся к корейской диаспоре, которая, будучи этническим меньшинством, проживает в нетрадиционной, чуждой среде общения. Одним из важных этнологических, социально-антропологических и психологических вопросов является проблема способности и возможности более или менее успешного функционирования корейцев на чужбине, что зависит от их способности к адаптации. Под понятием «адаптация» подразумевается «приспособление человека или группы людей к жизни в новой инонациональной среде, а отчасти и приспособление к ним этой среды с целью взаимного сосуществования и взаимодействия» во всех сферах общественной жизни. Таким образом, адаптацию необходимо рассматривать как явление в жизни мигрантов в инонациональной среде выходцев из других стран с представителями коренных жителей.

Адаптация мигрантов к новой нетрадиционной среде общения зависит от объективных и субъективных факторов. К первым можно отнести условия (социальные, политические, этнокультурные) существования мигрантов. Среди субъективных факторов особую роль в процессе играет следующие показатели: политика правительства в отношении мигрантов, деятельность общественных организаций, психологические установки на адаптацию прибывших и др.

Следовательно, адаптация мигрантов зависит от условий развития страны выезда, которые непосредственно вступают в процесс взаимодействия с местным населением, а также от условий развития нового экономического организма. Безусловно, адаптация является одной из стадий процесса ассимиляции, так как создает предпосылки для интенсивного врастания мигрантов в социальную жизнь страны-реципиента. Мигранты заинтересованы в быстрейшей адаптации к чужой иной этнической среде, а затем и к ассимиляции. Они заранее выбирают постоянное место жительства, изучают язык, обычаи и традиции страны иммиграции.

На примере корейской диаспоры можно наблюдать сохранение этнической идентичности при постоянном месте жительства в иной этнической среде, а не ассимиляцию с другими народами. Так, например, корейская групповая идентичность в США, Китае, Японии, Европы, СНГ и других странах продолжает свое существование при условии изменения в новом окружении, другого способа ведения хозяйства, всего образа жизни, так же как и культуры питания. Данное определение может иметь отношение к большинству корейских общин, проживающих в различных странах мира.

Из истории иммиграции этносов известно, что этническая идентичность приобретается с рождением человека в силу различных причин и на разных этапах его жизни. Тут важно рассмотреть вопрос, что делается для сохранения своей этнической идентичности, почему они подвержены процессам аккультурации или ассимиляции. Данный процесс сохранения этнической идентичности, что вызывает у них огромную гордость за принадлежность к корейскому этносу. Сегодня корейцы Казахстана стараются чаще бывать на исторической родине, встречаться с соплеменниками в разных странах мира, в котором проявляется стратегия - сохранить этническую идентичность.

Корейская диаспора неоднородна в социальном, экономическом, правовом, культурном и образовательном отношениях. Попытка сохранения этнической идентичности часто прослеживается в семейных отношениях. Семья как социальный институт выполняет разнообразные и важные функции. Это ячейка организации быта и потребления, регулирования взаимоотношений и поведения взрослых, воспитания детей.

Таким образом, корейская групповая идентичность продолжает свое существование при условии изменения в новом окружении, применении другой технологии, другого способа ведения хозяйства, всего образа жизни. Другими словами, можно говорить выжили, несмотря на изменения и перемены в жизни. Корейцы не только выжили, но удачно функционируют в иноэтнической среде и сохранили свою этническую идентичность.

Во многих отношениях корейская община в Казахстане, мне кажется, является примером для представителей корейской диаспоры других стран, что стало возможным не только их усилиям, но ответным действиям государства. Изучая корейскую диаспору, можно констатировать следовавшие моменты в процессе сохранения этнической идентичности, заложенные первым поколением переселенцев ещё в середине X1X в., плоды которого пожинаются сегодня.

На развитие этнической идентичности и сохранение этнокультурного разнообразия как ее основы будет оказывать позитивное влияние национальная политика, проводимая в Казахстане. Однако в мышлении некоторых людей трудно соединяется многообразие и этнокультурное развитие с гражданской идентичностью. Именно многообразие есть единство, которое не должно пониматься как единообразие. Казахстан есть общая и главная Родина для корейцев. Для них это Родина, где прошло их детство, и они смогли состояться как творческая нация.

Республику Казахстан справедливо называют страной дружбы народов, где в единой семье проживают 140 нации и этносов, сформировавших современную казахстанский народ. Корейцы в этом обществе законно и прочно занимают свою нишу. Для них открыты все двери для жизненных пространств. Если после насильственной депортации в 1937 г. из Дальнего Востока они считались изгоями и «японским шпионами», то сегодня их можно видеть в правительстве, они заседают в парламенте, руководят научными и производственными предприятиями. Они награждены высокими правительственными наградами, им присваивают высокое звание Героя Труда. Среди них можно встретить генералов, академиков, докторов наук, народных артистов, лауреатов Государственных премии, заслуженных работников различных отраслей.

Конечно, при совместном проживании разных этносов на одной территории всегда присутствует этнокультурные традиции, пусть и незначительные. Главное, чтобы они не препятствовали совместному существованию. Одной из характерных черт, влияющих на установление таких границ, является уровень различий в коммуникативном поведении представителей того или иного народа. Часто именно этот фактор является конфликтным, провоцирующим установление и закрепление этнокультурных границ. Если представители народов демонстрируют однотипное коммуникативное поведение, то и возможностей для конфликтов не будет.

В связи с этим следует подчеркнуть, что самостоятельность корейцев определяется различием их исторического, политического развития как в плане социально-экономических, так и с точки зрения их государственного определения. Важно уяснить, что игнорирование подобной национальной вариантности, богатства форм развития корейцев, отсутствие уважения к историко-культурным традициям и запросам приводят к деформациям общения народов. Наоборот, учет подобных особенностей, взаимоуважение и внимание к интересам и потребностям, составляющие основу гуманистической традиции общения, согласия, должны стать фундаментом политики национальной консолидации.

2. Социально-политическое положение корейцев после распада Советского Союза

Рассмотрим в общих чертах модель интегрирования корейцев в относительно благоприятную для них социальную среду Казахстана – страну, где многие из них оказались после насильственного переселения с Дальнего Востока, постигших в 30-е годы XX столетия. Хотя в наше время «капельные» вкрапления корейцев существуют в Казахстане повсеместно, большая их часть (35%) сосредоточились практически в двух основных регионах страны – Алматы и Алматинской области. Самый стремительный рост корейского населения происходил в Алматы, когда она была столицей республики. В Алматы как бы происходила селекция социальной части этноса. Алматинские корейцы отличаются высоким социальным статусом и уровнем образования. Они выделяются не только среди своих соотечественников, но и среди других этносов в Казахстане, соответственно распределяются и социальные позиции. Половина из них принадлежат к числу специалистов, руководителей, предпринимателей и, соответственно, почти столько же имеют высшее образование, что опережает пропорции этих групп среди других этносов.

Здесь необходимо подчеркнуть, что речь идет о корейцах – людях, уже утвердившихся, укоренившихся в Казахстане. Практически повсеместно в республике по основным и определяющим социально-культурным параметрам корейцы находятся на одном уровне с другими этносами. Социальная активность, мобильность корейцев связана с рядом обстоятельств. Не последнюю роль играет факт, что в Алматы устремились достаточно конкурентоспособные представители из областей корейцев, нередко опережающие по уровню образования своих соотечественников.

Активная включенность корейцев в общую казахстанскую среду связана с трансформацией их этнического потенциала, причем между общей социальной активностью в новой среде и устойчивостью и выраженностью собственной этничности наблюдалась, в известной мере, обратная зависимость. Она явственно видна при сопоставлении индикатора длительности пребывания корейцев в Казахстане с иными социально-культурными маркерами. Иначе говоря, продолжительность пребывания корейцев в полиэтнической среде работает на интеграционный процесс: чем сильнее и интенсивнее была ее включенность в казахстанскую социально-культурную среду, тем более ограничено проявляется наследуемая этничность (в языке, культуре, круге общения, связях с исторической родиной и т.д.).

Аналогичная корреляция «общесоциального» и собственно «этнического» ещё более явственно в языковой сфере, а точнее, в области владения «своим» языком. Языковая компетенция корейцев находится в самой тесной зависимости от времени их проживания в зоне естественного культурно-языкового русского и казахского доминирования. Если среди корейцев стаж проживания 40-50 лет в Казахстане, то многие свободно владеют «своим» языком, а уроженцы в местных условиях корейского языка в больших пропорциях не знают или почти не знают.

Как известно, язык как средство коммуникации служит общению людей и одновременно является инструментом воздействия на них. Богатство языка свидетельствует о мощи культуры, представляемой им. Чем богаче язык, тем больше возможностей он дает для общения, делая его интересным и ярким, тем больше эффект влияния на людей. Но язык – это и способ формирования мысли, способ внутреннего диалога. Люди мыслят понятиями и образами, которые выражаются языком.

У корейцев перемены в культуре в данном случае отражённые таким важнейшим ее компонентом, как владение «своим» языком, органически связаны с интенсивностью других проявлений этничности в различных сферах жизни. Анализ связей этнических параметров показывает, что наиболее устойчиво и значимо в их системе оказывается то, что принято именовать национальным или этническим самосознанием – ощущением принадлежности к своей национальности.

Это преимущественно – чувство, но оно может иметь разные опосредования. В здоровом обществе при нормальной жизни национальное самосознание, может быть, и не выражено: люди мало фиксируют внимание на своей этничности, не особенно вдаваясь в ее глубинный смысл. Однако есть некое «сыновне-дочернее» чувство собственной национальной принадлежности, присущее от природы почти каждому, при отсутствии испытании как бы остающееся в себя. Было бы правильно оценивать и именовать это первичное, скорее неосознанное, проявление самосознания самоидентификацией – посылкой подлинно выраженного самосознания.

Формирование в этой связи и на этой основе действительное «полнометражное» самосознание – уже в известном смысле атрибутика социальных интересов и культуры – может иметь множество выходов. В отличие от заранее заданного первичного самосознания самоидентификация - оно во многом зависит от места, времени и конкретной ситуации. В национальной среде у корейцев, так же, как и у других этносов, проявление этнического самосознания в неблагоприятной ситуации могут обостриться, а в благоприятной, напротив, ослабевать.

Социологические исследования корейцев города Алматы в середине 1990-х и в 2000-х годов, чётко зафиксировали эти два проявления этнического самосознания – первичное, естественное (самоидентификация) и как бы производное от него – в конкретных проявлениях в разных ситуациях и сферах жизни. Обусловленный во многом социальными факторами второй тип самосознания не имеет всеобщего характера. Его далеко безусловная выраженность зависит от включенности (приобщенности) корейцев к казахстанской среде. Поэтому особенно среди корейцев старожилов и тем более уроженцев, органически включенных в казахстанскую жизнь, «полнометражное» этническое самосознание не так активно.

По социологическим данным свою этничность – самоидентификацию ощущают почти все корейцы гор. Алматы (95%). Иначе говоря, независимо от меры приобщенности к собственной этнической культуре и приоритетности выборов в системе различных социальных координат они чувствуют какую-то общность со своим народом. И это отнюдь не сугубо казахстанский феномен. Достаточно сказать и вспомнить имена корейцев, полностью интегрированных в российское культурное пространство, но с явной самоидентификацией – Виктор Цой, Анита Цой,

Анатолий Ким, Юлии Ким и др. По нашему мнению, любой кореец в мире пишет как кореец, на каком бы языке он ни записывал свои мысли. Мы ведь говорим семья корейских писателей, а не семья пищущих на корейском. Языковые барьеры обусловлены судьбой каждого из нас, а семейные узы уже кровные.

Можно считать, что выраженность национального самосознания при всех опосредованных и условностях органически связана с включенностью в ниву своей этносреды. Чем плотнее своя среда, глубже и однороднее этнические связи тем органичнее не только сохранность этнической культуры, но и выраженность национального самосознания. Эта зависимость очевидна во всех сферах жизни мигрантов, включая и межнациональные отношения. К примеру, корейцы выходцы из Дальнего Востока гораздо более с горечью чувствуют разделенность Корейского полуострова, чем поколение родившиеся в Казахстане.

Причем, чем шире и разреженнее среда расселения корейцев, тем слабее их внутренние контакты и активнее потребность и возможность вовлечения в межэтнические интегративные процессы. Чем компактнее расселена этническая группа в городах, а тем более в селах, и теснее её внутренние связи, тем выше уровень сохранности этничности. В деревнях, где компактно проживают корейцы сопротивляемость процессам ассимиляции гораздо выше, чем в крупных городах.

Эта закономерность обнаруживается и при сравнении таких крупных областных центров, как Кзылординской и Южно-казахстанской. У корейцев этих областей сохранность этнической атрибутики выражена более, чем у алмаатинцев. Они хотя не лучше знают свой корейский язык, но чаще считают его родным, больше ориентированы на обучение детей в корейских школах, реже вступают в этнически смешанные браки и т.д.

Таким образом, корейская диаспора в инонациональной, в данном случае казахской и русской, среде далеко не одинакова. Более того, безусловность ее этничности и устойчивом первично заданном состоянии в таком иноэтничном окружении маловероятна. Какая-то часть диаспоры, особенно люди, состоящие в национально смешанных браках, могут вообще этнически «потеряться» в поколениях потомков, другие самопроизводятся или трансформируются в новые полиэтнические, надэтнические образования. На направленность перемен и их динамику влияет среда и ситуация в обществе в целом.

Как известно, казахстанские корейцы являются русскоязычными, они говорят и думают по-русски. С 1937 года, когда они были депортированы с Дальнего Востока. Они всегда защищали интересы Казахстана и с гордостью считают себя равноправными среди других этносов.

Казахстан для них является Родиной, проживая уже много лет, вносят заметный вклад в экономику, политику и культуру. Легко встраиваются в новый для них социум, активно налаживают связи не только в своей этнической среде, но и среди представителей других этнических общностей. Корейская диаспора занимает также одну из самых активных позиций в общественной и политической жизни страны.

По данным республиканской переписи населения (2009 г.) корейцы по своей численности 110 тысяч (0,7%) находятся на девятом месте среди других этносов. Нынешнее процесс возрождения развертывается по многим направлениям: организовано изучение корейского языка, проводятся праздники освобождения Корейского полуострова от аннексии Японии, встречи Нового года по Лунному календарю, функционируются различные национальные общественные организации. На базе национального культурного центра проводятся фестивали корейских песен, музыки и танцев, конкурсы, выставки и др. Издаются книги и монографии по истории, искусству и культуры корейцев Казахстана. Поддерживаются деловые связи с исторической Родиной.

Пройдя сложный путь эволюции общенационального самосознания, успешно интегрировались в республиканскую экономику, активный бизнес, сферы науки, образования, культуры и здравоохранения. Также участвуют в системе управления и правопорядка, в целом в казахстанское общество-реципиент. В процессе активного общения с другими этносами происходит консолидация корейцев в обществе. При естественно-природной близости и общности корней казахстанские корейцы различаются по своей национально-психологической ментальности, которые соотносятся с образом жизни Южной и Северной Кореи.

В настоящее время, когда становление молодой государственности Казахстана проходило в очень сложных условиях, когда формирование рыночной экономической системы охватило весь спектр общественной жизни, ни один кореец не может остаться без приобщения, без чувства сопричастности ко всему происходящему. Корейцы, проходя весь этот сложный процесс обновления, перемен и преобразований, оказались одной из тех общественных групп, которая требует выработки адаптации к реформам республики.

80-летняя дата - это не просто значимая цифра, но и своего рода рубеж, когда корейцы подводят итоги и намечают планы на будущее. Оглядываясь в прошлое, мы выражаем огромную благодарность нашим предкам первого поколения. Именно их труд заложил основу своим трудолюбием, верностью Родине, целеустремленностью и самоотверженностью создали высокий имидж корейского этноса. Мы, последующее поколение низко кланяемся им. Судьба корейцев была не легкой. Несмотря на все преграды, они сумели мужественно выстоять и стать этносом сплошной грамотности, если в 30-40-е годы их больше привлекало труд сельского хозяйства, то в настоящее время они представлены во все мировые цивилизованные отрасли.

Казахстан по исторической воле стал полиэтнической и поликонфессиональной страной с традицией мира, добрососедства и уважения. Мы живем как единый народ и являемся членами одной большой семьи, куда входят и корейцы. Любая большая многонациональная страна не будет полноценной без маленькой составляющей этносов её населяющих. Внимание к любому этносу со стороны государства является гарантией целостности и мощи страны. Сегодня в поле такого внимания заслужено находятся корейцы, которые за прошедшие годы стали естественной, важной частью общества, целостной картины многонационального государства. Корейцы успешны потому, что их объединяет одна общая черта – они соединяют в себе образованность к высокому профессионализму, работоспособность к умению быстро адаптироваться в любой коллективной среде.

Качественное изменение в расселении корейцев заключалось в их интенсивном опыте из села в город, темпы которого превышали средне-республиканский показатель.

С течением времени менялось размещение по различным типам городских и сельских поселений. Роль крупных городов как центров экономического, научно-технического и социально-культурного прогресса постоянно растет. Корейцы стремятся в крупные города по разным причинам:

1. экономические: прежде всего, следует отнести большой выбор работы, широкие возможности профессионального роста, более высокий уровень жизни
2. культурные: возможности получить хорошее образование, наличие театров, музеев и др., позволяющие более полно удовлетворить духовные запросы
3. социально-бытовые: наличие более широкого ассортимента разнообразных услуг.

Казахстан, который исконно формировавшийся как многонациональное государство, где толерантность, межэтническое согласие и этнокультурное многообразие являются неотъемлемыми компонентами культуры общественных отношений. Продолжительное существование в едином государственном и этнокультурном пространстве способствовало выработке общности черт нравственного сознания у казахстанских граждан независимо от этнической принадлежности. Современная корейская диаспора Казахстана является одной из самых активных групп многонационального населения, осуществляющих масштабные этнокультурные контакты. За прошедшие проживания корейский этнос участвовал во всех ее экономических и политических преобразованиях, тем самым повлиял на социально-экономическое и культурное развитие государства.

Мы гордимся выдающимися личностями корейцев, которые внесли большой вклад в процветание и счастливое будущее страны. В наши дни зримыми достижениями корейской диаспоры могут служить исторические памятники.

памятник Благодарности казахскому народу; середина

Таковыми на территории Казахстана являются: памятники, мемориальные комплексы, обелиски, мемориальные доски, экспозиции в музеях, имен увековеченные в названиях улиц, артефактах.

Это следы землянок и могилы на склоне горы Бастобе в Уштобе, где были высажены первые переселенцы, здесь установлен памятник Благодарности казахскому народу. Памятник корейцам – жертвам политических репрессий в посёлке им. Чкалова Махамбетского района Атырауской области, на территории бывшего концентрационного лагеря в поселке Спаский Карагандинской области. Также корейские имена значатся на стене памяти Акмолинского лагеря жён изменников Родины (АЛЖИР).

В республике есть мемориалы, посвящённые национальному герою Кореи Хон Бон До (Кызылорда) и герою Советского Союза Мин Александру Павлосичу в селе Бурыл Жамбульской области. Установлено 19 мемориальных досок на зданиях, где жили и работали выдающиеся представители корейцев Казахстана, Герои Социалистического Труда, государственные, общественные деятели и ученые. В Алматы они установлены в честь выдающегося математика чл.-корреспондента АН РК, заслуженного деятеля науки Казахстана Ким Ен Гвана, видного государственного деятеля министра финансов республики Ким Ильи Лукича, выдающегося ученого академика НАН РК Ни Леонида Павловича, государственного и общественного деятеля Ким Юрия Алексеевича.

В 23 населенных пунктах - 8 городах и 15 сёлах, 32 улицы названы именами заслуженных корейцев Казахстана разных поколений. Имеется улица, когда в 1997 г. в городе Макинеке Акмолинской области была названа именем врача Ким Мирона, внесший высокий вклад в развитии здравоохранения. В 2010 г. жители села Бугетский Акмолинской области назвали одну улицу именем Ан Татьяны Васильевны, которая всю жизнь проработала учительницей в этой селе, а затем председателем сельсовета.

Имеются музеи, персонально посвященные жизни и деятельности выдающихся корейцев Казахстана и десятки экспозиции в Республиканских, областных и местных музеях. Например, в Кзылординской области в Шиелийском районе в селе Жахаева в музее рисосеяния представлены достижения и портреты всех 40 Героев Социалистического Труда этого района, из них 29 корейцы.

Именами заслуженных корейцев названы месторождения нефти – огайское, расположенное в Жылыоском районе Жамбылской области, стадион в Атырауской области. В топонимике в Казахстане присутствует слово «корейский»: корейский мост, корейский посёлок, улица корейская, корейское озеро, корейская долина. Из 117 корейских колхозов, депортированных с Дальнего Востока в Казахстан, здесь на их базе было образовано 70 самостоятельных корейских колхозов.

Вход колхоза «3 Интернационал»

Давно уже нет колхоза «3 Интернационал», как и всех других, но одноименный посёлок в Кармакчинском районе Кзылординской области по сей день сохранил свое название и является административным центром одноименного сельского округа. Имена известных архитекторов Ким В.Н. и др. увековечены в зданиях, которые они проектировали и которые поныне украшают Нур-Султан, Алматы и другие города страны. К примеру, в Алматы это дворец Республики, мемориал Славы в Парке 28 гвардейцев-панфиловцев и др. Нельзя забывать о том, что строительство легендарной селезащитной плотины на Медео связаны с именем Хегай

Алексея Юрьевича, который в то время был одним из руководителей специально созданной организации «Казглавселезащита».

Доктор юридических наук, профессор Ким В.А. принимал участие в разработке проекта Конституции РК как член Конституционной комиссии и Экспертно-консультативного Совета при Президенте РК. Ким Ю.А. был зам. министра юстиции КазССР, Председателем Комитета по вопросам государственного строительства и региональной политики Верховного Совета Казахстана, Председателем Центризберкома, Председатель Конституционного Совета Казахстана (1993-2000). Ни Л.П. – заслуженный деятель науки КазССР, д. техн. наук, профессор, академик НАН РК, лауреат Государственной премии СССР. Этот список можно ещё долго продолжить.

Живя уже много лет в Казахстане, мы уже поняли, что гражданская идентичность в поликультурном обществе не только объединяет представителей разных этносоциальных групп вокруг общих надэтнических ценностей (патриотизм, совместное прошлое, трудовая солидарность). Она позволяет каждому гражданину независимо от национальности возвышать свое самосознание, самоощущение до уровня самопричастности к большому, единству, к гармонирующей общественное разнообразие целостности.

Разумеется, самым чувствительным компонентом коллективной памяти корейцев СНГ остается неправедная репрессивная политика власти в СССР. Но именно этот трагический период корейцев обнажил, укрепил и продемонстрировал другим народам и власти уникальные свойства – мужество, терпение, трудолюбие, коллективизм, уважение к другим этносам. Эти качества служили одним из важных факторов не только сохранения идентичности и просто выживания, но и укрепления единства общества. Межэтнические коммуникации выработали у корейцев способность уживаться и адаптироваться в разных условиях. Разнообразие общественных сетей и их масштабы служили реализации коллективных и индивидуальных гражданских и культурных потребностей корейцев.

В связи с уменьшением роли таких идентификаторов этничности, как язык и территория, при дисперсном расселении корейцев на первое место выходит задача сохранения тех компонентов традиционных культур, которые позволяют позитивно осознавать и воспроизводить ее уникальность и само ценность.

Стремление к овладению русским языком, как основой для перехода к глубокому культурному взаимодействию дало свои неоднозначные результаты. Современные корейцы, получившие образование на русском языке, считают его родным. Свободно им владеют, мыслят, говорят и пишут на нем, излагают результаты своих научных исследований и творческих открытий.

С развалом Советского Союза, когда в стране экономика была на пределе возможного житья, массовой иммиграции корейцев за рубеж не было. В большей степени это объясняется отличием современного национального менталитета корейцев зарубежья, непривычного для них Казахстана, впитавших в себя уже черты русской и казахской культуры.

Современным корейцам утрата возможности обучения на корейском языке в период насильственного переселения сказалась негативно, практически утративший основу своей национальной культуры и языка. Обзор исторического пути корейцев за много десятилетия проживания в республике очень обширен и велик. Необходимо, чтобы сегодняшнее молодое поколение корейцев и будущие поколения понимали, что мы являемся представителями великой страны, все мы находимся у себя дома – и казахи, и русские, и корейцы, и представители других этносов Казахстана. Наши предки выжили благодаря поддержке местного населения, мы этого никогда не забудем. Нас связывает общее будущее, которое надо обустраивать вместе. Мы равные среди равных, являемся неотъемлемой частью казахского общества. Здесь мы состоялись, смогли себя реализовать, наши дети связывают свое будущее с

Казахстаном.

Мы гордимся, что именно в нашей стране успешно функционирует Государственный республиканский академический корейский театр музыкальной комедии. У нас существует более 90 лет газета «Корё Ильбо», которая выходит на корейском и русском языках. Благодаря поддержке государства удалось сохранить эти уникальные организации, являющиеся бесценным культурным наследием для корейцев.

Среди корейцев, как и во всех этнических обществах, условно выделяются три слоя: высоко обеспеченные, средне обеспеченные и мало обеспеченные. Отчётливо выражена сосредоточенность высоко обеспеченного слоя корейцев в городе Алматы и областных центрах, бедность же более характерна для сельской местности и, отчасти, для городской.

Так как образовательный статус корейцев по процентным характеристикам существенно выше, чем у других этносов, у них больше возможностей адаптироваться к новым экономическим условиям. Корейцы, вступающие сегодня на новую жизненную стезю подходят к делу без предвзятого мышления, умеют быстро учиться и переключаться с одной идеи на другую.

Проводившиеся социологические исследования в местах компактного проживания корейцев показали, что оценка социального расслоения, как естественный процесс. При этом они считают, что люди отличаются друг от друга своими способностями и возможностями, выступают приверженцами либерального подхода к проблеме неравенства.

Проблемы более сложного взаимодействия социальной системы, как, например, проблемы этнические, языковые, миграционные, правовые и другие, волнует в меньшей степени. В целом относительное большинство корейцев сложившуюся в Казахстане общественно-политическую ситуацию оценивают как позитивную.

За последние годы заметно вырос уровень общественно-политической активности корейцев. Как показали проведённые исследования, в республике наблюдается достаточно высокая степень политизации сознания у корейского населения. Но у молодого поколения ещё наблюдается нейтральное отношение к происходящим политическим событиям по сравнению с людьми старшего возраста. Показательно, что в сознании современной корейской диаспоры стремление к власти и популярности, приобретает всё яркое выражение.

Среди корейцев старшего возраста прослеживается чёткая тенденция роста привлекательности идеи сильной власти, так как общество, в особенности его, наиболее социально уязвимые слои, устало от тяжёлой жизни. Но среди среднего и молодого покорения идея установления любых форм авторитаризма приветствуется в наименьшей степени. Относительное большинство корейцев поддерживает политический плюрализм при соблюдении политических правил игры. В этом смысле представляет собой система ценностей и идеалов, которая формируется в сознании корейцев. К тому же известно, что будущее любого этноса латентно связано с молодёжью, с её социально-духовным и интеллектуальным потенциалом, который формируется как концентрированное выражение места в обществе. Отчасти о потенциале молодёжи, как регенерирующей силе любого общества можно судить по системе ценностных и духовных ориентаций, присущих молодому поколению. Эта система изменчива и представление о ней требует постоянной корректировки. Заложенная в молодости система ценностей и идеалов определяет поведение человека на протяжении всей его жизни. Следовательно, постоянный анализ структуры и проходящей всей его жизни в системе ценностных ориентиров корейцев представляет собой не только научно-познавательную, но и практическую ценность.

С наступлением рыночных реформ корейцы восприняли идеи капитализма как вполне естественные принципы эволюции любого цивилизованного государства. Закон стоимости действует как закон всемирного тяготения, все должно регулироваться рынком.

Социологический анализ проблем социальной и статусной структуры корейского населения показал, что и среди него происходят некоторые изменения: переход из одних социальных структур в другие и появление новых социальных страт, становление среднего класса и обеднение других слоёв. В последние годы среди корейцев появляются новые слои или, как мы их называем, страты, социально культурные образования – предприниматели и деловые люди, свободные профессионалы, кооператоры и другие. Исследования показали изменения в социальной структуре корейской диаспор от иррационального (мифологического) отражения начинается поворот к более «взвешенной» идентификации, более рациональному пониманию собственного места в казахстанском обществе.

Системный кризис советского общества, ускоренной перестройкой, привёл к распаду СССР, что вызвало глубокий социально-психологический шок у большинства людей. Особенно болезненно эту катастрофу переживают те, у которой прародина находится за пределами бывшего Союза. В первую очередь развал СССР переживают национальные меньшинства, для которых означает потерю родственных связей со своими соотечественниками уже внутри СНГ.

Корейцы живут и работают везде: в России, на Украине, Прибалтике, Центральной Азии, Закавказье. Они не только уживаются, но и подружились и породнились с исконными жителями этих земель. Дружба народов – это не идеологический миф, а реальность, которую мы знаем по собственному опыту и у нас в Казахстане.

Провозглашение независимости Казахстана повлекло за собой ряд событий, которые определили новые условия существования многонационального народа Казахстана и корейцев в том числе. Стремление казахского народа к социальному возрождению начинает приобретать торопливое навёрстывания упущенного. Этот инновационный напор в сторону «казахизации» как бы в противовес былой «русификации» превышает адаптационные возможности людей и вызывает у представителей некоренных этносов тревогу за судьбу своих культур на территории республики. Обоснована или нет эта тревога – другой разговор, но она есть.

Обретение Казахстаном суверенитета, становление его государственности пришлось на тяжёлый период экономического кризиса, расстройства всех связей от экономического до личностных. Именно это обстоятельство больше всего переживается каждым гражданином и особенно теми, кто живёт вне своей исторической родины. Корейцы как бы вспомнили о своей национальной принадлежности, будучи ранее довольно равнодушны к ней. Они задумались над тем, где же настоящая родина –

там, где они родились, или где привыкли жить, или где земля предков. Такие переживания свойственны, конечно, не только корейцам.

У всех нас, казахстанцев, было много трудностей и испытании по строительству государственности, оздоровлению экономики, возрождению и развитию национальных культурных ценностей. Все мы поняли, что преступно расходовать народные силы на вражду и эгоистическое национальное самоутверждение. Путь к желанной национальной политической консолидации лежит через спокойное конструктивное решение назревших и объективированных проблем.

Казахстан не только многонациональное, но и поликонфессиональное государство. Наряду с мусульманами, к которым относят себя более 60% населения, здесь живут христиане, буддисты и представители других мировых религии. Это серьёзный фактор, способствующий сохранению стабильной общественно-политической обстановки. Ведь в основе всех религии лежат практически одинаковые нравственные принципы – любовь к людям, терпимое отношение к инакомыслию. Иными словами, независимо от вероисповедования все верующие в республике одинаково толерантны и миролюбивы.

Помимо всего этого у корейцев имеются также проблемы, которые необходимо решать. Одной из важнейших проблем для корейцев было и остаётся возрождение потерянного родного языка и культуры. Остальные проблемы тесно связаны с другими народами, с которыми они проживают. Сказать, что у корейцев больше успехов или больше проблем накопилось за время проживания в Казахстане нельзя. Не бывает так, что один народ преуспевал или отставал во всем от остальных. Корейцы Казахстана – это часть населения Казахстана, все радости и все беды переживают вместе с другими народами.

Из всего сказанного можно выделить, что будущее корейцев органически связано с разворачивающейся глубокой трансформацией страны на путях обновления. И надо сказать, что этот процесс стал естественным союзником в деле укрепления государства, придания большой цивилизованности. Вызванные глубокие сдвиги социально-экономического порядка в Казахстане, в значительной мере ставят перед корейцами одни и те же проблемы с другими народами, требующих схожих решений или совместных усилий. Поиск оптимальных форм организации современной экономики повышают тягу к сочетанию многообразных форм хозяйствования и собственности, социализации ряда сфер общественной жизни, опоре на индивидуальную и или групповую предприимчивость.

Нынешние перемены в обществе открывают перед

корейцами большие, а во многом и захватывающие перспективы. И всё-таки важно отдавать себе отчёт в том, что будущее корейцев, как в целом развития Казахстана, вариантно. Никакого автоматизма в реализации благоприятных тенденций не существует. Прошедшие годы в жизни корейцев показали огромные трудности, связанные с осуществлением её целей, наличие, как позитивных тенденций, так и мощь консервативных настроений.

В Казахстане, исконно формировавшейся как многонациональное государство, где толерантность, межэтническое согласие и этнокультурное многообразие являются неотъемлемыми компонентами культуры общественных отношений. Продолжительное существование в едином государственном и этнокультурном пространстве способствовало выработке общности черт нравственного сознания у казахстанских граждан независимо от этнической принадлежности.

Таким образом, мы можем сказать, что судьба корё сарам была драматична и в то же время полна достоинством. Интеграция в другую культуру, иную языковую среду и климатические условия внесли немало коррективов в жизни и сознание корейцев переселенцев и их последующих поколений. Своим трудом, толерантностью к другим народам корейцы стали уважаемым этносом в Казахстане.

3. Возникновение и роль общественных организации корейской диаспоры в казахстанском обществе

Национальное возрождение непосредственно связано с национальной независимостью Казахстана. Национальное возрождение - это осознание и реализация потенциальных возможностей нации ранее не осуществленных из-за того, что в предшествующее время для этого не было условий. Национальное возрождение – это время самоутверждения нации, обретения ею нового сознания.

Национальное возрождение корейцев Казахстана вылилось в их стремлении возродить язык, историю, обычаи, традиции, культуру, самобытность. Важным моментом самоутверждения корейцев стала их самоорганизация – создание своих национальных общественных организаций.

Впервые национальное возрождение корейцев началось с их самоорганизации, с создания корейского общественного движения. Движение началось в 1989 г. в то время в столице в Алма-Ате, затем общественные корейские организации были созданы практически во всех областях. Цель функционирования этих организации явились возрождение родного языка, культуры, распространение забытого традиций и обычаев.Для этого были созданы различные кружки, организованы специальные классы изучения корейского языка для детей и взрослых. Большую помощь в осуществлении этой важной мероприятий получали от КНДР и Республики Корея. Эти государства посылали учебные и методические пособия по корейскому языку, а также приглашались преподаватели из Сеула и Пхеньяна.

1-й Учредительный съезд корейцев Казахстана

В марте 1990 г. в Алма-Ате состоялся 1-й Учредительный съезд корейцев Казахстана. В работе съезда участвовали делегаты Москвы, Ташкента, Бишкека и других городах и областях, где компактно проживали корейцы. На этом съезде была создана Республиканская ассоциация корейских культурных центров Казахстана (РАККЦК). Президентом был избран доктор философских наук, профессор Хан Гурий Борисович.

В уставе говорилось, что РАККЦК является общественной организацией, объединяющей корейские культурные центры, функционирующие в Казахстане. Ассоциация выражает интересы и содействует удовлетворению политических, экономических и культурных потребностей корейского населения в соответствии с Конституцией и законодательством Республики Казахстан. Деятельность Ассоциации осуществляется в тесном сотрудничестве с государственными органами и общественными организациями.

Главные лица Ассоциации Корейцев Казахстана и Представители Республики корея

Были выделены следующие основные направления ее деятельности: во-первых, возрождение и развитие корейского языка; во-вторых, изучение истории корейцев Казахстана; в-третьих, развитие литературы и искусства, куда входят работы корейской газеты, театра, TV- и радиовещание; в-четвертых, воспитание молодёжи в духе национальной традиций, возрождение народных промыслов, обычаев; в пятых, развитие международных культурных связей с зарубежными корейцами.

В 1995 году на III съезде РАККЦ была переименована в Ассоциацию корейцев Казахстана (АКК). Сегодня филиалы Ассоциации работают во всех регионах республики.

Руководителями организации в разное время были:

1990-1995 гг. – Хан Гурий Борисович

1995-2007 гг. – Цхай Юрий Андреевич

2007-2017 гг. – Ким Роман Ухенович

С 2017 г. – Огай Сергей Геннадьевич

Цель АКК– развитие корейского этноса как органической составной части многонационального народа Казахстана.

Президент АКК Огай Сергей Геннадьевич

Основные направления деятельности:

• развитие национальной культуры и традиций, изучение корейского языка;

• создание экономической базы и развитие региональных корейских организаций;

• обеспечение преемственности поколений, поддержка молодежного движения;

• укрепление и сохранение межэтнического согласия;

• установление и развитие международных, культурных

связей с исторической родиной и соплеменниками зарубежья.

Вид Корейского дома

В 2004 году в Алматы был построен Корейский дом, где под одной крышей располагаются Ассоциация корейцев Казахстана, библиотека, редакция газеты «Корё Ильбо», Федерация развития малого и среднего бизнеса, курсы корейского и государственного языков с применением интерактивных методов. Культурным очагом является Государственный Республиканский корейский академический театр музыкальной комедии. При АКК активно работает Молодёжное движение корейцев

Казахстана, которое проводит ежегодно самостоятельные республиканские акции.

В настоящее время реализуются социальные, образовательные проекты, благодаря которым многие казахстанцы обучаются и проходят стажировки в Республике Корее. В 2015 году проводился Международный Форум корейцев, на котором участвовали представители 8 зарубежных стран. Набирает обороты Казахстанско-корейский выставочный центр малого и среднего бизнеса.

Кроме того, Ассоциация активно участвует в форсированном индустриально-инновационном развитии. На XVII сессии Ассамблеи народа Казахстан (АНК) Президент РК Н.А. Назарбаев привел в качестве примера участия этнокультурного объединения в ФИИР опыт Ассоциации корейцев Казахстана по выращиванию овощей в теплицах, построенных по современным южнокорейским технологиям.

«Кахак» - Научно-техническое общество (НТО) корейцев Казахстана.«Кахак» наряду с аналогичными обществами 15 стран входит в состав Международной федерации науки и технологии корейских ученых и инженеров со штаб-квартирой в Сеуле. Общество образовано в 1991 г. У истоков организации стояли Кан В.М., Цой Э.И., Пак И.Т., Ю В.К. и Мун А.Г. Количество членов – 580, в том числе Герой труда, лауреаты Государственной премии, заслуженные деятели науки, академики, доктора и кандидаты наук и др. Работа по НТО проводится в рамках шести секций: физико-математическая, химико-технологическая, медико-биологическая, сельскохозяйственная, секции технических и общественных наук. Оперативное руководство деятельностью НТО осуществляет Совет во главе с президентом общества доктора химических наук, профессора Григорием Алексеевичем Мун и Почетным президентом «Кахак» доктора технических наук, профессором Иваном Тимофеевичем Пак.

Основные задачи:

- объединение ученых корейцев в области науки, техники и практики в реализации новой модели научно-технического развития Республики Казахстан;

- создание внедренческих структур в приоритетных сферах науки и производства; содействие развитию творческой активности его членов, особенно молодых ученых, и реализации новых передовых технологий и разработок;

- установление и развитие научно-технических связей между его членами, а также с аналогичными обществами в стране и за рубежом;

- проведение международных и республиканских конференций, симпозиумов, семинаров по приоритетным направлениям научно-технической науки в республике и в мировом сообществе, по расширению международной кооперации и интеграции в области науки и новых технологий;

- координация деятельности в рамках мероприятий Корейской федерации науки и технологии Республика Корея.

Общество издает научный журнал "Известия научно-технического общества "КАХАК" с периодичностью 4 номера в год.

В Алматы активно проявляют свою деятельность такие корейские общественные организации как: Совет Старейшин, куда входят наиболее уважаемые и пользующиеся авторитетом ветераны труда и войны; народные хоры Родина и Бидан гиль; Комитет социально-правовой защиты Тесен; Общественный фонд «Корё ноин»; Женский клуб «Диндале»; Шоу группа Инсам; Донгнип – Алматинское общественное объединение потомков борцов за независимость Кореи; Творческое объединение Асса; Шахматный клуб; Школа Мугунхва; Офицерский клуб; Ансамбль Намсон; Общество медицинских работников и мн др.

В республике в 14 областях успешно функционируют корейские культурные центры, в каждом из них имеются свои специфические национальные клубы по интересам.

Алматинский корейский национальный культурный центр (АКНЦ) был образован в сложный период, когда мощное государство под название Советский Союз распался. Казахстан делал только первые шаги на пути к суверенитету. Именно тогда у корейцев появилась возможность воплотить давнюю мечту и создать национальное общественное объединение.

21июня 1989 года тогдашним Алма-Атинским горсоветом народных депутатов был зарегистрирован Корейский культурный центр города Алма-Аты, в дальнейшем переименованный в «Алматинский корейский национальный центр» (АКНЦ). Почти за год до этого инициативная группа под руководством Хегая Алексея Юрьевича. разрабатывала основные цели и задачи общественного объединения, не имевшего аналогов. В её состав входили активисты корейского движения – Пак Ир, Чен В.С., Цой Я.П., Ким А.Г., Хан И.П., Хван М.У.,Ким Ф.Н., Ким Ю.А., Хан Г.Б., Ким Ок Не, Цой Ен Гын, Ким Вл.Е., Мен Д.В., Огай В.Л., Со Ен Хван, Ян Вон Сик и др.

Согласно принятому Уставу, АКНЦ является общественной организацией, деятельность которой строится на принципах добровольности и самоуправления, укрепления дружбы народов и межнационального согласия, соблюдения законов Республики Казахстан.

Основные задачи: организация и координация деятельности корейцев города Алматы по возрождению языка и самобытной национальной культуры; вовлечение их в активную работу по укреплению межнационального согласия, развитию национальной культуры и народных традиций; содействие в реализации комплексных программ социально – правовой защиты жертв политических репрессий; представление интересов и защита законных прав членов АКНЦ и других граждан корейской национальности; содействие научно – педагогической и предпринимательской деятельности.

Высший орган АКНЦ – Общее собрание. Количество членов Правления – 42 человека. Заместитель Председателя – 2 человека. Ревизионная комиссия – 3 человека. В состав АКНЦ входит 21 подразделение. В разные годы во главе АКНЦ

Логотип АКНЦ

стояли люди, которые объединяло огромное желание привлечь как можно больше энтузиастов, постоянно двигать организацию вперед, с каждым шагом поднимая центр на новую ступень: Ким А.Г., Чен В.С., Хван М.В., Пак В.М., Ли И.П., Шин Б.С. - каждый из лидеров внес свой вклад в деятельность национального центра.

Роль культурных центров в вопросах обеспечения межэтнического и межконфессионального согласия, толерантности в казахстанском обществе отражается в ее практической деятельности и ответственности. На протяжении двух десятилетий Корейский национальный центр города Алматы вносит свой вклад в процесс укрепления дружбы и сохранение стабильности в нашей стране.

АКНЦ принимает активное участие во всех мероприятиях и проектах Ассамблеи народа Казахстана (АНК): праздник языков народов Казахстана, круглые столы, День города, празднование Наурыза (Новый год у мусульман), День единства народа Казахстан, спартакиады. Знаменательным событием для активистов АКНЦ стала встреча с Президентом Н.А.Назарбаевым в день 10 – летия Конституции РК. Многие члены АКНЦ награждены грамотами и благодарственными письмами АНК города Алматы. Четверо активистов центра являются членами Ассамблеи народа Казахстана. Председатель АКНЦ Шин Бронислав Сергеевич является депутатом маслихата Алматы пяти созывов.

Корейский национальный центр южной столицы – один из активных участников республиканского корейского движения. Проведение совместных мероприятий с Ассоциацией корейцев Казахстана (АКК) способствует сближению с активистами корейского общественного движения, проживающих во всех уголках нашей страны. Пример этому проект «Путь диаспоры» в рамках празднования 80 – летия проживания корейцев в Казахстане, а также подготовка мероприятий, посвященный «Году регионов».

Корейская диаспора г. Алматы – это основные подписчики газеты «Корё Ильбо». Все события в жизни АКНЦ находят отражение в материалах радио и тележурналистов ТРК «Казахстан». Активисты АКНЦ – это зрители постановок коллектива Государственного Корейского академического театра музыкальной комедии. Корейский театр принимает самое непосредственное, активное участие в проведении мероприятий АКНЦ.

Одна из основных задач АКНЦ, которая ставилась со времен образования, это сохранение и изучение родного языка. Она курирует двумя детскими садами и школами №№ 1, 16, 37, 65, где преподаётся корейский язык.

В Центре также функционируют: школа «Мугунхва» посвящена изучению языка, сохранению национальной истории и культуры, традиций и обычаев, общество «Донгнип» работает в плане возрождения героической истории борьбы за независимость Кореи, комитет социально – правовой защиты «Тесен» вносит большой вклад в работу по реабилитации жертв депортации. Все центры и общества принимают активное участие в работе городского культурного центра.

Важное для членов АКНЦ – это совместная работа и досуг с массами. Народный хор ветеранов «Родина» и хор «Бидан Гиль», общества пожилых людей «Корё Ноин», «Ноиндан» и клуб «Чинсон» не оставляют без внимания представителей старшего поколения и привлекают их в общественной деятельности городского национального центра.

В настоящее время в АКНЦ любой желающий может найти для себя круг общения – женский клуб «Диндалле», «Шахматный клуб», «Клуб гурманов корейской кухни», клуб «Саимдан», «Общество медицинских работников», «Офицерский клуб» и т.д. Алматинский центр особое внимание уделяет работе с молодежью. В 1992 году было организованно молодежное движение. В настоящее время в центре работает энергичная и целеустремленная молодая смена. Творческие замыслы молодые воплощают в работе художественных ансамблей «Инсам» и «Намсон».

С 1990 года стало доброй традицией проведение Новогодних праздников по Лунному календарю и Дня корейской культуры. Активным пропагандистом национальной культуры является ансамбль «Бидульги» под руководством народной артистки Республики Казахстан Ким Риммы Ивановны, которая неоднократно представляла Казахстан на сценах США, Республики Корея и КНДР. В 2005 году по представлению АКНЦ солистке Государственного Корейского академического театра музыкальной комедии артистке Мун Гон Дя было присвоено звание «Заслуженный деятель РК», в 2007 году хору ветеранов «Родина» - звание Народного хора.

При поддержке АКНЦ выпущены – книга «Истоки наши», посвященная обычаям и традициям корейского народа, и каталог художественной выставки «Корё сарам». С первых дней своей деятельности АКНЦ развивал связи с Корейским полуостровом. В настоящее время поддерживаются контакты с посольствами Республики Корея и КНДР, Алматинским Корейским Центром просвещения и Ассоциацией южнокорейских граждан в Казахстане.

Благодаря Корейскому Агентству по международному сотрудничеству (KOICA), АКНЦ стал обладателем редкой выставки корейских народных инструментов. Присланные той же организацией волонтеры обучали соотечественников игре на музыкальных инструментах каягыме и пхири, традиционным народным танцам. В 2007 году в национальный центр посетил вице–премьер Республики Корея господин Ким Син Иль, который вручил школе «Мугунхва» подарок – компьютеры. В мае 2009 года делегация актива АКНЦ принимала участие на встрече с президентом Республики Корея Ли Мен Бак во время его государственного официального визита в Казахстан.

АКНЦ сложился как самостоятельная и многогранная организация, которая в своей работе следует девизу «Как можно больше полезного людям». Большая роль в слаженной деятельности АКНЦ принадлежит его председателю Шин Брониславу Сергеевичу, который в течение многих лет вкладывает в его развитие время, силы и немалые материальные средства. Его непосредственное руководство и непререкаемый авторитет явились залогом консолидации самой крупной по численности корейской диаспоры города Алматы, где проживает треть всех корейцев Казахстана.

В настоящее время в АКНЦ выросло молодое поколение руководителей, которое перенимает опыт общественной работы, направленной на сохранение мира, дружбы и согласия многонациональной республике и успешного решения уставных и программных задач. Председатель АКНЦ осуществляет общее руководство, решает стратегические задачи, обеспечивает необходимое финансирование, а его молодые заместители ведут оперативную работу, готовят и проводят многочисленные и масштабные мероприятия.

4. Жизненные стратегии корейцев (по материалам социологического исследования)

Под термином казахстанские корейцы мы пониманием этнических корейцев, живущих в Республике Казахстан и связанных со страной исторически. Данный термин довольно распространен, равно как и термин корейцы СНГ. Названные термины означают не только связь диаспоры с ареалом расселения, но и указывает на определенную этнокультурную специфику диаспоры.

При исследовании автор исходил из того, что сам характер расселения корейцев, процессов урбанизации и культурной унификации приводят нивелированию различий между ними и культурным большинством, а также межэтнические контакты на личностном уровне, неизбежные в сложных сообществах, ведут к тому, что характер этнической идентичности усложняется, растёт число лиц с множественной этнической идентичностью, в том числе и корейско-русской и корейско-казахской.

По последней переписи населении республики в 2009 году корейцев насчитывалось 110 тысяч. В Советском Союзе проживали более 550 тысяч этнических корейцев, наибольшее количество было сосредоточено в Узбекистане боле 200 тысяч и РСФСР – 130 тысяч, остальные в других республиках.

Автор исходит из предположения, что культурный облик казахстанских корейцев можно охарактеризовать через анализ характера их идентификации (гражданской и этнической), что культурная идентичность оказывает влияние как на личные ориентации, так и на миграционные настроения.

Исследования проводились в полиэтнических регионах (Алмаатинской, Кзылординской, и Южно-Казахстанской областях), в которых доля всех корейцев составляет примерно 70%. Для исследования принципиально важно было избрать регионы, в которых были сформированы компактные проживания корейцев с сохранением языка, традиции и культуры. Учитывая тот факт, что казахстанские корейцы относятся к репрессированным народам, подвергавшимся массовым депортациям в советскую эпоху, где сформировались значительные переселенческие группы корейцев. Сегодня, на наш взгляд, уже не имеет значения численность корейцев. проживающих в тех или иных регионах, поскольку преобладает дисперсная форма их расселения. Кроме вышеназванных оснований, на отбор регионов влияла возможность получить необходимую административную и организационную поддержку на местном уровне.

Первая проблема, возникшая при проведении исследования, (в котором есть ограничения, связанные не только с этнической принадлежностью респондентов, но и с ихвозрастом),-отборреспондентов.Вторая–неоднозначность самой категории «этническая принадлежность» (идентичность). Поэтому сознательно пошли на то, чтобы ориентироваться на людей с актуализированной этнической идентичностью, то есть на активистов этнокультурных организаций и близких к ним лиц.

При том, что отбор респондентов происходил при поддержке местных корейских организаций, нельзя было не учитывать, что интервьюеры были ориентированы на то, чтобы представить этничность вообще и собственную этническую принадлежность, в частности, как важную или значимую категорию социальной стратификации, то есть вольно или невольно завышали или искажали этнонациональную проблематику. Отбор опрошенных происходил по следующим критериям: возраст, самоидентификация, сфера деятельности, семейное положение, образование.

Нивелировать недостатки стандартизированного интервью и выявить различия в понимании проблем казахстанских корейцев, особенностей их этнической идентификации и культурных ориентаций должны были фокус-группы. Они формировались по целевому принципу

– из молодых людей, признающих себя в той или иной степени казахстанскими корейцами. Для получения более качественного материала проведены три фокус-группы и сравнены результаты всех дискуссий. В две другие группы вошли студенты из других регионов страны.

Отдавая приоритет качественным методам, было принято решение об их дополнении количественными, проведении массового опроса молодых корейцев в указанных областях. Трудно решаемой стала не проблема репрезентативности, а выборки. Ни квотная, ни случайная выборки использоваться не могли, ибо сам объект изучения специфичен. Поэтому с некой долей условности отбор респондентов можно назвать методом снежного кома. Всего было опрошено 100 молодых корейцев и названный объём выборочной совокупности составил не менее 5-6% от числа лиц в возрасте 18-35 лет, в указанных областях.

Профессиональная стратегия. Мы разделили профессиональные стратегии на три группы: мобильная, выжидательная и позиционная. К первой отнесли людей со сформировавшимися взглядами на жизнь, деятельных и готовых к динамичной профессиональной переориентации. Они видят в себя в качестве управляющего различными проектами, так как получили хорошее образование за границей или же в Москве. В Корее с хорошим знанием корейского и английского языков они абсолютно уверены, что смогут найти применение своим способностям.

Второй тип стратегии можно назвать выжидательной. Как правило, он преобладает у молодых корейцев, обучающихся в вузе. Они ещё слабо видят себя в профессии и поэтому могут связывать свои карьерные ожидания с увлечениями спортом, музыкой и пр. Они рассматривают Корею как страну, в которой им будут представлены возможности развития творческой карьеры.

Третья группа практически не видит себя в Корее и скептически оценивает свои карьерные перспективы. К ним относятся корейцы 30-35 лет. Характеризуются уже устоявшимся социальным статусом, карьера связана с последовательным карьерным ростом и постановкой достижимых целей. Ответ на вопрос: Пока мои дети маленькие, не намерен менять работу и место жительства, а вообще мечтаю быть хорошим врачом или юристом.

Гражданская идентичность. Практически все опрошенные респонденты Родиной называют Казахстан. Для корейцев, компактно или рассеянно проживающих на территории Казахстана, сохранивших историческую память о территориях прежнего расселения, малой Родиной является Дальний Восток. В регионах с дисперсным расселением корейцев малая Родина не очень значима для гражданской идентификации. Что касается Кореи, то определение ее в таком качестве скорее всего является ассоциативным или точнее - мифологичным. Практически все опрошенные, вне зависимости от места проживания, связывают карьерные стратегии с Казахстаном.

Этническую идентичность. мы условно разделили на два типа: конструктивистский и примордиалистский. Первый связан с сознательным и прагматичным отнесением себя к культуре казахстанских корейцев представляет собой один из элементов личной карьерной стратегии. Второй – с отождествлением себя с группой казахстанских корейцев через определение «генетических» культурных корней и родственную солидарность. Такое разделение не является условным исследовательским приемом, а определено культурными процессами, под влиянием которых на протяжении длительного времени находились корейцы Казахстана.Межэтническая интеграция стала следствием, как тесного межличностного общения представителей разных этнических групп, так и результатом социальных и политических процессов (урбанизации, изменения социальной структуры казахстанского общества, государственной политики).

В результате претерпели глубокие изменения культурные традиции и сама ментальность корейцев. Об их самоощущении и само восприятии, приобретавшем все более сложный характер, свидетельствовали попытки оценки со стороны и изнутри. Корейцы, проживавшие в городах и корейцы, расселенные компактными группами в сельской местности, изначально различались по культурным позициям. Но в силу особенностей исторического развития страны эти различия нивелировались.

Об этом свидетельствуют и материалы исследования. Среди опрошенных преобладали респонденты, которых можно отнести к тем, для кого характерен конструктивистский тип идентичности. Как правило, это молодые люди от 25-25 лет из семей, где к корейцам принадлежит один из родителей. При этом осознание себя корейцами у них произошло поздно. «К сожалению, я немного знаю о своих родственниках, тем более и о родственниках Кореи. Я кореец по отцу, он не знает про Кореи ничего. Этническим корейцем я осознал себя относительно недавно. Связано это было с очередной форумом корейской молодежи. С тех пор идентифицирую себя с казахстанскими корейцами».

Как видно из приведенного примера, осознание себя казахстанским корейцем связано с деятельностью молодежных организаций. В другом примере эта идентичность, осознаваемая как некая сущностная черта, является основанием для развития карьеры. «До 19 лет я жила в Алматы, говорит Жакупова Айдана, у которой мама кореянка. После школы поступила в КазНу им. Аль-Фараби в

Восточный факультет. Во втором курсе я проходила годичную стажировку в университете Хангук в Сеуле, теперь моя дальнейшая профессиональная карьера тесно связана с корееведением».

«Примордиалистский» тип идентификации характерен для корейцев, проживающих компактно, в частности, опрошенные в городе Уштобе. Свою этническую принадлежность они рассматривают как некую изначальную данность и связывают ее с местом проживания их предков, а именно с Дальним Востоком, где они находились до 1937 года. Все они прекрасно говорят на бытовом корейском языке.

Для компактных мест проживания казахстанских корейцев приверженность корням, характерная для моно этничных семей. Характер этнической идентификации корейцев, согласно данным опроса, сложен, но среди тех, кто склонен называть себя корейцем, преобладает множественная этническая идентичность, а точнее, тройственная русско-корейская и корейско-казахская идентичность.

Соотношение этнической и гражданской идентичности показывает, что три эти типа идентификации указывают на глубокое тождество корейцев со страной проживания, на их интегрированность в казахстанский социум. Эта интегрированность проявляется и в множественной этнической идентичности, и в значимости казахстанской гражданской идентичности. На это указывает и субъективное восприятие понятия «Родина»: 80%- это место рождения и проживания, 16% - страна предков, 4% - всё равно где.

Межэтническое взаимодействие, культурные позиции и матримониальные стратегии. Все опрошенные условно могут быть разделены на две группы. Первая – считает не принципиальным выбор партнера по жизни по этническому признаку. Хотя признают, что это хороший шанс воспроизвести свою этничность в следующих поколениях. Вторая группа однозначно ориентирована на преимущественное заключение браков внутри конкретной этнической группы. Но большая часть ориентирована не только на сохранение этнической идентичности, но и на ее трансляцию последующим поколениям, 64% заявили, что хотели бы, чтобы их дети оставались корейцами и 27% - что этническая принадлежность есть дело собственного выбора детей. Были респонденты, которые считают национальный брак прочнее.

Матримониальные стратегии связаны с Казахстаном. Казахстанские корейцы, отдающие предпочтению выбору брачного партнера по этническому признаку, не собираются уезжать в Корею и идентифицируют себя именно как казахстанских корейцев. «В Казахстане свободнее, чувствуешь себя достойным человеком, знаешь свои права. А в Корее, я не знаю корейского языка, это угнетает, там другие законы жизни».

Главным этнодифференцирующим признаком признали язык, обычаи и традиции, а религия как фактор культурной дифференциации практически не играет роли, равно как и черты характера. Когда речь заходит о сущностном содержании этничности значимыми критериями выступают деятельностные определители. Самым значимым фактором идентификации выступает язык, по нему респонденты в основном «отличают» представителей одних этнических групп от других и по нему они готовы отождествлять себя со своей этнической группой.

Принадлежность к казахстанским корейцам носит позитивный характер, большинство заявили, что им никогда не приходилось скрывать свою этническую принадлежность. На случаи проявления ксенофобии указали опрошенные, это есть не столько свидетельство «кореофобии», сколько распространенности общих ксенофобских настроений в казахстанском обществе.

Поскольку главным этно дифференцирующим и этно интегрирующим фактором был назван язык, важно было оценить уровень владения им и характер его использования в повседневной жизни. Но первоначально обратили внимание на характер языковой идентификации молодых корейцев. Здесь показательно определение родного языка, все 100% родным назвали русский. Русский наиболее значим для молодых корейцев. Для многих важен язык, которым он владеет, его роль в процессе социализации. Языковая компетенция включает в себя знание разговорного языка. чтение и письмо.

Сравнение карьеры в Казахстане и в Корее. В вопросе перспективе карьерного роста респонденты расходились во мнениях. Студенты, ещё не начавшие персональной карьеры, считали. что возможности для них одинаковы в обеих странах. Корейцы считают, что перспективы и в Казахстане, и в России одинаковы.

Основной аргумент – всё зависит от самого человека, а не по национальному признаку. В студенческой среде основной акцент делается на самосовершенствование и стремлении к определенному образцу. Соответствие «критериям культурной среды» вторично. Важным моментом является и то, что на эту тему были собраны активисты молодёжных корейских организаций, многие рассматривали карьеру в Корее как возможный вариант дальнейшей личной стратегии. Но опыта самовыражения как профессионала для них ещё не существует ни в Казахстане, ни в Корее.

В следующей фокусе-группе на аргументы в пользу равенства карьерных возможностей оказало влияние присутствие «успешных», профессионально определившихся респондентов.

Характер социального взаимодействия в различных сферах – от соседского окружения до взаимоотношений в трудовом коллективе, оценивается в целом положительно, то есть социальная среда оказывающая влияние на корейцев, не является для них чуждой. Об этом свидетельствуют и данные опроса. В то же время культурный образ Кореи, сформировавшиеся в сознаний казахстанских корейцев, положителен.

[Вид проведения семинара корейских организаций]

Социальные положения корейцев нельзя рассматривать в отрыве от общегосударственных. Все население Казахстана испытывает в целом одинаковые проблемы.

Плюралистические тенденции, появившиеся в стране на пути к цивилизованному современному обществу, обнаружили дифференциацию во всех проявлениях общественной жизни. Благодаря кардинальным изменениям в экономической сфере, у корейцев, как и у других народов, имущественный ценз становится определяющим. Другими словами, главными социально-дифференцирующими признаками становятся материальное положение и отношение к собственности. Из этого следует, что изменение материального положения корейцев, произошедшее за последние годы, отражает не только общую тенденцию жизненного уровня населения, но и процесс его дальнейшей социальной дезинтеграции.

Примечательно, что либеральный подход в отношении к социальному неравенству наблюдается у 23% респодентов 18-29 летнего возраста, в то время как у 50-59 летних этот показатель составил 13%. Более четко тенденция снижения толерантности к процессу расслоения с повышением возраста опрошенных проявилась на примере демографического сознания. Так, 30% респодентов-корейцев молодого возраста считают, что государство должно предоставить всем равные стартовые возможности, невзирая на национальное происхождение. Среди 60-летних лишь 17% опрошенных согласны с такой позицией. Таким образом, повышение возраста респодентов обратно пропорционально удельному весу сторонников либерально-демократического отношения к углублению социального неравенства. Тем не менее, сферу экономических и трудовых отношений 46% респодентов 18-29 летнего возраста оценили как сложную.

Согласно этим же исследованиям, наиболее актуальными проблемами казахстанского общества, по мнению корейцев, являются инфляция, безработица, проблемы в здравоохранении. В целом уровень социального напряжения среди корейцев, как и общества в целом, напрямую связан с вопросами обеспечения нормального образа жизни. Проблемы более сложного взаимодействия социальной системы, как этнические, конфессиональные, языковые, миграционные, правовые и др., волнуют в меньшей степени. В целом относительное большинство нового поколения корейцев сложившуюся в республике общественно-политическую ситуацию оценивают как позитивную. Согласно опросам, так считают 49% респодентов.

За последние годы заметно повысился уровень общественно-политической активности корейцев. Как показали проведенные социологические исследования, заметно повысился степень политизации сознания у корейского населения. Последние выборы в республике всех уровней (мажелис, сенат, городской, районной) корейцы показали себя активными гражданами в политическом сознании, что не было раннее. В итоге 16 корейцев были избраны депутатами различных ступеней республиканского значения. В настоящее время официальный курс политических реформ, будь то приватизация или частная собственность на землю, вызывает самую активную отклик и соответствующей оценки. Нынешнее молодое поколение наравне со старшими принимает самое активное политическое участие в республике, что также не наблюдалось раннее 5-7 лет назад.

Структура политического сознания корейцев представляет собой довольно пеструю картину. Среди политических ценностей в сознании большинства молодых корейцев приоритетом пользуется равенство всех перед законом. Это позволяет говорить о том, что большинству присущ демократический тип политического сознания. Следует отметить, что политическое сознание большинства молодых людей среди корейцев, в частности, относительно приоритетности форм собственности, отличается известной долей либерализма. Результаты социологического опроса показали, что относительное большинство молодежи (27%) в первую очередь хотели бы реализоваться в бизнесе.

В культурной жизни корейской диаспоры наблюдается тенденция ее вестернизации. Мы все больше идем развитию и сближению духовному, к культурному ассимиляции. В этой связи возможна опасность превращение нынешней интеллектуальной молодежи в денационализированную интеллигенцию. Нация, не имеющая особой исторической культуры и специфики, все больше становится образцом развития для корейской молодежи.

Социологический анализ проблем социально-стратификационной структуры корейского населения показал, что и среди них происходят некоторые изменения: переход из одних социальных структур в другие и появление новых социальных стратов, становление среднего класса и обеднение других слоев. В последние годы среди корейцев появляются новые слои или, как мы их называем страты, социоструктурные образования – предприниматели и деловые люди, кооператоры, свободные профессионалы и другие. Исследования показали изменения в социальной структуре корейской диаспоры.

Нами была предпринята попытка проанализировать основные группы рыночной экономики, на которых заняты корейцы всех возрастов. Сюда входят руководители акционерных обществ, совместных предприятий. Фермеры и сельские предприниматели, обслуживающие производство и сбыт сельскохозяйственной продукции, работники частных и недавно приватизированных предприятий и социально-профессиональные группы в госсекторе, которые могут плавно войти в состав среднего класса.

За двадцать шесть лет независимости республики привела нас к выводу, что и среди корейской диаспоры формируется принципиально новый слой с новыми для общества установками на самостоятельность в принятии решений, экономическую активность и ответственность, с высокой самооценкой и высокими материальными запросами. Здесь можно выделить три основные группы предпринимателей-корейцев:

1. Предприниматели-собственники, владельцы-директора малых предприятий и председатели акционерных обществ и совместных предприятий

2. менеджеры не государственных предприятий, не являющиеся собственниками этих предприятий: директора совместных предприятий, руководители бирж, брокерских контор и др.:

3. руководители общественных организаций, представляющие интересы предпринимателей или их отдельных групп.

Кто же такой современный предприниматель кореец? Средний возраст 29-45 лет. Среди них растет и число женщин предпринимателей, некоторые работают с мужьями или родственниками. Для столь высокой самооценки у них есть известные основания. Почти все они имеют высшее образование, некоторые имеют степень доктора и кандидата наук, бывшие преподаватели университетов, работники Академии наук и т.д.

Современное положение корейской интеллигенции. Сложность, многоаспектность социально-политических процессов значительно сказывается на судьбе корейской интеллигенции. Одним из основных тревожных процессов являлось процесс размывания и выливания интеллигенции. Этот процесс шел по следующим направлениям:

1. связано со становлением новой казахстанской государственности, в ходе которого некоторые уходили во властные структуры. Интеллигенция, выбравшая этот путь, становится чиновничеством, бюрократией, номенклатурой;

2. путь ухода интеллигенции из науки вызван тем, что в условиях перехода к рынку, в связи с резким падением уровня зарплаты в государственном секторе экономики, не имея возможности обеспечить себя и семью, многие меняли профессию. Уходят в коммерческие структуры, становятся банкирами, бизнесменами, руководителями и членами самых разнообразных акционерных обществ, малых и средних предприятий и т.д., не связанных с интеллектуальной деятельностью, то есть уходят из сферы интеллектуального, творческого труда. Этот

процесс интенсифицировался следствием закрытия обанкротившихся предприятий, сокращением ассигнований на науку, культуру, из-за грядущей безработицы, просто улучшить материальное состояние.

О том, что материальное положение интеллигенции ухудшилось, свидетельствует данные социологического опроса. Сравнивая свое нынешнее статусное положение с тем, как они жили при Союзе, большинство ответили, что стали жить гораздо хуже – 40%. или немного хуже – 20%, то есть 60% опрошенных. Этот вывод подтверждается данными того же опроса. Около 30% опрошенных работников науки предпочли бы совмещать работу в государственной структуре с работой в свободном секторе экономики. Названные направления и последствия этих процессов чрезвычайны для корейской диаспоры – разрушение интеллектуального, нравственного фонда этноса, есть отбрасывание его на многие годы назад.

Из науки уходят молодые энергичные работоспособные ученые во цвете лет, и потому растет у корейцев разрыв между лидерами направления, учеными старшего поколения и теми, кто только приходит в науку. Уходят те, кому надо по-житейски обустраиваться. И общество лишается самых талантливых и молодых ученых, выталкивая их в коммерческие структуры, в бизнес, в сферу управления. Наука стареет, потому что не отработан механизм возрастной ротации ее работников. Крупные ученые, как правило, долго не увядают. Место им находится при всех условиях. Но масса хороших специалистов, которые отработали свой творческий ресурс, не уходит: впереди лишь маленькая пенсия, а им надо помочь.

В бедные слои общества попали, прежде всего, специалисты с высшим образованием и служащие. Очень небольшая дистанция от них руководителей низшего и среднего уровня. Примечательным является тот факт, что последние в данном случае идеальная модель маргинального слоя: оценка ими своего материального положения позволяет в равной степени отнести их как к бедным, как и к среднеобеспеченным социальным слоям.

В целом среди корейской диаспоры в последнее время формируется новый социальный слой, чье существование не зависит от опосредующей роли государства в перераспределении производственного продукта. Этот страт отличается специфическим этносом, в основе которого лежит потребность в самостоятельности, праве принимать решения в собственности, ориентация на размер дохода, а не на его гарантированность, готовность к экономической ответственности. В этом новом слое выделяется ядро и периферия, которая и представляет собой основной резерв его роста.

По данным статуправления Казахстана, корейцы, занимающихся разными видами предпринимательской деятельности, и по результатам социологического опроса, около 1-1,5 тысячи так называемых «новых корейцев», то есть живущих по стандартам европейского среднего класса. Конечно, эту группу нельзя назвать предпринимательской, ибо она выделена лишь по критерию размера дохода, уровню потребления. Тем не менее, этот показатель можно принять как предельную величину данного социального слоя. К ним относятся, в первую очередь, руководители акционерного общества, генеральные директора, председатели правления, члены Совета директоров, президенты фирм, корпораций и т.д. Подавляющее большинство работают в частных предприятиях, далее совместных, затем предприятия, находящиеся в собственности коллектива и инофирм.

Зарождение корейской элиты. Как известно, важнейшим отличительным признаком тоталитарной системы является запрещение всякой самоорганизации граждан, пытающейся быть независимой от монопольно правящей партии. Благодаря политической активности корейцев среднего возраста, начинается своеобразный Ренессанс «единства нации», укрепляется отношение между социальными слоями. В условиях существования негосударственного сектора экономики сюда следует отнести и определенную часть хозяйственной элиты, кроме номенклатурной. Эти особенности функционирования и подготовки национальной элиты приводят к способности быть хранителем традиций, а потому и носителем преемственности всего национального.

В настоящее время можно сказать, что среди корейской диаспоры, в общем, сформировалась элита. Сюда, в первую очередь, входят номенклатура, руководители крупных корпораций и фирм, ученые, представители СМИ и др. Начинается активное формирование новой элиты корейцев – бизнес элиты. Появились две правящие элиты: политическая и экономическая. Новые коммерческие структуры возглавляют в основном люди молодого поколения, не все имели в прошлом карьеру номенклатурщиков. Однако, круг людей, контролирующих национальное движение достаточно узок и их связи с политическими истеблишментами до сих пор остаются весьма тесными.

Главными целями растущего влияния бизнесменов на национальное движение является поднятие авторитета корейской нации. Пилотажное исследование, проведенное в рамках двух городов Алматы и Уштобе, позволило судить о некоторых характерных тенденциях, оказывающих как прямое, так и опосредованное воздействие на социальную структуру корейцев, живущих в республике. Учитывая его пробный, поисковый характер, оно не могло, да и не ставило своей целью осветить круг проблем. В Казахстане 14 областей, корейцев проживает около 110 тысяч. В среднем на тысячу корейцев в 2015 году приходилось около 4-5 малых и средних предприятий. Динамика и плотность размещения этих хозяйствующих субъектов по территории страны различна. Наибольшее количество зарегистрированных предприятий расположено в Алматы и Алматинской области, а также Южно-казахстанской, Кызыл-ординской, Джамбулской и Карагандинской, где предпринимательская деятельность всех корейцев составляет примерно 68%. Во многом это обусловлено целенаправленными действиями местных органов управления, тесным взаимодействием областных структур с предпринимателями.

Вклад корейцев в социально-экономическое развитие Казахстана. Как уже отмечено в 2017 г. корейцы Казахстана отметили 80 лет депортации с Дальнего Востока и проживания на древней земле казахов. Что собой представляет на сегодняшний день корейская диаспора, с чем пришла она за эти годы проживания в Казахстане, которая стала для них Родиной?

Ответ таков. С высоты сегодняшнего состояния культуры, особенно контрастно видны те исходные рубежи, с которых начиналось духовное, научное развитие корейцев в республике. Они стали нацией сплошной грамотности, занимающее лидирующее положение по высшему образованию. Им по плечу не только рисовые и луковые поля, с которых они начинали свое возрождение, они покорили все культурное и духовное наследие человечества.

Сегодня их можно встретить в парламенте, им присваивают высокое воинское звание генерал, среди них есть академики, министры, директора крупных промышленных предприятии и банков. Корейцам присваивают звание «Народный артист Казахстана», преуспевают и в спорте, их воспитанники становятся Олимпийскими чемпионами и мира. Таких примеров можно продолжать до бесконечности. На сегодняшний день около 100 докторов, профессоров и 400 кандидатов наук работают в престижных университетах и академических институтах.

Несмотря на репрессии и депортацию, корейцы смогли выжить даже в такой неравнодушной к национальным меньшинствам стране, как СССР. Корейская диаспора при всей своей самобытности и даже уникальности все же имеет и определенные схожие черты с некоторыми другими диаспорами, прежде всего, еврейской и немецкой. Если суммировать схожести в их деятельности, то получится некий обобщающий портрет этих диаспор со следующими характерными чертами: максимальная дисперсность, экономическая предприимчивость, высокая степень приспособляемости и в то же время «нерастворимость», социально-культурная замкнутость, наконец, невысокая популярность в общественном окружении иноэтнического окружения. Латентный характер внутриобщинных связей как в корейском, так и в названных диаспор, дают основания рассуждать о свойственных им специфических механизмах этнического влияния, неподдающегося контролю со стороны местных государственных органов.

В 2017году Республика Казахстан отметила 26 лет независимости и будущее корейцев органически связано с разворачивающейся глубокой трансформацией страны на путях обновления. Этот процесс стал естественным союзником в деле укрепления государства, придания большей цивилизованности. Вызванные глубокие сдвиги социально-экономического порядка республике, в значительной мере ставят перед корейцами одни и те же задачи с другими народами, требующие схожих решений или совместных усилий. Корейцы глубоко уверены, что их будущее, как равноправного и достойного члена общества, в наших собственных руках. Оно зависит от того, насколько твердо и последовательно мы будем проводить и прокладывать свой путь к самосознанию.

В итоге можно сказать, что казахстанские корейцы тесно связаны с Казахстаном и исторической родиной, сохранив свою идентичность и отчасти культурные особенности других нардов. С другой стороны, группа в значительной мере деэтнизирована, корейским языком большая часть не владеет или владеет ограниченно. Очевидна двойственность этнического самосознания, они продолжают идентифицировать себя как корейцы, но при этом чётко понимают, что находятся в некой пороговой культурной ситуации, не позволяющей однозначно и определенно говорить о корейской идентичности. Подобное восприятие этничности говорит и его типическом характере.

Результаты исследования позволяют утверждать, что происходит культурная гомогенизация казахстанских корейцев, поскольку прежние различия между городскими корейцами и корейцами, проживающими в компактных и замкнутых сельских сообществах, практически исчезли, в культурном отношении диаспора в меньшей мере ориентирована на корейскую культуру, более однородна, что проявляется в характере идентификации. Большинство опрошенных подчеркивали, что осознают себя не просто корейцами, но именно казахстанским корейцем. По своему характеру этническая идентичность у подавляющего большинства казахстанских корейцев множественная – корейско-русская.

5. Миграционные процессы корейцев

В настоящее время в мировом сообществе возникла интенсивность миграционных процессов, базирующихся на характерных изменениях в социально-экономической, политической и культурной жизни. Изучение опыта миграций народов в прошлом и настоящем, глубокое осмысление разносторонних взаимосвязей актуально сегодня с исторической, теоретической, практической и прогностической точек зрения. Исследование исторических и современных проблем миграции корейской диаспоры, когда Казахстан стал независимым государством, является своевременным и не терпит отлагательства.

За пределами Корейского полуострова около 7-8 миллионов корейцев проживают в 150 странах мира. В различных странах мира корейцы имеют разный политический, экономический, культурный и социальный статус, что обусловлено историческими событиями и проводимой по отношению к этому населению государственной политикой в стране проживания. Так, статус постоянных жителей корейцы имеют в СНГ, Китае, США, Японии, странах Европы, Южной Азии, Южной Америки, Австралии и других государствах. Поэтому ученые обращают особое внимание изучение миграционных процессов, сформировавших и развивших корейскую диаспору, исследованию насущных социально-экономических, политических, психологических и культурно-бытовых проблем.

В корейской историографии впервые комплексно рассматриваются указанные проблемы учеными обществоведами докторами исторических наук, профессора Ким Г.Н. и Мендыкулова Г. Д. В их трудах и монографиях широко и предельно ясно проанализированы причины миграции народов Казахстана с исторической родины. В советский период не было издано ни одной работы, посвященной иммиграции. Существовал идеологический запрет на их разработку в тоталитарный период, приклеивших ярлык корейцам «японских шпионов». В условиях жесткой аннексии Японией Корейского полуострова корейцы были вынуждены покинуть свою Родину и проживать за ее пределами.

Исследование иммиграционных процессов, на примере корейской диаспоры, не только с теоретической, но и с практической точек зрения представляют несомненный научный и политический интерес. Так как в последние десятилетия в связи с развалом Советского Союза, вопросы межгосударственной миграции народов и рабочей силы приобрели большую актуальность, вступающим в результате массовых людских перемещений из одних стран и континентов в другие, а также участившихся военных, межэтнических и политических конфликтов в регионе Центральной Азии и Африки.

Влияние иммиграции на социально-экономическое и демократическое развитие мира общеизвестно. В этом аспекте актуален анализ состояния корейской трудовой иммиграции, изучение возможностей и условий для экономической адаптации корейцев в развитых странах Европы, США и Республики Корея. Представители корейской диаспоры рассматриваются нами как составная часть всего казахстанского населения, тем самым сделать попытку восполнить пробел в истории корейцев новыми страницами. В целом изучение современных иммиграционных проблем корейцев необходимо для развития национальной консолидации корейской нации, что в свою очередь, связано с национальным возрождением.

Корейская диаспора Казахстана была образована миграциями на длинные расстояния, имевшими постоянную продолжительность с пересечением внешних границ , сначала из Кореи в царскую Россию Дальний Восток, а затем в Центральную Азию в 1937 году. Она на протяжении всей своей истории имела вынужденный и насильственный характер, в следствии экономических и политических причин. Кроме того до начала 1910-х годов миграция корейцев в страны зарубежья отличались массовостью в США, Японию, Китай, Россию и другие страны. В современный период более характерными являются индивидуальные перемещения с практикой вызовов в страну реципиент.

Корейская диаспора обладает некоторыми чертами, представляющими исторический и теоретический интерес. Во-вторых, диаспоральные корейцы никогда не составляли большинства в тех областях, где они проживали, тем самым являлись этническим меньшинством, но имели некоторую значимость в экономической, научной структуре страны проживания, практически не обладая территориальной автономии. Однако характерной чертой корейской диаспоры является успешное функционирование в стране пребывания благодаря превосходной способности к адаптации, генетически заложенному трудолюбию и упорством, которые заложили их предки на протяжении веков. Благодаря этому они могут успешно функционировать в имперских странах с полиэтнической и мультикультурной структурой.

Корейская диаспора, являясь этническим меньшинством в стране проживания, старается поддерживать материальные и духовной связи со страной своего проживания. Современные ученые предложили следующую дифференциацию: мобильную и пролетарскую. Представители мобильной диаспоры осознают свою принадлежность к передовой цивилизации, их профессиональные, коммуникативные и организационные способности позволяют им занять значительные (чаще всего экономические) позиции в стране проживания. Благодаря космополитической ориентации, языковым навыкам и коммерческим связям мобильные диаспоры играли и играют влиятельную роль во внешних сношениях принявшей их страны. Современные представители мобильной диаспоры, обладая важными экономическими и организационными ресурсами, могут оказывать влияние и помощь правительствам стран пребывания в решении как внутренних, так и внешних проблем.

Пролетарская диаспора является продуктом трудовой миграции, в большей степени экономически отсталых стран, практически у этих трудовых иммигрантов нет профессиональных, коммуникативных, организационных навыков для эффективного действия в своих коллективных интересах. Занимаясь своим профессиональным трудом, они не имеют возможности оказывать влияние на политику правительств. Беспрецедентный миграционный поток рабочей силы в современном мире привели к тому, что пролетарские диаспоры стали формироваться очень быстрыми темпами, изменяя как социально-экономическую, так и демографическую ситуацию, прежде всего в стране донора, стране-реципиенте и в глобальном масштабе и в мире. Представители этих диаспор пытаются стать постоянными резидентами в стране-реципиенте, сохраняя в то же время тесные связи с исторической родиной.

Корейская диаспора неоднородна и разнотипна, складывавшаяся на протяжении ни одного десятилетия и имевшая в каждой исторический период различные причины для развития и формирования. Эти причины можно дифференцировать как политические и экономические.

К политическим можно отнести такие события, породившие и развившие корейскую диаспору, как аннексия Японией Корейского полуострова, насильственное переселение в 1937 году в Центральную Азию, развал Советского Союза.

Экономическим причинам, побудивших корейцев к миграции – развал единого Советского Союза, нестабильность в экономике Казахстана. Следствием побудительных причин миграции корейцев в зарубежные страны явились многообразие статусов, представленных им в государствах реципиентов, от иммиграционных рабочих и служащих до постоянных жителей и независимых иммигрантов.

Миграция беженцев происходит внезапно и в опасных ситуациях для жизни. Имея тенденцию приобретать массовый характер, такое перемещение в основном сопряжено с потерей средств существования и общественного положения. Корейцы покидали свои дома, когда в Таджикистане происходила гражданская война между различными кланами и группировками власти, а конечный путь их следования часто бывал Казахстан. В результате переезда, чаще всего бегства, они оказывались в местах, где у них были родственники, друзья и знакомые. На мигрантов влияют так называемые «подталкивающие факторы», в отличие от «привлекающих».

На проблему миграции могут влиять на следующие факторы:

1. отношение мигрантов к самим себе, то есть проблема самосознания и идентичности
2. отношение и политика страны-реципиента
3. скрытые силы, которые влияют на политику в государстве по отношению к беженцам или этническим меньшинствам.

Исторический опыт трудовой иммиграции показывает, что регулируемая на государственном уровне иммиграция обогащает не только самих иммигрантов, принимающую страну – донора, из которой выезжает рабочий или служащий. В Казахстане уже поставлена практика трудовой иммиграции, как это делается во всем цивилизованном мире.

Проблема адаптации. Вернемся к корейской диаспоре, которая, будучи этническим меньшинством, проживает в нетрадиционной, чуждой среде общения. Одним из важных этнологических, социально-антропологических и психологических вопросов является проблема способности и возможности более или менее успешного функционирования корейцев на чужбине, что зависит от их способности к адаптации. Под понятием «адаптация» подразумевается «приспособление человека или группы людей к жизни в новой инонациональной среде, а отчасти и приспособление к ним этой среды с целью взаимного сосуществования и взаимодействия» во всех сферах жизни. Таким образом, адаптацию необходимо рассматривать как явление в жизни мигрантов в инонациональной среде выходцев из других стран с представителями коренных жителей.

Адаптация мигрантов к новой нетрадиционной среде общения зависит от объективных и субъективных факторов. К первым можно отнести условия (социальные, политические, этнокультурные) существования мигрантов. Среди субъективных факторов особую роль в процессе играет следующие показатели: политика правительства в отношении мигрантов, деятельность общественных организаций, психологические установки на адаптацию прибывших и др.

Следовательно, адаптация мигрантов зависит от условий развития страны выезда, которые непосредственно вступают в процесс взаимодействия с местным населением, а также от условий развития нового экономического организма. Безусловно, адаптация является одной из стадий процесса ассимиляции, так как создает предпосылки для интенсивного врастания мигрантов в социальную жизнь страны-реципиента. Мигранты заинтересованы в быстрейшей адаптации к чужой иной этнической среде, а затем и к ассимиляции. Они заранее выбирают постоянное место жительства, изучают язык, обычаи и традиции страны иммиграции.

На примере корейской диаспоры можно наблюдать сохранение этнической идентичности при постоянном месте жительства в иной этнической среде, а не ассимиляцию с другими народами. Так, например, корейская групповая идентичность в США, Китае, Японии, Европы, СНГ и других странах продолжает свое существование при условии изменения в новом окружении, другого способа ведения хозяйства, всего образа жизни, так же как и культуры питания. Данное определение может иметь отношение к большинству корейских общин, проживающих в различных странах мира.

Из истории иммиграции этносов известно, что этническая идентичность приобретается с рождением человека в силу различных причин и на разных этапах его жизни. Тут важно рассмотреть вопрос, что делается для сохранения своей этнической идентичности, почему они подвержены процессам аккультурации или ассимиляции. Данный процесс сохранения этнической идентичности, что вызывает у них огромную гордость за принадлежность к корейскому этносу. Сегодня корейцы Казахстана стараются чаще бывать на исторической родине, встречаться с соплеменниками в разных странах мира, в чем проявляется стратегия - сохранить этническую идентичность.

Из истории корейцев известно, что они проживают в Казахстане в качестве депортированного народа и претерпели череду лишений, вызывавших у местного населения чувства сострадания. Они не претендовали на цивилизаторскую миссию. Обычаи и модели поведения корейцев были близки к казахам. Немаловажным фактором являлось то обстоятельство, что они не были конкурентами, большинство корейцев были заняты выращиванием сельскохозяйственных продукций, а казахи больше занимались животноводством. Всё это сближало корейцев и казахов, происходило взаимное дополнение между народами. «С другой стороны, корейцы обучаются в русских школах и постепенно трансформировались в русскоязычную группу, подверглись влиянию европейского образа мысли, сблизило их с русскими. Не будучи ни титульным этносом, ни «старшим братом», они в короткое время достигли значительных достижений в областях сельскохозяйственного и промышленного производства, науки и образования, здравоохранения и спорта, что не могло не вызывать уважения как со стороны титульного и других коренных народов».

Одной из характерных особенностей миграционных процессов корейцев в Казахстане являются следующие мотивы:

1. неудовлетворительные экономические условия в стране, когда в стране вследствие безработицы или не востребованности по профессиональным качествам решают покинуть место жительства, где находит спрос на свои потребования;

2. отсутствие необходимых для нормальной жизнедеятельности социальных статусов, никакой помощи от государства;

3. воссоединение семей или серьёзные семейные проблемы, когда родители нуждаются в материальной помощи и опеки;

4. привлекающие факторы, стимулирующие вернутся на историческую Родину, носящие как морально-эмоциональный характер. Когда одна только мысль о

возвращении на родину предков и воссоединение со своим этносом приводит к глубокому моральному удовлетворению. И, конечно, жепрагматический – возможность дать хорошее качественную жизнь своим детям.

Проблема эмиграции всегда обусловливается блоком необходимых мероприятий по перевозу, размещению, расселению и предоставлению социально-политических, экономических и культурно-образовательных статусов для успешного функционирования на новом месте. На протяжении независимости республики происходит некоторый отток корейцев в Россию и другие дальние зарубежье. К мигрантам принадлежат в основном молодые и среднего возраста.

Надо отметить, что хотя пик этнической миграции, характерный для 90-х годов прошёл, тем не менее, миграционный поток ещё имеет место среди корейского населения. Хотя их численность остаётся постоянным по переписи населения республики – 110 тысяч. Среди тех, кто не планирует уезжать из Казахстана, можно выделить разные категории: это те, кто вынужден остаться (при наличии миграционных настроений) из-за финансовых, возрастных и иных причин, те кто не испытывает желания куда-либо мигрировать, поскольку комфортно чувствует себя в стране. Большинство корейцев не хотят уезжать из республики из-за сложившейся дружеской атмосферы в межэтнических взаимоотношениях.

Среди корейцев некоторую группу составляют, которые желают уехать в другую страну на постоянное место жительства. Они имеют высшее образование, знают иностранный язык, вполне состоявшиеся, амбициозны, уверены в себе в будущем. Большая часть после развала Союза эмигрировали в Россию, а некоторая часть в дальнее зарубежье. В настоящее время их начинает привлекать историческая родина Республика Корея.

Плюсы кто эмигрировал в Республику Корея:

1. Безопасность. Крайне низкий уровень преступности, в том числе уличной. Во всех городах можно спокойно выпускать на улицу детей для прогулки в любое время суток;
2. демократия и высокая развитость гражданского общества;
3. приоритет законов. Наверное, не для всех приезжих, учитывая их менталитет, это плюс. Однако законопослушание необходимо для развития общества и государства и к нему быстро привыкаешь
4. высокий уровень жизни;
5. развитая инфраструктура – дороги, транспорт и др. коммуникации, а также обилие рекреационных зон;

6. передовая медицина и хорошее социальное обеспечение;

7. высокий образовательный и культурный уровень;

8. забота государства о детях, женщинах и стариков.

Минусы:

1. самый тревожный момент – это перманентное состояние войны или очень худого мира с КНДР;

2. проблема незнание корейского языка, а также корейских национальных традиций;

3. незнание высокой современной технологии;

4. положение второсортного человека, эмигранта;

5. обстановка на 38 параллели является очень сложной.

А стоит ли переезжать из Казахстана?

1 .Корея не трубит о сборе своих соплеменников, как это делает Израиль и делала Германия;

2. разумеется, во многом упомянутые недостатки компенсируется политикой государства, нацеленной на неприятие соотечественников зарубежья на постоянное место жительства (ПМЖ);

3. причина попробовать на ПМЖ не означает утерю казахстанского гражданства: не понравится – вернетесь, как это делали иммигранты немецкого происхождение, русские из России.

После распада Советского Союза прошло уже 26 лет, за это время численность корейцев в Казахстане осталась неизменной, благодаря притокам из Таджикистана и Узбекистана, хотя малая эмиграция наблюдалась. Они по большей части интегрированы в местную жизнь в новых государствах и устанавливают профессиональные и деловые связи с другими этническими группами.

В 2005 году правительством Республики Корея внедрена новая программа поддержки этнических корейцев, проживающих в странах СНГ. В качестве специальных мер по указанию связей с «постсоветскими» соотечественниками правительство Кореи реализует программы по их организационному посещению Южной Кореи. В тесной взаимодействии с российскими региональными властями принимаются меры по правовой легализации корейской национальности, прибывающие из Средней Азии.

Но корейцы в Казахстане чувствуют себя вполне комфортно. Им может угрожать только гражданская война между кланами, способное расколоть общество. Но угрозы таковой нет. Связано это с тем, что социальные опоры государственной системы, которые создал Президент РК Н.А. Назарбаев, расшатать довольно сложно. Инструменты, обеспечивающие контроли над ситуацией в стране, будут продолжать функционировать и в будущем, кто бы ни руководил государством. Нет серьёзных оснований предполагать, что в переходный период возникнут большие проблемы с безопасностью. А это значит, что корейская диаспора в Казахстане могут чувствовать себя спокойно. А это ещё раз значит, что для корейцев Казахстан является Родиной.

После развала Советского Союза у значительной части населения появились новые центры тяготения, которые сформировались в новые идентичности, субъективно зачастую более значимые, чем ранее существовавшие этническая и конфессиональная идентичность. Именно они дали толчок к дроблению этнокультурных границ в массовых масштабах. В результате казахстанское общество прорезано многочисленными этнокультурными границами по многим направлениям – социальным, имущественным, конфессиональным, этническим и др. Причем, в многонациональном Казахстане все эти тенденции проявляются особенно рельефно.

Исторический опыт показывает, что процесс этнической идентичности в инонациональной среде трудоемок и долгосрочен. Он усугубляется в современных урбанизированных условиях, действующим разъединяюще человеческого общества, тем более, что для представителей корейской диаспоры в любой стране мира характерно проживание в городах, что разообщающе действует на них.

Урбанизированная среда накладывает свои отпечатки на

жизнедеятельность человека, поэтому сохранение традиций, культуры и быта мигрантам очень сложно. Для сохранения национальных корней корейцы создали во всех областях республики национальные культурные центры, цель которой возрождение языка, культуры, традиции и т.д.

Данные организационные центры помогают корейцам удовлетворять их специфические потребности, связанные с этническим происхождением, а также оказывают помощь в обучении всего национальному. Этнические организации часто видятся как институты, способствующие интеграции в обществе развивать этническую субкультуру. Жизнь корейцев резко изменилась после провозглашения суверенитета и независимости Казахстана, сказать, что стало плохо или хорошо однозначно сказать нельзя.

Тут много вариантов, но больше положительных. Знания и трудолюбие решают все. Они открывают больше возможностей перед будущим. Корейцам этих качеств, как никому другим, не занимать.

Глава 2

Участие корейцев в общественно-политической и экономической жизни Казахстана

1. Участие корейской интеллигенции в реформировании казахстанского общества

110-тысячная корейская диаспора Казахстана за прошедшие лет проживания внесла огромный вклад в развитии и реформировании казахстанского общества. Наиболее высоких результатов ученые корейцы достигли в области сельского хозяйства, геологии, химии и медицины.

Начиная с 50-х годов XX в. правительством Советского

Союза проводилось активное стимулирование развития науки: была установлена повышенная оплата труда ученых и профессорско-преподавательского состава, значительно улучшена материальная база научных институтов, налажены связи науки с производством. В результате этих мероприятий сформировалась научно-техническая элита, в которой значимую роль играли и корейские ученые, внесшие большой вклад в развитие наиболее важных для страны отраслей науки и техники.

После развала СССР, когда экономические связи практически были разорваны, для развития индустриализации страны были необходимы высококлассные специалисты. В области науки происходил новый виток смены поколений, продолжение традиции, заложенные такими известными учеными как Ким Енгван Инсугович, Ни Леонид Павлович и др. Казахстан – это республика, обладающая несменными природными богатствами. Здесь особую ответственность и значимую пользу внесли специалисты геологии. В региональную геологию рудных и нерудных, нефтяных и газовых месторождений внесли большой вклад ученые корейцы: доктора наук, профессора Ли Виталий Гаврилович (лауреат двух Государственных премии), Цай Дамир Терентьевич, Цой Самен Викторович, Огай Евгений Кипониевич, Ли Александр Боновича и др.

Эффективная разработка месторождений полезных ископаемых являлась одной из важнейших задач науки Казахстана и заслуги ученых-корейцев, работающих в этой области значительны. Это доктора, профессора и кандидаты наук Цой Николай Дмитриевич, Ким Ольгерд Васильевич, Квон Сергей Сын-Гувич, Хан Октябрь Александрович, Цай Лев Александрович, Тен Николай Александрович и др.

Патриархом в исследованиях проблем математики является Заслуженный деятель науки КазССР, член-корреспондент АН РК Ким Енгван Инсугович. В области математических, физических и технических наук заслуженным уважением научного сообщества пользуются академики и профессора Когай Леонид Иванович, Цой Владимир Александрович, Цхай Сергей Мефодьевич, Пак Марат Александрович, Пак Сергей Павлович, Пак Юрий Николаевич, Пак Иван Тимофеевич, Ким Александр Сергеевич, Ногай Адольф Сергеевич и мн. др.

Химическая наука в Казахстане представлена учеными докторами наук, профессорами Муном Алексеем Инсеновичем, Пак Аллой Михайловной, Ким Маратом Хичеровичем, Ким Декабриной Гиюновной, Цхаем Александром Алексеевичем, Мун Григорием Алексеевичем, Ю Валентиной Константиновной, Кан Вячеславом Максимовичем и др.

Черная и цветная металлургия – одна из важнейших

отраслей экономики РК. Выдающуюся лепту в теорию и практику металлургии легких металлов внес академик НАН РК Ни Леонид Павлович (лауреат Госпремии). Заметен вклад в развитие науки черной металлургии лауреатов Государственной премии РК доктор наук Ким Василий Анатольевич и кандидат наук Ким Александр Сергеевич. В становление и развитие корпорации «Казахмыс» существенна роль представителей корейской диаспоры : Ли Игнатий Евгеньевич, Ким Владимир Сергеевич, Юн Руслан Борисович, Юн Александр Борисович и др.

Борьба с заразными инфекциями и промышленным травматизмом являлась приоритетной задачей государственного здравоохранения. Огромный вклад в отечественную медицину внесли выдающиеся ученые медики и организаторы здравоохранения корейцы профессора Цой Гилен Васильевич, Нигай Григорий Андреевич, Мун Николай Васильевич, Огай Елена Александровна и др. В области медицины сейчас среди корейцев отмечается наибольшее число докторов и кандидатов медицинских наук. Достаточно будет назвать имена наиболее известных ученых медиков, которые успешно совмещают науку с практикой доктора наук, профессора Цой Игорь Гиленович, Цой Олег Гиленович, Шин Светлана Николаевна, Иманбаева (Тюгай) Татьяна Михайловна, Нигай Нелли Григорьевна, Ким Виктор

Борисович, Лим Людмила Викторовна, Лигай Зоя Николаевна и др.Выдающийся вклад в кардиохирургию вносит доктор медицинских, профессор Герой труда РК, профессор Пя Юрий Владимирович.

Презентация книги проф.Пак Ивана

В области сельского хозяйства особенно преуспели ученые селекционеры, лауреаты Государственной премии СССР, профессора Давид Николаевич Пак – создатель алатауской породы крупного рогатого скота и Лаврентий Иванович Цой, который вывел новую тонкорунную породу овец южно-казахстанского мериноса. Большой вклад в развитие сельского хозяйства внесли Александр Иванович Хван и Константин Семенович Ким, которые вывели высокоурожайный «каратальский» сорт лука, а также сорта риса «уштобинский» и «алатауский». Доктор сельскохозяйственных наук Николай Александрович Пак создал сорта риса «Суак», «Заря» и «Пак-Ли», приспособленные к засоленным почвам и короткому вегетационному периоду. Герман Леонтьевич Лигай – автор высокоурожайных сортов картофеля «Кугалы», «Орбита», «Айтмулат», «Тохтар» оставил заметный след в сельскохозяйственной науке страны. Большой вклад в развитие сельскохозяйственных наук внесли Пак Семен Михайлович, Хван Михаил Васильевич, Цзю Виктория Львовна и др. Эстафету старшего поколения в этой области достойно продолжают лауреат Государственной премии РК Кан Вячеслав Максимович, а также кандидаты наук Ли Тамара Енсуевна, Ким Александр Дончерович, Ким Эльдар Эрнестович и др.

Успешно работает поколение ученых обществоведов доктора наук, профессора Кан Георгий Васильевич, Ким Герман Николаевич, Пак Нелли Сергеевна, Мен Дмитрий Вольбонович, Ким Олег Гаврилович, Лигай Мария Алексеевна, Ким Алла Михайловна, Хан Наталья Николаевна, Ким Наталья Павловна и др.

Знаменитые ведущие профессоры в сфере изучения корейской диаспоры в Казахстане; Слева Мен Д.В., Ким Г.Н., Кан Г.В.

Примерами успешного совмещения науки и частного предпринимательства являются ученые корейцы Виссарион Владимирович Пак и Александр Алексеевич Цхай. К когорте организаторов науки, успешно сочетающих свои научные изыскания, находящихся на посту заместителей директоров крупнейших ведущих научных центров, относятся Ли Виталий Гаврилович, Хан Октябрь Александрович, Пак Иван Тимофеевич, Ким Василий Анатольевич, Ли Анатолий Николаевич и др.

В целом корейская диаспора насчитывает около 500 докторов, кандидатов наук и докторов философии PhD, в том числе один академик, один член-корр Национальной Академии Наук РК, 12 лауреатов Государственных премий, 8 заслуженных деятелей науки, 30 академиков общественных академий.

2. Предпринимательская деятельность корейцев

В предпринимательской деятельности корейцы принимают самое активное участие во всех структурах и на различных должностях. Вносят значительный вклад в реформировании и развитии казахстанского общества. 26 лет назад Казахстан обрёл независимость и за этот небольшой по историческим меркам срок он из сырьевого придатка огромной страны превратился в полноправного члена мирового сообщества, современное государство с динамично развивающейся экономикой. Сегодня он поставил перед собой амбициозную цель – войти в тридцатку самых развитых стран мира. Для этого очень много предстоит сделать, и здесь важен потенциал общества, его способность выполнить поставленную задачу.

На нынешнем этапе развития экономики, особое внимание со стороны государства уделяется сфере предпринимательства. Создаются необходимые предпосылки для создания и ведения собственного бизнеса. Следствием чего является увеличение доли предпринимателей в общей численности занятости населения. Однако для успешного развития и процветания малого и среднего бизнеса в Казахстане было необходимо создать все условия для устойчивого развития и роста этого сектора экономики. Именно с этой целью была создана «Федерация развития малого и среднего бизнеса».

Учредителями Федерации выступили Ассамблея народа Казахстана и Ассоциация корейцев Казахстана. Сейчас Федерация вышла на республиканский уровень, расширила количество своих филиалов и представительств в городах Казахстана. В этом проекте Федерации активное участие принимают корейцы.

Современному Казахстану с динамично развивающейся экономикой, чтобы войти в тридцатку самых развитых государств мира предстоит сделать очень многое, здесь важен потенциал общества, его способность выполнить поставленную цель. За годы независимости в стране образовался слой успешных предпринимателей, которые сумели создать и развить свой бизнес в самых разных отраслях экономики и социальной сферы.

Некоторые из них, начинавших с малого бизнеса, теперь являются вполне успешными в своих отраслях. Это энергичные, высоко образованные корейцы, заботящиеся не только о своем бизнесе, но и о будущем страны. Один из успешных предпринимателей в Казахстане является Цхай

Юрий Андреевич. Тридцать лет его трудовая деятельность связана со спортом. Им подготовлена плеяда знаменитых боксеров, которые защищали честь страны на мировых и Олимпийских играх. Сегодня он известен как один их успешный предприниматель, общественный и политический деятель.

После развала Советского Союза являлся Президентом Ассоциации корейцев Казахстана, избирался в парламент республики. Цхай Ю.А. внес значительный вклад в объединение и консолидацию корейцев, в развитии и укрепление межэтнического согласия, в налаживании международных отношений между диаспорами зарубежья, а также между Казахстаном и Республикой Корея. Многое он сделал для привлечения иностранных инвестиций в Казахстан. При его участи был открыт завод DP по выпуску телевизоров, построен Алматинский корейский Центр просвещения, открыта международная школа-лицей «Достар».

Сегодня он является председателем Совета директоров АО «Агромашхолдинга», производится автомобили семи марок от грузовиков IVECO до джипов Toyota. За заслуги перед республикой в области спорта и общественно-политической деятельности награжден орденами и медалями Казахстана и Республики Корея.

Строительная индустрия Казахстана – та отрасль

экономики, где особенно ярко проявились талант, деловые качества, лучшие черты национального характера предпринимателей корейцев. Широко известны строительные компании, активно участвовавшие в строительстве жилых и социально-культурных объектов по программе социально-экономического развития страны.

Значительный вклад в строительство и ремонт и ремонте автомобильных дорог вносит Председатель Совета директоров АО «Алматыинжстрой» Шин Бронислав Сергеевич. Трудовую деятельность начинал разнорабочим и дорос до руководителя. Это строительство и ремонт тепловых сетей в Алматы, капитальное строительство дорог, их обновление, строительные работы на набережной реки Есиль в Астане.

Шин Бронислав Сергеевич, председатель Совета директоров АО «Алматыинжстрой», общественный деятель. Родился в 1946 году, в г. Гурьеве (ныне г. Атырау). После окончания школы начал трудовую деятельность каменщиком строительного управления и одновременно учился в школе рабочей молодежи. В 1973 г. окончил Алма-Атинский гидромелиоративный техникум, в 1982 г. Алма-Атинский институт народного хозяйства, по образованию экономист. Работал в Строительном управлении «Алмаататеплосетьстрой» разнорабочим. После окончания техникума работал мастером, прорабом, старшим прорабом, главным инженером, начальником данного строительного управления, заместителем управляющего треста «Алмаатапромспецстрой, а после объединения трестов «Алмаатастроймеханизация» и «Алмаатапромспецстрой» назначен на должность заместителя управляющего трестом «Алматыинжстрой». В 1987-1989 гг. управляющий трестом «Казспецкоммунстрой», в 1989-2008 гг. генеральный директор АО «Алматыинжстрой», с 2008 года и по настоящее время — председатель Совета директоров АО «Алматыинжстрой».

Основные вехи трудового пути Шин Б.С. тесно связаны со становлением и развитием Алматы и столицы Республики Казахстан Астаны. В Алматы он принимал активное участие в строительстве и реконструкции тепло магистралей, инженерных сетей, благоустройстве улиц, сооружении резервуаров, скважин, объектов коммунального хозяйства, первого монетного двора Республики Казахстан. Также участвовал в строительстве резиденции Президента, водовода Каскада ГЭС, Талгарского водовода для обеспечения питьевой водой Алматы, мусульманского центра на проспекте Аль-Фараби.Сейчас коллектив работает на строительстве уникального объекта - «Соединительная тепловая магистраль АТЭЦ-2 – АТЭЦ-1».

Завершаются работы по строительству Восточно-объездной Алматинской автодороги (ВОАА), строительство которой поручено одному из предприятий АО «Алматыинжстрой» - ТОО «ДорМехСтрой». В Астане Шин Б.С. принимал участие в возведении «Мемориала жертвам политических репрессий», строительстве школы № 49 на 1200 мест, гребного канала на Соленой балке, производстве берегоукрепительных работ на реке Есиль, благоустройстве центральной площади «Қазақ Елі».

Под его руководством велись работы по строительству и реконструкции автомобильных дорог в городах Астана, Алматы, Атырау, Уральск, Актау. Коллектив АО «Алматыинжстрой» под его руководством принимал самое активное участие в работах по ликвидации последствий землетрясения на станции Луговая, оказывал финансовую помощь пострадавшим от наводнения в Қызылағаше и Уральске.

Шин Б.С. принимает активное участие в общественно-политической жизни южной столицы. Был депутатом II, III и IV созывов Алматинского городского маслихата (1999-2003, 2003-2011). Является почетным профессором казахской автомобильно-дорожной академии им. Л.Б. Гончарова. За свой труд награжден Грамотой Верховного Совета Казахской ССР (1986), медалями «Астана» (1998), «Қазақстан Республикасының тәуелсіздігіне 10 жыл» (2001), «Ерен еңбегі Үшін» (2002), присвоено звание «Почетный строитель» (2004), «Қазақстан Конституциясына 10 жыл» (2005) ,

«Қазақстан Парламентіне 10 жыл»(2006), "10 жыл Астана" (2008), орденом «Құрмет» (2008). Медаль «20-летию Независимости Республики Казахстан» (2011), золотая медаль «Қазақстан халқы Ассамблеясының қоғамдық «Бірлік» алтын медалі» (2014), «Қазақстан халқы Ассамблеясына 20 жыл» (2015), «Президентский знак Республики Кореи» (2015), орден «Парасат» (2015).

Нам Олег Юрьевич, один из известных предпринимателей Казахстана, основатель и руководитель строительной корпорации «Куат». Родился в 1959 году в с. Коксу, Талдыкорганской области. В 1981 г. окончил Алматинский архитектурно-строительный институт по специальности Инженер-строитель. После окончания института работал мастером, старшим мастером Джамбулского производственного объединения «Химпром», мастером, прорабом СМУ «Средазспецэнергомонтаж», начальником производственно-технического отдела, главным инженером СМУ «Средазспецэнергомонтаж». Создал сначала МЧП «KUAT», а в 1992 г. Корпорацию «KUAT», с 2002 г. президент, Председатель Правления ОАО Корпорации «KUAT» в 2003 г., с 2005 г. Председатель Совета директоров АО Корпорации «KUAT».

Кан Сергей Владимирович, известный предприниматель, кавалер ордена «Парасат», родился в 1968 г., окончил Алма-атинский государственный университет им. Абая по специальности «маркетинг и коммерция». С 1997-2000 гг. зам. генерального директора АО «Павлодарский нефтеперерабатывающий завод», в 2000-2002 гг. Председатель правления ОАО «Казнефтепродукт», в 2002-2003 гг. советник премьер-министра РК. В 2003-2004 гг. 1-ый вице президент АО «Казахстанское контрактное агентство», в 2004-2006 гг. член, председатель совета директоров наблюдательного совета ЗАО «Нефтегазстрой», председатель совета директоров ТОО «Инжиниринговая компания «КазГипроНефтеТранс», АО «Казахский институт нефти газа», член совета директоров АО «Центрально-азиатская топливно-энергическая компания». Награждён нагрудным знаком Министерства национальной экономики Казахстана.

Ли Юрий Сангерович, председатель правления Группы компаний «Век». Родился в 1950 году на острове Сахалин в России. В 1972 г. окончил в Хабаровске Институт инженеров железнодорожного транспорта. Прошел курсы в Москве повышения квалификации по разделам строительного дела и экономике в Центральном межведомственном институте повышения квалификации руководящих работников.

После окончания института работал мастером в Строительном управлении 411 треста «Сахалинтранстрой», прорабом, старшим прорабом в тресте «Ошстрой» Министерства строительства Киргизской ССР. Старший прораб, главный инженер, начальник СМУ, заместитель управляющего трестом «Алмаатакульбытстрой» Казахская ССР. При непосредственном участии Ли Ю.С. построены телекомплекс на горе Кок-Тобе, Резиденция Президента РК в Алматы, Большой Алма-Атинский канал, Дом политпросвещения, Республиканский Дворец школьников, школы, больницы и другие объекты социально-культурного назначения.Возглавил крупные строительные компании «КРАМДССТРОЙ» и «КАЗКОР».

С 2002 г. Президент ТОО «Корпорация Век», с 2007 г. председатель правления Группы компаний «Век». За достигнутые успехи в области строительства Ли Ю.С. награжден Почетным нагрудным знаком «Казакстаннын курметті курылысшысы», имеет Благодарственное письмо Президента РК Назарбаева Н.А., отмечен Почетной грамотой Акима г. Алматы, удостоен медалью за трудовую доблесть в 2006 г. К десятилетию новой столицы г. Астаны награжден юбилейной медалью «Астана».

Ким Владимир Сергеевич, Президент и крупный предприниматель, акционер Группы «KAZ Minerals». Родился в 1960 году в с. Славянка Южно-Казахстанской области. В 1982 г. окончил Казахский государственный академию строительства и архитектуры. В 1998 г.защитил диссертацию в США и получил ученую степень доктора философии по бизнесу и административному управлению.

В 1982-1989 гг. инструктор райкома партии Алма-Аты, заместитель председателя райисполкома, руководил Фондом культурного, социального и научно-технического развития Казахстана. В настоящее время президент и акционер Группы «KAZ Minerals», занимающейся добычей и переработкой цветных и драгоценных металлов. Награжден Орденом «Барыс 1 степени» и Орденом святого благоверного князя Даниила Московского II степени.

Ким Вячеслав Константинович, председатель Совета директоров АО «Kaspi Bank», меценат. Родился в 1969 году в г. Алматы. В 1986 г. окончил Республиканскую физико-математическую школу, Алматинский Государственный Университет имени Абая по специальности «Экономика и финансы», Российско-Казахстанский Гуманитарный Университет. Председатель Совета директоров АО «Kaspi Bank» и президент Федерации тэквондо Казахстана. По данным Forbes входит в рейтинг самых богатых людей Казахстана (2015) и самых влиятельных бизнесменов Казахстана (2014). Меценат благотворительного проекта «Дом мамы».

В 2001-2005 гг. владелец и создатель сети розничных магазинов электроники «Планета электроники», член совета директоров АО «Kaspi Bank», председатель наблюдательного совета Казахстанской ассоциации товаропроизводителей и техники. Президент «Азия техникс групп», советник министра экономики и бюджетного планирования, акционер, председатель совета директоров Каспийского Банка (Kaspi bank), член попечительского совета Республиканской физико-математической школы.

В области энергетики и финансов весьма успешным является Кан Сергей, член Совета директоров АО «Эксимбанк Казахстан» и АО «ЦАТЭК», руководит АО «Circle Maritime Invest» и ТОО «Каспиан Оффшор Констракшн», работающим на рынке эксплуатации и техобслуживания морских судов на Каспии.

Ким Вячеслав Семенович родился в 1981 г. в Джамбуле, известный предприниматель и общественный деятель. В 2003 г. окончил Казахский Государственный юридическую академию.Его трудовой стаж начался в АО «Страховая компания «Алматинская Международная Страховая Группа», при этом он принимал активное участие в общественной работе. Вступил в ряды Молодежного движения корейцев Республики Казахстана. В 2004 г. Председатель ОО «Молодежное Движение Корейцев Казахстана» и Директор компании ТОО «Personnelagency «TOP Consulting», в 2006-2007 гг. Директор Департамента повышения квалификации СЮЛ «Федерация развития малого и среднего бизнеса, директор компании ТОО «X–Project», член Ассамблеи народа Казахстана. В 2008 г. вице-президент Ассоциации корейцев Казахстана (АКК).

Руководитель предвыборного штаба кандидата маслихата г. Алматы Шин Бронислава Сергеевича в 2011 г., с 2007 г. Генеральный директор компании «Образовательный фонд «Новые решения» и директор рекламного агентства «NewLineAdvertising».

Кан Евгений Петрович, известный строитель, крупный предприниматель. Родился в 1953 году в Республике Дагестан, Бабаюртовский райлн, село Хасанай. В 1977 г. окончил Ленинградский горный институт им. Г.В. Плеханова, Алмаатинский институт народного хозяйства в 1995 г., в 2000-2003 гг. учился в Финансовой академии при правительстве Российской федерации (г.Москва), Чартерный институт страхования (London, UK), Национальная школа страхования (Paris, France). Трудовая деятельность началась с участка подземного капитального строительства Министерства среднего машиностроения СССР, мастер, заместитель начальника участка, начальник участка (1977–1980). В 1981-1988 гг. начальник Алмаатинской группы рабочего проектирования института Союзгипроводхоз Министерства водного хозяйства СССР, начальник отдела специальных работ, заместитель управляющего трестом Оргтехсельхозводопровод Министерства водного хозяйства СССР. Принимал участие в строительстве подземных автодорожных тоннелей, специальных подземных гидротехнических сооружений в

Грузии, Азербайджане, Армении, Туркменистане, Краснодарском крае, Башкирии. В Казахстане и Киргизии принимал участие в строительстве различных гидротехнических сооружений, в том числе и строительстве Бартагойского водохранилища Большого Алмаатинского канала. В 1988-1991 гг. главный специалист отдела метро института «Алматыгипротранс», начальник Алмаатинского филиала Специального конструкторско-технологического бюро (СКТБ) Главтоннельметростроя при Министерстве путей сообщения СССР (МПС СССР). Принимал участие в проектировании и строительстве первой очереди первой линии метро в г. Алматы. Президент, Председатель правления, Председатель Совета директоров, независимый директор ОАО «СК Коммеск – Омир». С 1991 г. организатор и основной учредитель страховой компании. Награды: благодарности, почетные грамоты и ценные подарки Министерства среднего машиностроения СССР, Министерства водного хозяйства СССР, Национального банка РК, Министерства транспорта и коммуникаций РК. Юбилейные медали к 10-ти и 20-тилетиям независимости Республики Казахстан, общественный орден «Заслуженный финансист» Ассоциации финансистов РК, общественный орден «Почетный экспедитор» Ассоциации национальных экспедиторов Казахстана.

Пак Андрей Иванович, известный предприниматель,

один из основателей казахстанского бренда «СУЛПАК». Родился в 1964 году вАлматы. В 1987 г.окончил Московский институт электронной техники. Два года работал в Институте сейсмологии Академии наук Казахской ССР в качестве инженера по системотехнике. С 1989 года работает в сфере бизнеса. Заместитель директора Выставочного информационного центра при ЦК комсомола Казахстана. Занимался издательской деятельностью в рамках организованной им частной фирмы «ЭДО». В 1992 г. организовал совместно с Алмазом Султангазиным ТОО «Сулпак», с 1995 – по 1997 год находился в Москве, организовав дочернее предприятие «Сулпак». В 1997-2001 гг. находился в США, в штате Калифорния осваивал тонкости рыночных отношений в капиталистической стране.С 2001 года в Алматы, используя накопленный в России и США опыт, широко развернул электронно-бытовой бизнес, в результате чего, возглавляемое им ТОО «Сулпак-Электроникс» занимает одно из ведущих мест в республике по реализации аудио-видео техники и обеспечению ими потребностей внутреннего казахстанского рынка. Является спонсором различных общественных мероприятий, Фонда поддержки образования и науки «ФОН», фонда поддержки культуры «Мадениет».

Ведущая национальная сеть магазинов электробытовой и компьютерной техники Казахстана «Технодом» владелец сети Ким Эдуард с годовым оборотом в $ 730 млн. Компания выросла из одного магазина «Помидор». В настоящее время сеть «Технодом» включает 63 магазинов в 26 городах Казахстана и Кыргызстана.

Одно из ведущих мест в сфере медицинского обслуживания занимает сеть медицинских центров «Достар Мед», основанная Югаем А.В. Сеть существует на рынке Казахстана более 15 лет и располагает 10 филиалами и 5 городах Казахстана.

Медицинский центр «ХАК» широко известный многим жителям Алматы как «HAK MEDICAL» - это высокотехнологичное медицинское учреждение, способное обеспечить комплексный подход в профилактике и лечении широкого круга пациентов. В состав HAK MEDICAL входят: Поликлиника, Клинический стационар, Диагностический центр, Лаборатория, Центр Акушерства, Гинекологии и Педиатрии «Сау».

У «Хака» есть филиал в Талдыкоргане. Более 10 лет успешной работы в Казахстане обеспечивают опытные специалисты, Центр предлагает высокий уровень обслуживания пациентов. «HAK MEDICAL» был основан и принадлежит Юн Александру Сергеевичу – сыну одного из ветеранов корейского движения и известного агрария Казахстана.

В ресторанном бизнесе одно из лидирующих положении

занимает сеть ресторанов «Korean House» владелец Цхай Наталья. За несколько лет Цхай Н. разработала концепт корейского ресторана, который включает в себя несколько форматов заведений для различной целевой аудитории. Каждый формат Korean House обрёл своего постоянного клиента.

Упомянутые компании самые известные и крупные в своих отраслях в Казахстане. Но наряду с ними есть ещё не мало представителей малого и среднего бизнеса, которые также плодотворно работают на экономику Казахстана, руководимые корейцами. Они достойно осуществляют предпринимательскую деятельность, активно способствуют реформированию казахстанского общества.

3. Корейцы в культуре, литературе, образовании и спорте

Богатую культуру Кореи нередко называют уникальной. Несомненно, она обладает своеобразными, присущими только ей чертами, и все же такое определение звучит расплывчато и употребляется слишком часто. Зарождение и развитие корейской нации протекало не изолированно, а в тесном контакте с соседними странами Китай и Япония. Однако культуру корейцев нельзя объяснить лишь с точки зрения диалога культур, а необходимо учитывать особенности корейского народа, рассматривая их в контексте исторического развития нации.

Современная культура корейцев начинается с древних времен. На основе самобытных песен и танцев, имеющих сюжетную линию, исполняемых под сопровождением народных музыкальных инструментов, затем появляется театр. Формой его выражения становятся театр масок, театр пантомимы, акробатическая клоунада и театрализованные народные празднества.

В конце XIX века на российском Дальнем Востоке появляются первые переселенцы из Кореи, которые со временем образовали национальное искусство. В начале 20-х годов XX века в Приморском крае в корейских селах стихийно возникают сотни драматических кружков. Бурное развитие и рост этих самодеятельных кружков приводит к качественному изменению и 9 сентября 1932 года, по решению советского правительства во Владивостоке было образовано краевой Корейский театр.

Основу театра составляли талантливые участники из этих кружков, имена которых впоследствии стали легендарными. Они были основателями Государственного Республиканского Корейского академического театра музыкальной комедии, которому в 2017 году исполнилось 85 лет. К ним можно перечислить народных артистов КазССР

Ким Дин, Ли Хан Дек, Ли Николай, Ким Владимира Егоровича, заслуженных артистов КазССР Цой Бон До, Ли Гир Су, Ли Ген Хи, Пак Гун Себ, Ким Хо Нам, заслуженных деятелей искусств КазССР Тхай Дян Чун , Цой Ен, Ен Сен Нен и др.

Деятельности разных видов Корейского театра

1990-й год положил начало творческим связям корейского театра с театрами исторической родины. В апреле 1990 г. театр гастролирует в Пхеньяне, артисты приняли участие в Международном фестивале искусств «Апрельская весна», где солистка театра Зоя Ким стала лауреатом фестиваля. В декабре 1990-го года, по приглашению руководства театра Ассоциации национальных театров Республики Корея госпожой Ким Гын Хи с педагогом по танцам Ше Сун Ген в течение месяца обучали артистов балета сложным классическим национальным танцам.

В 1999 г. Министерство Культуры Республики Казахстан утвердило на должность директора Государственного Корейского театра музыкальной комедии, впоследствии Заслуженный деятель искусств РК Ни Любовь Августоновну, которая определила приоритетные направления театра и путь к творческому разрешению. Она на протяжении почти двух десятилетии успешно руководит творческим коллективом театра.

За этот период существования артисты театра завоевывали награды на международных фестивалях и конкурсах: этнографическая группа «Самульнори» стала лауреатом фестивалей искусств в Европе и Республике Корея (1999-2004), артисты балета – обладатели II премии Международного фестиваля испанского танца «Приз традиций» г. Алматы (2000), вокалисты Тен Илона, Ли Виталий, Ким Елена стали лауреатами международных фестивалей вокального искусства в Москве, Бишкеке, Астане, Алматы, актеры Цой Роман и Пак Эдуард международного фестиваля «Юмора и смеха» в Алматы (2000), актриса Ким Галина – обладательница главного приза в номинации «Лучшая женская роль» на международном театральном фестивале «Мир Исабекова» в Алматы (2012).

В театре творчески сотрудничают поэт Ли Станислав, стихи которого получили известность в Республике Корее, писатель, драматург, кинорежиссер Сон Лаврентий, журналист, писатель и драматург Цой Ен Гын, они внесли значительный вклад в театральное искусство. Совместная работа сценаристов Сон Лаврентия и Ли Станислава с композитором Хан Яковым и главным режиссером театра Ли Олегом привела к созданию спектакля «Память». Этот спектакль имел большой успех у зрителей и был награждён Почетной грамотой на республиканском и международном театральных фестивалях в Астане и Сеуле. Такой же успех имел спектакль по пьесе Цой Ен Гына «Не умирайте молодыми» о проблемах молодёжи наркомании.

В театре также активно проявил свою творческую деятельность писатель и драматург с мировым именем Анатолий Ким. В театре, по его пьесам ставились спектакли «Плач кукушки» и «Дорожка феи в саду», которые получили высокие оценки у зрителей и театроведов республики. Олег Ли в сотрудничестве с поэтом Станиславом Ли открыл студию «актерского мастерства» и стал ее художественным руководителем.

Большим достижением явилось то, что в Казахском национальной академии искусств (КазНАИ) им.Т. Жургенова было открыто курс корейского актерского мастерства. Выпускники студии стали основой и ведущими актерами театра, это Елена Ким, Антонина Шегай, Виталий Нам, Игорь Шин, Борис Югай, Марина Ким, Наталья Ли.

Одной из приоритетных задач театра стал укрепление и дальнейшее развитие творческих связей с Ассоциацией театров Республики Корея. При содействии и поддержке посольства Республики Корея театр регулярно выезжает на международные театральные фестивали на историческую родину, где артисты проходили стажировку. В то же время театральные коллективы из Кореи ежегодно приезжают с гастролями в Алматы и Астану, участвуют в постановках спектаклей.

В 2017 году театр вместе с АКК осуществил масштабные проекты «Путь диаспоры» и «Поезд Памяти», посвященные 80-летию проживания корейцев в Казахстане и 85-летию Корейского театра. Маршрут гастролей театра начался в городе Владивостоке, прошел через город Хабаровск, Уссурийск, а затем по регионам Казахстана.

Значительный вклад в развитие театра и музыкального искусства Казахстана внесли корейские артисты, музыкальные деятели, певцы и исполнители, имена которых занесены в различные справочники и энциклопедии. Это народный артист КазССР Ким Владимир Еглолвич, (актер, режиссер, сценарист), Хан Яков Николаевич – один из родоначальников джаза в Казахстане, руководитель джаз-окестра «Биг Бэнд», композитор и главный дирижер Корейского театра Георгий Юн, получивший звание «Заслуженный деятель Республики

Казахстан», Шин Владимир Ильич руководитель народного хора «Родина», Ким Геннадий Сергеевич гитарист-классик, композитор, автор многочисленных песен и др. В становлении корейской эстрады значительную лепту внесли композиторы Пак Ен Дин, Тен Ин Мук, Виктор Ким. На начальном этапе большую роль в ее развитии играли Ен Сен Нен и Ким Хя Ун.

Большую работу по пропаганде корейской музыки провели художественный руководитель ансамбля "Ариран", заслуженный артист КазССР Ким Владимир Александрович и главный дирижер театра Э. Богушевский. Созданный в 1968 году при театре эстрадный ансамбль «Ариран» завоевал высокое признание у зрителей в гастролях по всему Советскому Союзу. В плеяде композиторов Казахстана известность получили Тен Чу, Владимир Стригоцкий-Пак, Яков Хан. Эти композиторы признаны за пределами республики, их творения приковывают внимание слушателей и профессионалов.

Творчество вышеназванных мастеров представляет одну из ярких и интересных страниц современного казахстанского музыкального искусства. Глубокое чувство патриотизма, высокий профессионализм и владение современной техникой композиторского мастерства отражает многогранный творческий облик корейских композиторов. Они повествуют о любви к родной земле, природе, отражают тончайшие краски корейской традиционной музыки. В них широко расцвечены своеобразные узоры мелодического рисунка, отчетливо выделяются ритмические фигуры, раскрываются все богатство, оригинальность и переливчатость интонационного ритма.

В то же время надо признать, что у корейцев молодого поколения, как и у среднего, неоднозначное ощущение к традиционной культуре. Это обусловлено тем, что в силу долгого отсутствия связи с исторической родиной многие ее компоненты были утеряны или изменены от обстоятельства времени и места жительства. Некоторые традиционные элементы национального церемониала подвергаются непониманию старших. Русская культура и язык были в Советском Союзе объединяющим ядром сплачивания этнических групп. Ряд корейцев, утратив свой родной язык и интерес к своим национальным ценностям, тянулись к русской культуре, в которой сформировали свои новые ориентации.

Здесь можно говорить об особой идентичности корейского населения в Казахстане, отличающейся от идентичности корейцев, проживающих в Корее. Этот феномен есть результат многолетнего совместного проживания корейцев с другими этносами, культурного обмена между ними и межэтнических браков. Они выросли здесь, им более понятны и близки культура, в которой воспитывались и живут, нежели Кореи.

Задача искусства изменить сознание корейцев, которые глубоко укоренилось в иной среде. Хотя это задача очень трудная, даже не возможная, но деятели искусства прилагают большие усилия, чтоб привить к родному и национальному.

За большие творческие успехи в 1982 г. Республиканский академический корейский театр музыкальной комедии в Советском Союзе был награжден орденом «Знак почёта», а в независимом 2017 году высокое звание «академический».

Мероприятие в Корейском театре на праздник Соль

Сольналь (сэри) в Казахстане. Сольнал, Новый год по

Лунному календарю отмечают народы Восточной Азии, активно корейцы Казахстана начали отмечать после получения независимости. Возрождение этого праздника связано с Ренессансом национальной культуры, установлением дипломатических отношений с корейскими государствами, организационной деятельностью корейских общественных организаций. В связи с этим, праздник вышел из семейного круга в общественно-значимое торжественное мероприятие. Его празднуют все филиалы Ассоциации корейцев Казахстана в областных центрах, а также корейские культурные центры, в иных местах относительно компактного расселения корейцев.

Сценарий празднования, при определенных вариациях, уже устоялся и стандартизировался. Снимается в аренду здание либо театр, либо большой ресторан. Билеты продаются заранее через культурные центры. Перед началом в фойе организуется продажа корейских сувениров, выставки, проводятся викторины, розыгрыши, организуются игры для детей и взрослых.

Затем всех приглашают в зал, если это театр показывают концерт, подготовленный местными любителями самодеятельного искусства, иногда приглашают артистов Корейского театра, местных и зарубежных звезд эстрады. На празднование в столичном фестивале и Алматы обязательно приглашаются представители местной власти, лидеры национальных культурных центров, южнокорейские дипломаты и бизнесмены. Если празднование проходит в ресторане, то концерт совмещается с застольем. Зачастую перед концертом может проводиться небольшая официальная часть, когда даются слова для поздравлений, отмечаются наиболее отличившиеся представители корейской диаспоры и вручаются дипломы, благодарности и подарки.

Областные, городские корейские культурные центры проводят этот национальный праздник на высоком организационном и творческом уровне. Празднование насыщен различными концертными, игровыми и шуточными программами, чтобы этот Новый год запомнился всем надолго. Этот праздник отмечают совместно с гражданами из Республики Корея, для которых сольнал наполнен несколько иным смыслом и содержанием. Он празднуется ими как на родине, оставаясь в основном в рамках семьи, без такого коллективного официального торжества, как у казахстанских корейцев. Опросы общественного мнения свидетельствуют, что 93% населения предпочитает отмечать традиционный Лунный Новый год, а не его европейский аналог.

Новым явлением у корейцев стало празднование весеннего праздника «Тано», который возродился после получения независимости страны. Приведём пример, как проводили праздникв Капшагае, недалеко от Алматы. На базе отдыха «Тау самалы» на берегу Капчагайского водохранилища. Собрались люди разных возрастов, разных национальностей примерно 450 человек. Приехали 40 студентов из Южной Кореи во главе с директором Центра Просвещения. Большой интерес к данному мероприятию проявил отдел внутренней политики акимата города Капчагая. Принимал участие Алматинский корейский национальный центр вместе с коллективами народного хора «Родина» и «Пидангиль», танцевального ансамбля «Намсон» и другими творческими коллективами.

Праздник Тано

Танцевальный ансамбль «Намсон» продемонстрировал великолепие корейского танца. Бурными аплодисментами были встречены виртуозные самульнористы – корейские барабанщики, которые уже не в первый раз радуют капчагайцев своими зажигательными выступлениями. Группа «Экстрим» с большим мастерством продемонстрировала искусство современного танца. Порадовал детей кукольный театр Сергея Сон. На праздник из Алматы приехал Николай Ге, председатель общества «Тонгнип» - это общество борцов за независимость Кореи.

Учитель из Кореи Джи Дже Чон исполнил музыкальное произведение на национальном корейском инструменте тансо–корейской свирели, нежные звуки которой напомнили всем об исторической Родине. В программе праздника были национальные игры, уроки народных ремесел, демонстрация обычаев и традиций.

Праздник «Тано» проведен в Капчагае впервые и большая заслуга принадлежит председателю корейского этнокультурного объединения города Галине Ким. Ей помогли многие активисты-корейцы и представители других национальностей. К примеру, сценарий праздника взяла на себя Алла Зворыгина – режиссер театральной студии детской школы искусств «Меруерт».

Такой же праздник провели в городе Актюбинске, там успешно существует танцевальный Ансамбль Актюбинского филиала ассоциации корейцев Казахстана «Чинсон». После фестиваля корейского искусства в 1992 году в Уштобе возникло желание создать танцевальную группу в Актюбинске. В итоге после большой подготовительной работы по набору и обучению девушек корейским танцам состоялось первое выступление на Новый 1995 год по Лунному календарю. Первый танец был исполнен под самую популярную и известную корейскую народную песню «Ариран». В первом составе танцевальной группы были Кан Асель, Ким Надежда, Ким Элина, Ким Вилена, Ольховская Антонина и Когай Ирина.

В 1990-х годах ансамбль три раза побывал в Алматы на фестивалях корейского искусства. Основу репертуара ансамбля составляли традиционные корейские танцы. С самого начала образования ансамбль активно участвовал в проведении различных областных и городских культурных программ. Он выезжал с концертом в Оренбург, где в 2003 году проходили Дни Казахстана в России, в Алматы на фестивали корейского искусства (1995, 1997, 1999 гг.), в Омск на фестиваль приграничных территорий (2008 год), а также в районные центры на фестивали, конкурсы и концерты. Зрители всегда с большим интересом встречали выступления ансамбля.

Концерт ансамбля «Чинсон»

С 2000 года ансамбль «Чинсон» успешно участвует во всех областных фестивалях «Дружба народов», которые вот уже 16 лет подряд организует Малая Ассамблея народа Казахстана Актюбинской области. Выступления коллектива украшают все крупные мероприятия и праздники корейской диаспоры, внося свой весомый вклад в возрождении и развитии национальной культуры.

В начале двухтысячных годов с помощью спонсоров культурного центра «Родем» у ансамбля появились костюмы, корейские барабаны, веера, привезенные из Кореи. Репертуар значительно расширился, самыми популярным и любимым номером оставался танец с веерами – «Пучечум». В разное время в течение многих лет он открывал программу наших многочисленных мероприятий, семейных праздников и фестивалей.

За прошедшее время состав ансамбля менялся много раз, несколько десятки артистов участвовали на фестивалях, представляли корейский центр. За плодотворную и активную деятельность ансамблю «Чинсон» в 2008 году была присвоено звание «Народный». Ансамбль является лауреатом международных, республиканских, областных фестивалей и конкурсов. Художественным руководителем является Ажгалиева Галина Леонидовна

В 2012 году компания «Рокос» оказала спонсорскую помощь в приобретении костюмов, музыкальных инструментов и национальной атрибутики, что позволило пополнить репертуар новыми номерами. Так появились танец с веерами «Торади», танец с ножами «Кхальчум», танец с барабанами «Сого», танец с рукавами «Ноктюрн», «Дано», композиция «Народный праздник», композиция «Сетарен», танец «Дракон и Девушка», танец «Пидульги». Нынешний состав ансамбля интернациональный, в нем принимают участие казашки, кореянки, русские, это Маханалина Гульхан, Жетенова Асель, Тегисбаева Дана, Умбетова Асель, Де Элина, Кинжембетова Таншолпан, Петрова Людмила, Мулдашева Аина, Булекенова Айжан, Ли

Екатерина, Ним Алена и Ли Диана.

В течение 2014 года ансамбль «Чинсон» четыре раза принимал участие в благотворительных концертах для людей с ограниченными возможностями. Летом 2009 года в сельском клубе п. Бугетсай, где проживают много корейцев был дан концерт. Местные жители с большим вниманием и участием просмотрели программу. Еще дважды ансамбль выступал на сцене Бугетсая в 2011–2012 годах (во второй раз с группой из Южной Кореи). Коллектив ансамбля «Чинсон» всегда находил поддержку Цхая Константина Валентиновича, который с 1998 года по настоящее время является председателем Актюбинского филиала Ассоциации корейцев Казахстана.

Литература корейцев. В Корее издревле культурный уровень человека определялся по уровню владения литературой, более того по литературным знаниям судили способен ли человек к государственной службе.

У корейцев среднего и молодого поколения уникальной особенностью является то, что все они являются рескоязычными, то есть творят и мыслят по-русски. При Советском Союзе возможности не было обучатся на родном корейском языке, а также длительной потери связи с исторической родиной, литераторы и писатели свои творческие произведения излагали на русском языке. Тем не менее, творения корейских поэтов и писателей пользуются популярностью среди читательской аудитории. Об этом говорят их участие на республиканских и международных конференциях и симпозиумах, а также престижные награды и признание литературной общественности.

Ярким примером является творческие произведения среднего поколения Ким Анатолия Андреевича, Ян Вон Сика, Мен Дон Ука, Хан Дина, из молодых можно выделить Кан Генриетту, Пак Михаила, Кан Александра, Ли Станислава и др.

Первая книга Ким Анатолия «Голубой остров», написанная в 1976 г. была посвящена людям, которые живут и трудятся на земле и от этой темы автор никогда не отрывался. Затем его книги Четыре исповеди, Соловьиное эхо, Поклон одуванчику, Луковое поле, Вкус терна на рассвете, Забытая станция, Прогулка по городу, Рассказы отца, Плач кукушки и мн. др. работы принесли мировую славу автору. По романам, повестям и рассказам многонациональная читательская аудитория могла узнать истинную жизнь корейской диаспоры всего Союза. Казахстанские читатели благодарны ему за новый перевод романа М. Ауэзова «Абай».

Пак Михаил, родился в 1949 г., член Союза писателей СССР и Казахстана, член Союза художников России. Творческую деятельность начинал в Казахстане, здесь он состоялся, как профессиональный инженер человеческих душ, в настоящее время он продолжает свою творческую деятельность в Москве и Республике Корея. В Алматы он являлся Председателем Ассоциации корейских писателей Казахстана (1991-1996), работал литературным сотрудником газеты «Корё Ильбо». Им опубликовано 8 книг, которые переводились на казахский и корейский языки. По его пьесам «Пока не рассеется туман» и «Пусть приснится тебе полет стрекозы» поставлены на сцене Республиканского государственного академического корейского театра музыкальной комедии.

Он лауреат многочисленных премии: журнала «Korean Expatriate Literature», корейского Пен-Клуба, им. В. Катаева, им. Куприна «Гранатовый браслнт» и лауреат Государственной телерадиокомпании KBS (Южная Корея), Союза писателей Республики Корея. Персональные выставки проводились в Сеуле, Иксане, Москве, Париже и Алматы и др. городах. За высокие творческие заслуги награжден Почетной грамотой Министерства регионального развития России.

Кан Александр, писатель-прозаик, член Союза писателей России, родился в 1960 г. в Пхеньяне. В 1983 г. окончил Московский институт электронной техники, а в 1987 г. Литературный институт в Москве, там же в 1995 г. аспирантуру. Автор книг и сборников рассказов за 1993-2015 гг. «Век семьи», «Сны не рожденных», «Костюмер», «Невидимый остров», «Происхождение призрака», «Обретенный шаман», «Треугольная земля», «Книга белого дня», «Голем убивающей луны», «Родина». Ему принадлежат ряд философских работ о маргинальном сознании советских корейцев и проблемах этнического экзистенциализма. Он победитель международных конкурсов прозы, эссе и драматургии в Москве, Берлине, Сеуле, Аин-Арбор, Беркли. Его произведения переведены на английский, немецкий, французский, шведский и корейский языки.

Кан Генриетта Максимовна (1943-1994), член Союза писателей СССР, родилась в Уштобе, в 1967 г. окончила факультет журналистики КазНУ им аль-Фараби. Работала в системе казрадиовещания, вела детские передачи. Сотрудничала с корейской газеты «Дружные ребята». Автор книг для детей «Подарки Ромбома», «Озорные приключения», «Ищу медвежью песенку», «В городе яблок». В Республиканском академическом государственном театре музыкальной комедии поставлены две пьесы «Здравствуй, брат Женьшень» (музыкальная сказка по мотивам корейского фольклора) и «Не цветет вишня осенью» (бытовая мелодрама). Одна из авторов коллективного сборника прозы советских корейских писателей «Страницы лунного календаря» в 1990 г.

Ли Станислав, поэт, родился 1959 г. в Астане, окончил

Алма-Атинский филиал Джамбулского технологического института лёгкой и пищевой промышленности. Автор поэтических сборников «Гряда» и «Редких звезд желтизна среди пепел». На корейском языке издано «Пригоршня света», «Вспоминая поселок МОПР». Работает над переводами древней, средневековой и современной корейской поэзии на русский язык. В его переводе вышла книга «И черный журавль спускался с небес» современного корейского поэта Ко Ына. Лауреат премии «Ариран», победитель Международного поэтического конкурса «Золотое перо России» в Москве, участник Международной конференции «Литература и художественный перевод» и Всемирного фестиваля поэзии.

Важную роль в развитии корейской литературы сыграла корейская секция при Союзе писателей Казахстана, созданная в 1962 году. Ее возглавляли в разные годы Ким Дюн, Мен Дон Ук, Хан Дин, Михаил Пак, Ян Вон Сик. «За прошедшие проживания в Центральной Азии корейскими литераторами удалось опубликовать всего 18 книг. Истины слова писателя Михаила Пак: «Наверно, не столь важно, на каком языке говорит художник. Если им овладевает потребность выразить нечто, он берется за перо и говорит тем языком, который знает». Новым веянием настоящего периода стало издание произведений корейских авторов Центральной Азии за рубежом и, в первую очередь, на исторической Родине. Уже на рубеже веков исследователи из Западной Германии, Финляндии, Соединенных Штатов Америки и Южной Кореи включили в свои книги избранную лирику советских корейских поэтов. Начиная с середины 1990-х годов в Сеуле вышли на корейском языке книги Анатолия Кима, Хан Дина, Ян Вон Сика, Михаила Пака, Станислава Ли и др.

Корейцы в образовании. В течение многих веков справедливо считалось и считается до сих пор, что корейцы придают большое значение образованию. То глубокое уважение, с которым относятся к учителю, они выразили в своем изречении: «Не наступай даже на тень своего учителя». Именно поэтому долгое время обучение строится на этом принципе. И хотя в системе образования, как и в других сферах общественной жизни происходили время от времени изменения, тем не менее, многие старые традиции сохранились.

За прошедшие десятилетия мы много добились и многого восприняли и научились от других. А добились многого в области образования. Если обратимся в те далёкие времена 1937 г., когда казахская земля приняла нас обездоленных и бедных, малограмотных и боязливых, не знали ни языка, ни обычаев местного населения. Думали ли тогда мои дед и отец, что пройдёт несколько десятилетий и корейцы станут нацией сплошной грамотности. В то время у них была одна корейская мечта – выжить, выжить ради своих детей и внуков. Много горя принесла корейцам первого поколения, затем корейская мечта была дать хорошее образование детям и быть наравне со всеми. Эту корейскую мечту осуществляли второе и третье поколение. Такое отношение к культе знаний у корейцев передается из поколения в поколение.

Эта традиция во многом, предопределяющих жизнестойкость нации является своеобразный неписанный закон культ знания, он взращивался и утверждался веками, стал корейской национальной чертой. Несмотря на неимоверные испытания, выпавших на долю насильственно депортированных сталинским режимом, переселенцы с первых дней пребывания на казахской земле старались дать детям высшее образование.

За эти десятилетия они стали этносом сплошной грамотности. По данным статистическим ЦСУ, корейцы по численности составляют в стране 110 тысяч или 0,6%, занимают девятое место по количеству населения. Несмотря на столь незначительную долю, они оказывают заметное влияние во все стороны общественной жизни. Как и представители других нации и этносов, в полной мере пользуются правами, предоставленными Конституцией Казахстана. Они успешно реализуют свой гражданский потенциал. По уровню образования корейцы занимают ведущее место в сравнительном рейтинге этносов, проживающих в Казахстане. При этом корейская интеллигенция сыграла и продолжает играть заметную роль в казахстанском образовании. Многие представители среднего поколения успешно продолжают трудиться в университетах страны, занимая руководящие должности деканов, заведующих кафедрами и лабораториями и профессоров.

По статистике «численность корейцев, имеющих высшее образование, более чем вдвое превышает средний республиканский уровень. Если на 1000 человек населения Казахстана в возрасте 15 лет и старше число, имеющих высшее образование составляет 126 человек, то среди корейцев этот показатель составляет 262 (по данным переписи населения в 1999 г.). Численность имеющих ученой степени доктора и кандидата наук превышает 500 человек, или 5 человек на одну тысячу корейцев, что само по себе является хорошим показателем даже на мировом уровне».

При этом необходимо учесть, что до 1953 г. времени реабилитации корейских переселенцев с Дальнего Востока процесс поступления молодёжи в университеты был ограниченным в связи с запретом передвижения по территории СССР. Первое поколение корейцев, чье становление в казахстанском обществе пришлось на военные и послевоенные годы, сумело занять достойное место в его структуре. Именно они своим упорным и героическим трудом заложили фундамент всего, что имеют корейцы на сегодняшний день. В то трудное и жестокое время им присваивало высокое звание Героя Социалистического труда, своим примером они доказывали будущему поколению, что только знанием и трудом можно добиться приоритетного статуса в многонациональном обществе.

Огромную роль в развитии образования для советских корейцев сыграл, открытый в 1934 г. во Владивостоке Дальневосточный Государственный корейский педагогический институт, который впоследствии был депортирован в Кызыл-орду. В Казахстане он назывался Кзыл-ординский Корейский педагогический институт им. Н.В. Гоголя, преподавание велось на корейском и русском языках. Впоследствии занятия на корейском языке прекратились, но основу знания корейского языка было заложено. С тех пор молодые корейцы стали обучатся только на русском языке, стали русскоязычным этносом. В то время знание русского языка для корейцев стало престижностью, так как владение корейским не давал карьерного роста и статусного положения в обществе.

Если взглянуть историю образования корейцев в советский и современный период, то можно обнаружить, что первые корейские педагоги делали всё, чтобы привить корейцам родной язык. Одним из первопроходцев является Ни Павел Филиппович – заместитель (ныне проректор) директора Корейского педагогического института, автор нескольких учебных пособий по корейскому языку, переводил учебники с русского на корейский. Он родился в 1896 г. в Приморском крае. В 1915 г. окончил в Омске учительскую семинарию, в 1918 г. учительский институт. После окончания института работал учителем сельской школы во Владивостоке. С 1923 г. губернский уполномоченный по просвещению по корейским школам, заведующий учебной частью Корейского педагогического техникума в г. Никольск-Уссурийске. С 1929 г. аспирант Ленинградского педагогического института им. А.И. Герцена, в 1934 г. первым среди корейцев защитил кандидатскую диссертацию по педагогике и утверждён ученым звании доцент.

С 1933 г. заместитель директора Дальневосточного Корейского педагогического института во Владивостоке. После переезда в Кзыл-орду зам. директора, декан факультета естествознания, зав. кафедрой химии. С 1946-1966 гг. работал доцентом, зав. кафедрой химии, деканом факультета естествознания КазПИ им. Абая. Дети и внуки пошли по стопам отца, его сын Ни Леонид Павлович д.т.н., профессор, академик НАН РК один из ведущих ученых

Казахстана, внук Ни Александр Леонидович д. ф-м наук, профессор, окончил в Москве МФТИ. Здесь подробно описаны образовательный процесс одной корейской семьи Ни, показал каким старанием корейцы завоевывали столь необходимое знание.

Первой кореянкой, защитившей в 1954 году кандидатскую диссертацию по филологии на тему: «Традиции реализма в корейской классической литературе» была Тэн Анна Николаевна, впоследствии ставшая доктором филологических наук, профессором Карагандинского университета.

В сфере подготовки кадров высшей категории для народного хозяйства огромную роль сыграли доктора наук, профессора Кан Георгиий Васильевич, Лигай Мария Алексеевна, Ли Николай Николаевич, Ли Владимир Александрович, Ли Сергей Васильевич, Мен Дмитрий Вольбонович, Ким Владимир Александрович, Ким Алла Михайловна, Хан Наталья Николаевна, Ким Наталья Павловна, Ли Татьяна Владимировна и мн. др.

Профессорско-преподаватеьский состав Кафедры корееведения(КазНУ им.аль-Фараби)

После развала Советского Союза между Казахстаном и Республикой Корея завязались международные дипломатические отношения в области экономики, политики и гуманитарии. Стране появилось в необходимости специалистов со знанием корейского языка.

В конце 1980-начале 1990-х гг. в ряде вузов Казахстана стали преподавать корейский язык, что положило начало созданию отделений и кафедр. В Казахстане специалистов со знанием корейского языка готовят на факультете востоковедения КазНУ им. аль-Фараби(КазНУ), Кзыл-

Ординском Государственном университете, Талды-Курганском университете, Восточно-казахстанском техническом университете, в Казахском государственном университете международных отношений и мировых языков, Университете мировой журналистики, Академии КНБ, Казахской государственной академии управления. В ряде вузов и на отдельных факультетах корейский язык преподается в качестве второго иностранного языка. Подготовка специалистов корейского языка проходит в Казахстане, затем студенты проходят стажировку на 1-2 семестра в университетах Республике Корея. На сегодняшний день сотни студентов корейских отделений проходят языковое обучение и практику в Республике Корея.

Проф.Мен Д. со студентами на занятии

В настоящее время профессорско-преподавательский состав пополняется выпускниками корейских отделений университетов. Ежегодно растет число молодых преподавателей с научными степенями магистра, кандидата наук и докторами философии PhD. На корейских отделениях также работают приглашённые профессора из Республики Корея.

Преподаватели корейского языка самостоятельно творчески выпускают учебные пособия по корееведению. Помощь Республики Корея, правительственных фондов, посольств Республики Корея и других государственных учреждений сыграла решающую роль в улучшении материально-технической базы преподавания корейского языка. В качестве спонсорской помощи они обеспечивают учебные аудитории компьютерами, аудио-визуальной аппаратурой, оргтехникой и учебными материалами.

Связи корейских отделений с корейскими университетами с каждым годом нарастает. Студенты из Кореи также приезжают на стажировку в Казахстан для пополнения знания русского и казахского языков.

Благодаря системе образовательных грантов Республики Корея в последнее время интерес к изучению корейского языка среди молодежи вырос, так как хорошее знание дает возможность получить хорошо оплачиваемую работу. Большую полезную и образовательную работу проводит

Алматинский корейский центр просвещения.

Корейцы в спорте. Участие корейцев в международных и республиканских спортивных состязаниях тесно связано с большим вниманием со стороны государства здоровью нации. В истории развития спорта Казахстана также отмечены активным участием корейцев.

Из национальных видов спорта в Казахстане наиболее активно развивается восточное единоборство тэквандо, которое зародилось в Корее еще в первом веке. В 1973 году была создана Всемирная Федерация Тэквандо, которая имеет филиалы в более чем 200 странах и объединяет в своих рядах около 25 миллионов спортсменов.

В Казахстане тэквандо занимается более 11 тысяч спортсменов, из них 85% дети. Новый импульс развития этот вид спорта получил после того, как в 2013 году Федерацию тэквандо Казахстана возглавил известный бизнесмен Вячеслав Ким. Для тренерской работы приглашены известные специалисты из Южной Кореи и Франции. Организована кафедра тэквандо при Казахской Академии спорта и туризма, которую возглавляет Кан Светлана Олеговна – в прошлом чемпионка Казахстана, призер чемпионата мира по тэквандо (Пхеньян, 1992).

В развитие восточных боевых техник в Казахстане внес большой вклад Федор Тельманович Хван - заслуженный тренер РК. Бесспорно, самой титулованной из казахстанских спортсменов является Нелли Владимировна Ким - пятикратная олимпийская чемпионка, пятикратная чемпионка мира, заслуженный мастер спорта СССР. Она стала первой гимнасткой в истории Олимпийских игр, которая получила высшие оценки 10 баллов за вольные упражнения и опорный прыжок. Всемирной известностью пользуется Денис Юрьевич Тен – заслуженный мастер спорта РК, бронзовый призер Олимпийских игр 2014 года по фигурному катанию, серебряный и бронзовый призер чемпионатов мира, чемпион Зимних Азиатских игр, пятикратный чемпион Казахстана.

Заметный вклад внесли тренеры корейцы в наиболее популярные и успешные в стране виды спорта бокс, борьбу и тяжелую атлетику. Выдающийся вклад в развитие казахстанского бокса внес Цхай Юрий Андреевич - заслуженный тренер СССР и КазССР. В течение многих лет он возглавлял сборную Казахстана по боксу, был тренером сборной СССР и Республики Корея. В становлении и развитии бокса в стране также активно участвовали Цой Феликс Тихонович - заслуженный тренер КазССР, работал тренером сборной РК по боксу. Ким Антон Григорьевич – заслуженный тренер РК, тренер высшей категории по боксу, участвовал в подготовке сборной Казахстана к Олимпийским играм и другим международным соревнованиям. Наталья Цой была признана лучшим рефери чемпионата мира по боксу среди женщин, является чемпионкой Казахстана и первым мастером спорта по боксу среди женщин.

Заслуженным авторитетом в мире пользуется казахстанская школа борьбы, которая подготовила немало олимпийских чемпионов и чемпионов мира. За этими достижениями стоит многолетний труд отечественных тренеров, из числа которых можно особо выделить Виктора Анатольевича Юна – заслуженного тренера РК по греко-римской борьбе. Одним из учеников В. А. Юна является известный в области бизнесмен, мастер спорта РК Павел Ким - президент Кызылординского филиала федерации греко-римской, вольной и женской борьбы РК, который активно способствует развитию спорта в регионе.

Следует отметить, что Кзыл-Ординская область имеет давние славные традиции в спорте, связанные с именами представителей разных национальностей, в том числе и корейцев Ким Юрия Федоровича – много лет руководившего работой спорткомитета области, Ким Вячеслава Ченабовича заслуженного тренера РК по гандболу, Пак Вилория Викторовича заслуженного тренера РК по тяжелой атлетике и др. В области спортивного самбо и дзю-до велики заслуги Пак Владимира Ильича заслуженного тренера РК.

Значительный вклад внесен корейцами в развитие тяжелой атлетики. Одним из основателей этого вида спорта в Казахстане является Ким Михаил Васильевич, который был чемпионом РК по тяжелой атлетике. Огромны заслуги в этом виде спорта Алексея Геннадьевича Ни, заслуженного тренера РК, главного тренера сборной Казахстана, Виктора Геннадьевича Ни, Заслуженного тренера РК. старшего тренера женской сборной РК, Вилория Викторовича Пак, заслуженного тренера РК.

В 2016 г. на Олимпийсках играх в Рио-де-Жанейро, несмотря на отсутствие ряда ведущих спортсменов, было завоевано 5 медалей: 1 золотая, 1 серебряная и 3 бронзовых. В подготовке отечественных тяжелоатлетов использовались новые технологии, разработанные Ге Николаем Денисовичем, получившие мировое признание в России, Испании и Великобритании.

Особо следует отметить выдающиеся заслуги в спорте Хван Мая Унденовича – сына известного борца за независимость Кореи Хван Ундена. М.У. Хван является первым в Казахстане заслуженным тренером СССР. Представителями корейского этноса внесли также весомый вклад в развитие и других спортивных дисциплин: альпинизм Антонина Сон, футбол Чен Ир Сон, фехтование Огай Николай Александрович, плавание Михаил Иванович Шегай и др. Наиболее ярким представителем молодого поколения среди казахстанских спортсменов является всемирно известный боксер с корейскими корнями Геннадий Геннадьевич Головкин многократный чемпион мира по боксу среди профессионалов среднего веса.

В целом корейцы в области спорта получили 17 человек звания заслуженного тренера СССР и КазССР, 3 – заслуженного мастера спорта СССР , 21 – мастер спорта СССР и КазССР.

4. Роль в СМИ корейцев

Современные процессы, происходящие в корейской диаспоре, когда 95 процентов стали русскоязычными, корейский язык выполняет роль иностранного. К сожалению, средства массовой информации (СМИ) передаётся на русском языке, так как читателей на корейском языке со временем становится всё меньше и меньше.

Предшественники современной газеты «Корё Ильбо». Первая газета, появившая в 1923 г. в Советском Союзе для корейских читателей была «Сонбон» (Авангард), затем в 1931 г. переименовали на «Ленин Кичи» (Ленинское знамя). «Корё Ильбо» освещает события, происходящие в жизни корейской диаспоры не только в Казахстане, но и во всём пространстве СНГ. В 2018 г. газета отметит 95-летний существования, за эти исторические годы она пережила на своем пути много событий: меняла место своей дислокации, пережила финансовый кризис, сокращались штаты

КОРЁ ИЛЬБО

고려일보

КАЗАХСТАН ХАЛҚЫ АССАМБЛЕЯСЫ
АССАМБЛЕЯ НАРОДА КАЗАХСТАНА

1-2 (1233-1234) 14 января 2011 года
Республиканская корейская газета • Издаётся с 1923 г. • Выходит один раз в неделю.
ЧЕРЕЗ САМОБЫТНОСТЬ К ЕДИНСТВУ

атр –
ациональное
достояние?

стр.4

спить из
стоков
удрости

стр. 6

심으로 감사드립니다...»

йна напитка
бсолютной
рмонии

стр.9

стр.11

От имени пяти миллионов казахстанцев

Инициативная группа по проведению референдума по продлению полномочий Президента Нурсултана Назарбаева до 2020 года выступила 12 января с открытым обращением к президенту и парламенту РК.

Обращаясь к главе государства, инициаторы проведения плебисцита отметили, что им удалось собрать подписи более пяти миллионов казахстанцев, а это 55% избирателей. Как отметил председатель инициативной группы по проведению референдума Ерлан Сыдыков, такой результат свидетельствует о поддержке проводимого Н.А. Назарбаевым политического курса.

«В соответствии с Конституцией Республики, единственным источником власти является народ, и он по праву считает Вас Лидером, способным в ближайшее десятилетие вывести страну в число развитых государств мира с высоким уровнем жизни граждан», – гласит обращение на русском языке сенатор Анатолий Башмаков.

В своем обращении инициативная группа перечислила все заслуги действующего президента Казахстана и еще раз попросила его дать свое согласие на проведение референдума. Также было зачитано и обращение к парламенту.

«От имени более пяти миллионов казахстанцев, поддержавших идею референдума, просим Вас вынести на рассмотрение совместного заседания па-

NATIONAL PRESS CLUB

лат парламента вопрос «О внесении изменений в Конституцию Республики Казахстан положения, предусматривающего возможность продления на республиканском референдуме полномочий Первого Президента Республики Казахстан - Лидера нации до 2020 года», сказано в обращении.

Депутаты обеих палат пар-

дамента, входящие в инициативную группу, отвечая на вопросы о соответствии Конституции, заметили, что все делается по закону. Они прокомментировали третью статью основного закона, где говорится о волеизъявлении граждан путем референдума и выборов, где плебисцит значится в тексте первым.

Денис Тен:
«Предложение выступать за другую страну звучит для меня как оскорбление»

8-ой по силе фигурист планеты считает за честь представлять на соревнованиях Казахстан

Вячеслав Плошай

В новогоднем выпуске «Коре ильбо» мы анонсировали интервью с гордостью казахстанского спорта, юным дарованием фигурного катания, мастером спорта международного класса Денисом Теном. В беседе 17-летний спортсмен поведал читателям «Коре ильбо» о том, как идет подготовка к спортивному событию №1 – приближающимся VII зимним Азиатским играм в Казахстане, о своих личных пристрастиях и увлечениях, а также о планах на будущее.

– Денис, расскажи, как ты готовишься к предстоящим соревнованиям?

– Каждый день я тренируюсь только с мыслями о зимней Азиаде, все мои воли направлены сейчас на то, чтобы успешно выступить на Родине. Мой наставник Френк Кэролл разработал подробный план трениро-

вок и моя задача в данном случае – тщательно исполнять все его требования.

– А с какой программой ты выступишь на Азиаде?

– Спортивная часть программы довольно сложна. Она разработана всемирно известным фигуристом

Стефаном Ламбьелем. В этой части я буду кататься под танго автора Пьяццолла «Весна в Буэнос-Айресе». Работать с ним было для меня большой честью. Произвольная программа разработана известнейшим тренером и хореографом из Канады Лори Николь. В ней я буду выступать

под классическую музыку Френча Листа «Пляски смерти».

– Мне показалось, или у тебя уже есть легкий американский акцент?

– Я общаюсь с тренером английском языке, видимо уже начало давать отпечаток (улыбается).

– Какое событие 2010 года тебе запомнилось больше всего?

– Однозначно – зимние Олимпийские игры в Ванкувере. До этого я даже не представлял себе, что бывают соревнования такого масштаба. Да и Чемпионат мира по фигурному катанию не сравнить с Олимпийскими играми. Там я приобрел неоценимый опыт.

– Сейчас твоим наставником является американский тренер Френк Кэролл. Нравится тебе твой новый тренер? Комфортно ли ты чувствуешь себя в США?

(Окончание на стр.

Вид «Корё Ильбо»

сотрудников, ненадолго задерживались редакторы.

80-летие создания газеты «Сенбон»-«Ленин Кичи»-«Корё Ильбо»

Несмотря на все эти невзгоды, газета выстояла при помощи государства и АКК. Она продолжает свою нужную патриотическую деятельность. С 1991 года «Корё Ильбо» издаётся на корейском и русском языках, тем самым увеличил читательскую аудиторию. В газете читатель узнаёт последние события и новости, происходящие в корейской диаспоре, даются объявления и рекламируются новые товары и пр.

Сотрудники «Корё Ильбо»

С «Корё Ильбо» активно сотрудничают известные писатели, журналисты, ученые, а также простые граждане, которые пишут о проблемах своей деятельности, успехах в труде, о проведении официальных и праздничных мероприятий и мн.др. Выполняет роль рупора для сохранения национальной культуры и языка.

Радиовещание на корейском языке. История корейского радиовещания Казахстана в советский и постсоветский период занимает особую страницу в развитии национальной культуры корейского народа.

Лишь в начале 50-х годов стало возможным создание корейского радио. Было получено разрешение на создание корейского радио в городе Кзыл-Орда. Корейцы Казахстана могли слушать передачи на родном языке ежедневно по 15 минут. Наряду с газетой «Ленин Кичи», радио в Кзыл-Орде в течение долгого времени являлось центром духовной культуры. Корейское радиовещание получило возможность продолжать свою работу усилиями работников старейшей газеты на корейском языке «Ленин Кичи». Так как в то время не было корейскоязычных профессиональных радиожурналистов, этим занимались работники газеты, артисты театра.

Основоположниками были Тен Чел Сон, Ли Гил Су, Ким Вон Бон, Дю Дон Ил и О Сук Хи. С 1972 по 1978 годы редакцию возглавлял заслуженный артист Казахской ССР Ли Гил Су. В течение долгого времени диктором корейского радио была О Сук Хи. Радиопередачи готовились людьми, имевшими артистический опыт, и поэтому, это благоприятно сказывалось на качестве подаваемого материала. Сохранение литературных норм языка, высокохудожественное прочтение материала являлось большим вкладом в развитии и возрождении родного языка.

Тематика передач, в основном, касалась жизни корейцев, проживавших в этом регионе. Как известно, Кзыл-ординская область являлась сельскохозяйственным регионом по выращиванию риса и поэтому главной темой передач являлось освещение труда работников сельского хозяйства.

В советский период приоритетным направлением в работе редакции было ознакомление с последними директивами партии и правительства.

Первой страной, начавших сотрудничество с редакцией вещания на корейском языке, стала Корейская Народно-Демократическая Республика. Это было в 1956 году, когда она оказана помощь Кзыл-ординскому радио. Тогда Пхеньянский Центральный Гостелерадиокомитет предоставил помощь в виде музыкальных фонограмм, радиопередач на корейском языке. Они звучали без изменений, вплоть до 1989 года и практически не обновлялись.

В соответствии духу времени, фонограммы, предоставленные КНДР, были полностью политизированы. Даже народные песни, несмотря на сохраненный без изменений мотив, подверглись текстовой аранжировке в духе коммунистических идей. Современный текст песен значительно отличался от первоначального. Теперь в этих песнях выражалась любовь к одному человеку, великому вождю, который сравнивался не иначе, как с солнцем.

Южнокорейские песни были строго запрещены, так как они, якобы, были навеяны "декадентством", тоской по Родине, что полностью противоречило духу строителя светлого будущего. Кассеты из Республики Кореи попадали в Казахстан нелегальным путем, их провозили туристы через третьи страны. Даже в 1988 году, после проведения Олимпийских Игр в Сеуле, когда Советский Союз узнал о существовании такой страны, как Республика Корея, отделом международных связей при Гостелерадио СССР, главному редактору корейского радио было отказано в просьбе о трансляции в эфире южнокорейских песен.

Сотрудники Радиопередачи Корёмаль

В 1979 году корейское радио в Кзыл-Орде было закрыто. Это связано, прежде всего, с тем, что корейская диаспора постепенно теряла свой язык, интерес к знанию истории собственного народа. Корейский язык, с каждым годом становился невостребованным. Во главу угла ставился русский язык, который предоставлял возможность получения высшего образования, а также профессионального роста. Корейское радио было не в силах решать эту проблему. Второй причиной закрытия радиовещания на корейском языке послужило отсутствие молодых квалифицированных кадров. После переезда в столицу корейского театра и редакции газеты стал вопрос об открытии республиканского вещания на корейском языке.

В 1982 году в отдел пропаганды и агитации ЦК КПК журналистом Цой Ен Гын было направлено письмо с просьбой о создании радиовещания на корейском языке. В 1983 году ветеран национального корейского движения Хван Ун Ден, председатель корейского культурного национального центра профессор, доктор биологических наук Хван М.В. и общественный деятель культурно-просветительского движения, Ким Гук Чен обратились с повторной просьбой в партийные организации.

Решающим фактором стало письмо, направленное лично руководителю Казахстана Д.А.Кунаеву. В 1984 году, на мартовском Пленуме ЦК Компартии Казахстана, Д.А.Кунаев официально разрешил открыть радиовещание на корейском языке. Государственный комитет по телевидению и радио положительно воспринял идею о создании новой редакции, предоставил помещение, выделил штат и аппаратуру. 16 мая 1984 года вышла первая 30-минутная передача. Впервые радио начало вести вещание на литературном (нормативном) языке и прозвучал голос диктора Ким Ок Не.

В то время объем вещания составлял 30 минут, передача выходила 2 раза в неделю. Основной целью работы радио было ознакомление слушателей с событиями, происходящими внутри страны и за рубежом, взаимоотношения двух Корей, освещение жизни корейцев в республике, а также вопросы истории, культуры и накопившихся проблем в жизни диаспоры. По проведенному в 1986 году локальному социологическому опросу слушают передачи регулярно - 40,26%, от случая к случаю - 34,41%, слушают редко - 25,32%.

Перемены в международной жизни позволили расширить диапазон связей в области сотрудничества корейского радио с органами радиовещания ближнего и дальнего зарубежья. В частности, после проведения Олимпийских Игр в Сеуле в 1988 г., стало возможным сотрудничество с Корпорацией телевидения и радио Республики Корея KBS. Оно началось в 1989 году. В 1990 году Гостелерадио Каз. ССР и Корпорация телевидения и радиовещания Республики Корея заключили соглашение о сотрудничестве в области телерадиовещания.

В 1994 году на международном конкурсе корейскоязычных журналистов "Сеул Прайз" корейское радио в Казахстане получил высокую оценку своей работы, а заведующий редакцией Цой Ен Гын удостоен звания "Журналист года".

С 1994 года по 2000 год руководством редакцией осуществлялось старейшим работником радио диктором с 30-летним стажем работы Ким Ок Не (Тамара Николаевна). В 1996 году, ей по Указу Президента Республики Корея Ким Ен Сам была вручена медаль "Мугунхва" за вклад в развитие национальной культуры.

В июле 1994 года корейское радио вошло в канал "Евразия" и начало вещание на дальнее и ближнее зарубежье. Это стало знаменательным событием в деятельности корейского радиовещания. Появилась возможность услышать казахстанское радио не только в Центральной Азии, России, но и в США, Японии, Китае, Корее. Объём вещания за рубеж составлял 20 минут четыре раза в неделю. Вещание по республике также составляло 20 минут четыре раза в неделю.

Интернациональный характер вещания республиканского радио (передачи идут на казахском, русском, уйгурском, немецком, английском языках) не мог не наложить свой отпечаток на общее направление передач корейского вещания. Готовились программы, посвященные праздникам того или иного народа, звучали народные песни. Зарубежный слушатель имел возможность ознакомится, какие народы проживают в Казахстане, какова их культура. В 1999 году вещание на зарубежные страны было прекращено.На современном этапе при редакции

«Достык» выходит 20 минутная передача на корейском языке один раз в неделю. Ее готовит журналист Ирина Сен.

Несмотря на трудности, корейское радиовещание выполняет поставленные перед ним задачи, главная из которых - это сохранение языка, традиций народа.

5. Религия и религиозные отношения корейцев

Казахстан не только многонациональное, но и многоконфессиональное государство. Наряду с мусульманам здесь живут православные, протестанты, буддисты и представители других мировых религии. Это серьёзный фактор, способствующий сохранению стабильной общественно-политической обстановки. В основе всех религии лежат практически одинаковые нравственные принципы – любовь к людям, порицание аморальности и прощение искренних заблуждений, терпимое отношение к инакомыслию. Иными словами, независимо от вероисповедания все верующие в республике стараются одинаково быть толерантными, нравственными и миролюбивыми.

Во времена всевластия воинствующего атеизма все религии находились под жестким контролем государства.

Поэтому постигая догматы своей веры, люди с состраданием смотрели на столь гонимую и ущемленную в правах паству других религий. Отсюда стремление поддержать ближнего своего, помочь ему пережить трудности.

У руководства страны сложились добрые, взаимные уважения отношения с высшими иерархами конфессии. Не отдавая предпочтения ни одному из них, стараются откликнутся на нужды и запросы всех верующих.

Религио́зные верования корё сарам. Атеизм советского периода положил конец традиционным верованиям, религиям и ритуальным практикам корейцев, таким как шаманизм, буддизм, конфуцианство и даосизм. Подданство российской империи кроме всего прочего предполагало принятие русского православия, единственной официально поддерживаемой властями конфессии. Корейцы сохранили до настоящих дней лишь ритуальную оболочку в конфуцианской обрядности похорон и поминовения усопших. Старшее поколение передавало молодому в основном механический опыт проведения церемоний, не углубляясь в их религиозно-семантическое содержание.

Вплоть до конца прошлого века некоторые корейцы, прежде чем принять важное решение о перемене места жительства, поступления детей в институт, женитьбы и замужества обращались к услугам прорицателей (паксу), которые по старым книгам, содержащим секреты геомантии, либо на бобах давали советы. Многие женщины-кореянки сами раскладывали на картах «хато» пасьянсы на исполнение желаний.

Активное миссионерство южнокорейских церквей привлекло часть корейской диаспоры в лоно христианства в основном протестантского направлении, однако численность обращенных в религию трудно поддается учету, ибо какой-либо официальной статистики не ведется, а пасторы не дают таких сведений. Попытку обосноваться в постсоветских странах осуществила в конце 1990-х годов муннистская церковь, но она успеха не имела. В последние годы в Алматы появились небольшая по численности вон-буддийская община. В целом же религия не имеет заметного влияния на жизнь корейцев в Казахстане.

Баптистские корейские миссии в Казахстане. Всемирный Баптистский Конгресс, проходивший в Южной Корее в августе 1990, послужил толчком для миссионерской работы корейских баптистов в Центральной Азии. Первым корейским миссионером в Казахстане стал Ким Донг Сун, положивший начало Алма-атинской баптистской церкви «Осанна». В настоящее время ее возглавляет Александр Хан, а церковь получила название «Алма-атинская центральная баптистская церковь». Эта конгрегация открыла 11 дочерних церквей, а также посылает миссионеров в другие города страны. Этнические корейцы сыграли важную роль в деле становления и развития корейских баптистских миссий.

Первые корейские миссионеры-баптисты стремились также к евангелизации местного не корейского населения русских, казахов и других этносов проживающих в республике.. Первопроходцем в этом деле стал Чу Мин Хо, который летом 1991 г. организовал Казахско-американский фестиваль культурного обмена, в котором приняли участие многие евангельские христианские организации и служения, в том числе «Сеним», привлекший к работе переводчиков, часть из которых впоследствии приняли христианскую веру Христа и составили основу для первой церкви для казахов. В конце 1992 г. в церкви было 29 членов - крещеных казахов. Вслед за этим, Чу выступил организатором «Фестиваля Корейской культуры», которые прошли в Москве, Бишкеке, Шымкенте и Алма-Ате 23 октября – 2 ноября 1991. Из Кореи на фестиваль приехало 22 человека, среди них корейские пасторы баптистских церквей, миссионер Международного миссионерского совета Южных баптистов США Билл Фадж, бизнесмены из баптистской церкви Йойда, а также врачи из баптистского госпиталя Пусан. Корейские баптистские миссионеры-первопроходцы подготовили базу для основания новых церквей через программу медицинской помощи, бизнес-конференции, музыкальные концерты, а также евангелизацию.

Чу Мин Хо, вместе со своими соратниками Ки Суп Шин, Ин Я Сео и Андрю Сонгом, присоединившимися к нему в 1992 г., основал 26 апреля 1996 г. церковь «Салем», состоящую из 50 членов. Эта церковь стала первой казахской церковью, основанной корейскими миссионерами в Казахстане. Церковь «Салем», объединявшая около 500 взрослых членов и 150 детей, в свою очередь основала 12 церквей, пять из которых не были официально зарегистрированы. Ею также создан некоммерческий Центр развития казахского лидерства. В рамках этого центра «Салем» имеет компьютерно-языковой центр, стоматологическую клинику, центр развития молодежных лидеров, а также реабилитационный центр для лечения алкоголизма и наркомании. В 1995 г. церковь отправила две семьи в Монголию и Китай в качестве постоянных миссионеров.

Вместе с расцветом миссионерского служения и ростом числа церквей и верующих, корейским миссионерам-баптистам потребовались помощники-лидеры из числа местного населения. Чтобы удовлетворить эту миссионерскую работу в 1996 г. корейские баптисты открыли Центрально-азиатскую баптистскую богословскую семинарию. В 2002 при поддержке южнокорейской баптистской церкви начался интенсивный курс богословского обучения для местных лидеров в Алматы. В 2006 г. эту семинарию окончили и вернулись для служения в свои церкви 116 местных лидеров. Кроме того, некоторые из них основали новые церкви в других странах.

В 2005 г. усилия корейских баптистских миссий привели к созданию 83 церквей в Казахстане, Кыргызстане и Узбекистане, которые объединили 6698 верующих, среди которых 2 187 являются крещеными членами церквей. В 2007 г. корейские миссионеры-баптисты основали 52 церкви в Казахстане, в которых было более 5 тысяч верующих, 2,5 тысячи из них были крещеными членами.

Успехи проповеди Евангелия в Казахстане и других странах Центральной Азии корейским миссионерам-баптистам помогал ряд различных факторов. Во-первых, корейцы и жители Центральной Азии обладают явным расовым и языковым сходством. Этнические корни корейцев находятся в группе монголо-алтайских народов, корейцы и казахи говорят на языках алтайской группы. Вследствие этого корейским миссионерам гораздо легче, чем их западным коллегам выучить языки центрально-азиатских народов. Корейская и казахская культуры обладая рядом сходств способствовали быстрому изучению языка и культурной адаптации, которые способствовали успеху корейских миссионеров в Казахстане.

Буддизм на территории Казахстана. Ранние формы буддизма, обнаруженные как в Западном, так и в Восточном Туркестане, помимо Китая, распространились на другие культуры стран Центральной Азии. Буддизм впервые попал в Тюркский каганат из Согдианы в форме хинаяны, которой, начиная с конца Кушанского периода (II-III вв. н.э.), были также присущи некоторые черты махаяны. Во время существования Северного и Западного каганатов среди тюрков преобладали махаянские монахи из района Турфан.

Буддизм на территорию современного Казахстана был занесён во времена великого шёлкового пути и джунгаро-казахских войн. Буддийские памятники обнаружены у городища Ак-Бешима и Красной Речки в Семиречье – Жетысу. Новые исследования показали, что буддизм имел распространение в Семиречье и после X-XI вв., когда здесь утвердился ислам. В середине XIII в. о буддийских храмах северо-восточного Жетысу сообщает Гийом де Рубрук.

Буддийские изделия, связанные с этой второй волной буддизма, были обнаружены и на городище Талгар, отождествленном со средневековым городом Тальхиром. Следующий, третий этап развития буддизма в Казахстане связан с приходом сюда джунгар, и их стремлением закрепиться на землях Казахстана. Калмыки строили в Казахстане храмы и монастыри. Это монастырь Аблайкит (Аблайкент) вблизи Усть-Каменогорска в предгорьях Калбинского хребта в Восточном Казахстане и Кызылкент в Кентских горах недалеко от Каркаралинска.

Строились буддийские монастыри и в Семиречье. Так, на карте Джунгарии, составленной в 1716-1733 гг., нанесено 58 буддистских храмов и монастырей. С буддизмом связаны также наскальные изображения Будды и тибетские надписи. Одно из наиболее известных изображений находится на правом берегу р. Или в Капчагайском ущелье и называется Тамгалы-Тас. Это место маркирует переправу через р. Или на Великом Шелковом пути. В долинах рек Или и Чу, расположенных восточнее или западнее озера Иссык-Куль, найдено множество наскальных буддийских надписей.

Как известно, после разгрома в 1758 г. Джунгарского ханства Цинской империей китайцы завоевали Восточный

Туркестан и заняли часть территории Старшего и Среднего жузов, в том числе и Жетысу. Часть калмыков китайцы использовали для охраны своих западных окраин. Им и принадлежали буддийские храмы и монастыри.

В 1863 г. вспыхнуло антикитайское восстание дунган, которое проходило под религиозным лозунгом борьбы за ислам. Вскоре восстание перекинулось в Джунгарию. Активное участие в нём приняли уйгуры Кульджинского края. В 1864 г. восстанием был охвачен весь Восточный Туркестан, были истреблены цинские гарнизоны, их крепости и поселения уничтожены, а вместе с ними разрушены буддийские храмы и монастыри. Одним из таких разрушенных монастырей был монастырь Сумбе. О нём в 1854 г. писал Ч. Ч. Валиханов. Остатки этого монастыря были обнаружены на правом берегу р. Сумбе, у подножия гор Шаартас Алматинской области, в 320 км восточнее г. Алматы.

Вон буддизм в Казахстане. В начале 20 в. мир вступил в новую эпоху кризисов, социальных потрясений и перемен. Корея после многовековой изоляции от внешнего мира утратила свою

Ир вон – символ вон буддизма

национальную независимость и в 1910 г. окончательно превратилась в японскую колонию. Именно в этот период в Корее зародилась новая религия – вон буддизм, которая позднее получит распространение далеко за ее пределами. Вон буддизм появился благодаря просветлению его основателя Пак Чун Бина, известного под другим именем – Содесан. (1891-1943 г.). Он создал доктрину и институциональную систему вон буддизма, основал штаб-квартиру вон буддизма в Иксане и общину вон буддистов. Иероглиф «вон» 圓 означает «круг» и символизирует окончательную реальность подлинной Природы. Таким образом, название «вон-буддизм» означает путь к просветлению в подлинной Природе.

Прихожане алматинской общины вон бульгё в основном являются этническими корейцы. Проповедник буддийского храма Ким Тэ Иль приехал в Казахстан в 1992 году по направлению штаб-квартиры вон буддистского ордена из Южной Кореи. Храм вон буддистов выстроен в Алматы. На то, что это храм, указывает изображение круга «ир вона» на фасаде здания. В 1994 г. в построенном храме имеется жилая и офисная часть, а также зал для богослужений. За год до этого была зарегистрирована сама вон буддийская община Алматы. Богослужение проводится на русском и корейском языках. Проходят они периодически по воскресным дням, иногда их сменяют медитации.

В настоящее время буддизм в Казахстане представляют такие буддийские школы и направления: школа Вон бульгё (Вон-буддизм); тибетский буддизм и дзэн-буддизма. В основном Вон-буддизм исповедуют немногочисленная группа корейской диаспоры, буряты и калмыки. В последнее время отмечается рост интереса к буддизму, как у казахов, так и у других этносов Казахстана.

Глава 3

Международные отношения между Казахстаном и Республикой Корея на современном этапе

1. Участие казахстанских корейцев в международной связи Казахстана и Республики Корея

Республика Корея была одной из первых из зарубежных государств, которая 30 декабря 1991 года признала суверенитет Казахстана. Через месяц 28 января 1992 года оба государства заключили Договор о дипломатических связях на уровне посольств. 30 июня 1993 года в Алма-Ате было открыто посольство Республики Корея, а 12 мая 1995 года

Указом Президента РК Н.А. Назарбаева посольство Республики Казахстан в Сеуле.

После закрепления дипломатических и политических связей наступило время динамичного развития двухсторонних экономических отношений и налаживания культурно-гуманитарного сотрудничества. В современных условиях, когда процессы глобализации делают мировое сообщество все более взаимосвязанным и взаимозависимым, задача укрепления политического, экономического и культурно-экономического сотрудничества между Республикой Казахстан и Республикой Корея приобретает все большую актуальность. С учетом возрастающего экономического значения стран АТР, углубление партнерского сотрудничества с Республикой Корея представляет для Казахстана большой интерес.

В своей политике Сеул и Нурсултан исходят из общих ценностей, базирующихся на принципах демократии и рыночной экономики. Практически по всем основным вопросам международных отношений, в том числе, касающихся области укрепления режима нераспространения ядерного оружия, борьбы с международным терроризмом и религиозным экстремизмом, урегулирования региональных конфликтов, наши страны занимают общие или близкие позиции. Казахстан выражает поддержку политике мира и процветания, осуществляемой Республикой Корея и направленной на укрепление мира на Корейском полуострове, а также поддерживает позицию в мирном урегулировании северокорейской ядерной проблемы путем диалога.

Значительную роль в развитии двусторонних отношений сыграли официальные визиты президентов Республики Корея в Казахстан Но Му Хена (2004 г.), Ли Мен Бака (2010 и 2011 гг.), Пак Гын Хе (2014 г.), а также Президента РК Н.А. Назарбаева в Сеул, где были обсуждены вопросы двустороннего сотрудничества и международные проблемы, в частности, касающиеся: расширения торгово-инвестиционного сотрудничества, совместного освоения энергоресурсов Каспия, активизации прямых связей между предприятиями малого и среднего бизнеса, создания совместных предприятий, специализирующихся на производстве строительных материалов и комплектующих частей для нефтегазовой отрасли и переработки сельхозпродукции.

В ходе двусторонних визитов состоялись подписание ряда межправительственных документов: о мирном использовании атомной энергии, о сотрудничестве в области информатизации и связи, о взаимопонимании и сотрудничестве в области энергетики и минеральных ресурсов. По итогам переговоров было подписано

Совместное заявление Республики Казахстан и Республики Корея, в котором подчеркивалась необходимость дальнейшего укрепления двусторонних отношений в духе дружбы и сотрудничества, а также перехода на более высокий уровень практического взаимодействия в сфере торговли, энергетики, минеральных ресурсов, науки и технологии.

В рамках официального визита в Казахстан Премьер-министра Республики Корея Хан Сын Су (сентябрь 2006 г.) был подписан ряд двусторонних документов, в том числе, касающихся совместной разработки месторождения «Жамбыл», а также проведен бизнес-форум «Казахстан-Корея»: новые перспективы сотрудничества». Развиваются и межпарламентские связи: в Сенате Республике Казахстана действуют группы по сотрудничеству с Республикой Корея, а в парламенте Республики Корея – Ассоциация дружбы с парламентариями Казахстана.

Для Нурсултана отношения с Сеулом с учетом ее экономического и политического потенциала, а также масштаба присутствия в отечественной экономике сегодня имеют характер стратегического партнерства. Особенно ценным для Казахстана является опыт социально-экономических преобразований в Корее. Обращение к корейскому опыту может стать ценным инструментом, применение которого окажет стимулирующее воздействие на развитие казахстанской экономики. Увеличение объемов двусторонней торговли может позитивно отразится на общем положении и на уровне жизни населения республики.

В свою очередь, Сеул заинтересован в доступе к природным ресурсам Казахстана и сбыте здесь своих промышленных товаров. В Казахстане действуют свыше 300 предприятий с участием корейского капитала, 48 из которых совместные предприятия и 62 представительства. В отраслевом разрезе это IT сектор, производство автобусов, оборудования для нефтегазовой, химической промышленности, бытовой техники и др.

Одним из перспективных направлений двустороннего сотрудничества является организация совместного предприятия для разработки казахстанских урановых руд и расширение поставок казахстанского урана в Республику Корея. Корейские инвестиции направляются не только в отрасли и производства добывающей промышленности, но также в сферу сервиса, телекоммуникационные инфраструктуры электронное оборудование.Учитывая большой интерес корейских компаний к работе в Казахстане, можно с уверенностью предположить, что активное сотрудничество между двумя государствами в сфере высоких технологий даст необходимый толчок для экономической модернизации нашей страны. Экономический рост Казахстана вполне позволяет совершить, аналогично тому, как это происходило в Корее, кардинальный переход от трудоемких производств к производствам техно- и капиталоемких, а обеспеченность страны необходимыми трудовыми, энергетическими и финансовыми ресурсами позволит осуществить этот переход в довольно сжатые сроки.

Особую роль в отношениях между Сеулом и Нур-Султаном играет корейская диаспора, рассматриваемая нами как важный ресурс в деле укрепления двустороннего сотрудничества. Грамотная национальная политика Казахстана является одной из основных причин поступательного развития казахстанско-корейских отношений. В своем поздравительном письме в честь 80-лет проживания корейцев в Казахстане Президент РК Н.А. Назарбаев говорил: «Сегодня корейский этнос стал неотъемлемой частью единого народа Казахстана, а его представители вносят большой вклад в экономическое, социальное и культурное развитие. На новом этапе развития государства и общества корейцы стали примером стремления к развитию высоких технологий, бизнеса, утверждению культа знания, прагматизма и конкурентоспособности, в целом модернизации экономики и общественного сознания. Сохраняя и развивая связи со своей исторической родиной, многие представители корейского этноса используют этот потенциал для укрепления дружбы и взаимовыгодного сотрудничества Республики Казахстан и Республики Корея».

Президент Республики Корея Мун Чже Ин в адрес корейцам Казахстана также прислал тёплые слова: «вы вносите большой вклад в развитие дружественных отношений между Казахстаном и Кореей в самых различных сферах. В Казахстане корейцев высоко ценят и даже называют «четвертым жузом». Я считаю, что это стало возможным благодаря старанию первого поколения корейцев, а также благодаря политике толерантности, проводимой в Казахстане.

Хочу выразить глубокое уважение и признательность Президенту Казахстана Н.А. Назарбаеву за прививание ценностей мирного сосуществования и единства. Успехом и достижениями, которых достигли казахстанские корейцы, гордятся как в Казахстане, так и в Корее. Мы будем активно поддерживать вас в деле сохранения национальной идентичности. Со своей стороны я приложу усилия, чтобы вы еще больше могли гордиться Кореей».

Активное содействие развитию двустороннего диалога оказывает Ассоциация корейцев Казахстана (АКК), которая во многом способствовала консолидации корейцев республики. Ассоциация корейцев Казахстана стала эффективным институтом гражданского общества, который активно работает в Ассамблее народа Казахстана по укреплению общественного согласия и единства нашего народа, обеспечивает развитие корейской культуры, традиций и языка.

Деятельность АКК находит понимание и поддержку с корейской стороны. Сеул стремится обеспечить корейцам зарубежья правовую и институциональную помощь для укрепления связи с исторической родиной.То, что у Казахстана не только были, но есть и всегда будут жизненно важные интересы к Республике Корея, сейчас практически не подвергается сомнению.

Стоять прочно на двух ногах на Западе и на Востоке – безальтернативная для нас политика, обусловленная и казахстанской историей, и уникальным геополитическим положением нашей страны. В современных условиях с ускорением процессов глобализации и при бурном росте Стране утренней свежести, которой большинство экспертов предрекают роль «мотора» мирового развития XXI века, эта аксиома особенно актуальна. Мощным толчком к развитию экономических и гуманитарных контактов между нашими странами стала отмена с февраля 2015 года визовых формальностей при взаимных поездках граждан. По имеющейся информации, за период с начала отмены визы поток граждан Казахстана выезжающих в Республику Корея увеличился, активными темпами растет количество граждан из Кореи, посещающих нашу страну.

Южнокорейский бизнес в Казахстане. В 1990-х годах Южная Корея одной из первых заняла ключевое место в списке иностранных инвесторов Казахстана. Именно тогда в республику пришли ведущие корейские транснациональные корпорации: Samsung, LG, Hyundai, Daewoo и другие.

Положительное восприятие Кореи и корейцев Казахстана – один из основных факторов, способствующих легкому продвижению южнокорейского бизнеса в республике. Одними из главных качеств представителей корейской нации, наряду с трудолюбием, чаще всего называют не конфликтность и целеустремленность. У южнокорейского бизнеса в республике, в отличие от того же китайского, есть надежная опора – местная корейская диаспора. Целый ряд крупных компаний Казахстана принадлежали или продолжают оставаться под контролем этнических корейцев, в их числе «Куат», «Век», Kaspi Bank, «Планета электроники», Sulpak, «Технодом» и др.

Казахстанские корейцы выступали проводниками южнокорейского бизнеса в республике. Но помимо частных контактов, одна из ключевых структур, содействующих установлению и дальнейшему развитию деловых связей между нашей страной и Южной Кореей – Ассоциация корейцев Казахстана. Она зачастую инициирует конкретные совместные проекты. Работа ведется практически во всех сферах. Приоритет отдается проектам в реальном секторе экономике, в том числе высоким технологиям, телекоммуникациям, а также сельскому хозяйству. Сегодня хорошие, прочные связи между Казахстаном и Кореей установились не только на государственном уровне, но и на уровне бизнеса, образования, культуры и туризма.

Деятельность корейских организаций и казахстанских корейцев позволяет минимизировать существующие ментальные различия и подходы в строительстве совместного бизнеса. Немаловажно, что по этому поводу выступал и президент Нурсултан Назарбаев. В частности, с трибуны Ассамблеи народа Казахстана глава государства отметил: «Мы высоко ценим талант, трудолюбие и аккуратность наших сограждан корейского происхождения. В межгосударственных отношениях Кореи и Казахстана они играют надежную роль своеобразного моста, укрепляющего нашу дружбу и доверие друг к другу, способствуют расширению деловых связей».

В свою очередь, южнокорейские власти также имеют программы поддержки этнических корейцев за рубежом. Еще в конце 1990-х страна стала проводить целенаправленную политику в отношении зарубежных корейцев – в это время был создан специальный правительственный фонд «Хэви донгпхо чедан». В декабре 2005-го правительство Кореи приняло программу поддержки этнических корейцев, проживающих в странах СНГ.

Еще одной опорой для крепких деловых связей между Казахстаном и Кореей, безусловно, является близость традиций и обычаев. Она особенно явно просматривается в уважении старшего поколения, соблюдению многовековых традиций, в отношениях между людьми.

В конце 2014 года, в Казахстане работало около 300 совместных предприятий. Южнокорейские компании умели оперативно реагировать на изменение ситуации на внутреннем рынке Казахстана. Герман Ким отмечает: «В годы развития в Алматы игорного бизнеса корейские инвесторы вложили большие средства в эту сферу и открыли такие крупные развлекательные заведения, как Olympus, Thulbone, Miracle. В начале 2000-х, во времена строительного бума, на казахстанский рынок вошли десятки корейских строительных компаний и фирм, поставлявших стройматериалы, инструменты и оборудование. С началом экономического кризиса и замедлением темпов роста экономики РК многие из них оперативно свернули свою деятельность или перевели ее в другое направление».

Сейчас южнокорейские инвесторы отдают предпочтение высоким технологиям, телекоммуникациям, строительству, сельскому хозяйству, машиностроению и энергетике. Благодаря совместным усилиям казахстанских и корейских бизнесменов, с 2013 года на одном из заводов в Костанае начали собирать автомобили южнокорейской марки SsangYong. А в Усть-Каменогорске осуществляется сборка авто другого корейского бренда – Kia. В Алматинской области наладили сборку грузовиков Hyundai. В числе успешно развивающихся в Казахстане корейских компаний – Samsung, LG Electronics, LG International, SK Corp., NTC, Ritex, строительные фирмы Yurim, SungWon и Hanjin. Работают в нашей стране и корейские БВУ: Kookmin Bank, Shinhan Bank и Woori Bank.

Крупные совместные инвестиционные проекты продвигаются и на государственном уровне. В ходе последних переговоров главы Казахстана и Южной Кореи Нурсултан Назарбаев и Пак Кын Хе обсудили участие корейского бизнеса в программе индустриально-инновационного развития страны. На стадии реализации уже находятся такие крупные проекты, как строительство Балхашской ТЭС, газохимического комплекса в Атырауской области, освоение месторождения Жамбыл. Имеет значение и тот факт, что южнокорейская сторона выразила готовность принять активное участие в подготовке всемирной выставки ЭКСПО-2017 в Астане.

Следует признать, что Казахстан далеко не лидер по получению южнокорейских инвестиций и технологий. Так, например, среди стран Центральной Азии наибольшего внимания Южной Кореи добился Узбекистан. Там южнокорейские компании осуществляют более масштабную деятельность. В частности, уже около 10 лет на территории страны производят автомобили Daewoo, Корея участвует в разработке Кандымской группы газовых месторождений, там же строится газоперерабатывающий завод. Во втором по величине городе Узбекистана Самарканде реализуется проект по строительству солнечной электростанции мощностью 100 мегаватт. В сельском хозяйстве именно Республика Корея совместно с узбекскими компаниями реализует амбициозные планы по модернизации аграрного производства. В частности, осуществляется повсеместный переход на капельное орошение.

В Казахстане же власти вынуждены постоянно привлекать корейских инвесторов посредством различных мероприятий. Например, практически ежегодно в нашей стране проводится Казахстанско-корейский бизнес-форум. Как бы то ни было, но широкие связи между бизнес-кругами двух стран фактически не способствуют развитию казахстанского бизнеса в самой Южной Корее. Почти 100% совместных проектов реализуются исключительно на территории Казахстана. Жесткая конкуренция на корейском рынке останавливает отечественных предпринимателей. К слову, отличительной особенностью бизнеса в Республике Корея является тот факт, что официально около 98% всех предприятий здесь относятся к малому бизнесу.

Южнокорейские компании слабо представлены в нефтегазовом секторе Казахстана. Хотя нашей стране, находящейся между двумя гигантами Китаем и Россией, важно диверсифицировать экспортные поставки и расширять список покупателей сырья. В этом плане Республика Корея, как ведущий региональный игрок, могла бы стать одним из весомых внешних балансиров. В Казахстане исключительно благосклонно относятся к Республике Корее, что в будущем должно стимулировать корейских предпринимателей. Казахстан заинтересован в ответственных инвесторах и надежных партнерах, к которым и относится Республика Корея.

2. Роль Республики Корея в просвещении и культуре казахстанцев

Получение Казахстаном независимости позволило раскрыть все стороны жизни корейцам многогранно. Конечно, они осознавали тот факт, что не даётся всё так просто. И перед ними стояли задачи преодоления трудности социального порядка, выучить и вспомнить забытый родной корейский язык. В начале 1990-х г. заметный вклад в изучении и преподавании корейского языка в Казахстане внес профессор из Сеула Шин Ге Чол. Он являлся основателем и первым директором Алматинского Корейского Центра просвещения, который был открыт в августе 1991 года.

Не зная традиций и культуры местного населения, он активно взялся за преподавание корейского языка. Вначале предполагалось преподавание вести для корейской диаспоры, к интриге нового потянулись и другие этносы. В Центре слушателями и учениками являлись не только школьники, туда потянулись и взрослые. Директору активно помогала его супруга писатель Мун Мен Рэ, которая вела классы культуры и искусства.

В Центре просвещения кроме корейского языка проводились уроки пения, танца, спорта, демонстрировались художественные и документальные фильмы, созданные в Республике Корея. Приглашались профессора и деятели культуры из Республики Корея, которые проводили научные конференции и семинары. Они организовывали конкурсы и тесты на знание корейского языка. Конечной целью для слушателей курсов корейского языка является сдача экзамена, подтверждающий уровень владения корейским языком – ТОPIK, это особенно касается студентов, чтобы они своими хорошими достижениями смогли продолжить обучение в Корее.

[Корейский Центр образования в Алматы]

Центр является ровесником республики, в 2017 году исполнилось 26 лет, когда он впервые распахнул двери для учеников. За эти десятилетия он выпустил несколько десятков тысяч студентов. Многие выпускники, окончив обучение в Центре, продолжали учиться в университетах. После окончания университета устраивались работать на корейских фирмах.

В настоящее время Центр просвещения успешно функционирует, продолжает обучать корейскому языку молодое поколение, тяга к знанию так велика, что не все набирают проходные баллы, чтоб поступить. Он за эти десятилетия расширился, стал многогранным, занятия ведутся квалифицированными преподавателями носителями языка, прогрессивными методами.

В течение ряда лет под крышей Центра просвещения находились офис Ассоциации корейцев Казахстана, Корейский театр и редакция газеты. Здесь проводились все крупные мероприятия корейцев Алматы, Корейский театр выступал на сцене актового зала Центра просвещения. Соседство и сотрудничество разных учреждений и организаций принесли свои плоды. Все больше и больше людей записывались на курсы корейского языка, а также посещали занятия по корейской хореографии и игре на национальных музыкальных инструментах.

Обучение является бесплатным для всех желающих ближе познакомиться с корейской культурой, языком и традициями. Помимо обучения представители центра проводят тематические дни, а также отмечают все корейские национальные праздники, что позволяет всем обучающимся полностью окунуться в атмосферу корейского быта.

Ежегодно около 900 человек регистрируются на курсы корейского языка. Формируются около 40 учебных групп, с которыми работают на сегодняшний день 22 преподавателя корейского языка. Один семестр длится 15 недель, в течение которого слушатели изучают корейский язык в объеме 40 часов.

Кроме языковых классов, в Центре просвещения действуют также театральный кружок, класс любителей корейской популярной музыки К-Pop, класс «волонтеров», кружок «журналиста», кружок любителей фотографии.

Большоеколичествослушателейявляетсясвидетельством постоянно возрастающего интереса к корейскому языку. Но, как отмечают преподаватели Центра, на настоящий момент наибольшее количество слушателей все еще обучается в классах начального уровня. Именно поэтому одной из целей Центра является заинтересовать слушателей не останавливаться только на начальном уровне, а продолжать свое обучение в классах среднего и высшего уровня.

В конце мая в актовом зале Алматинского центра просвещения проходит ежегодная церемония вручения дипломов слушателям семестра. Каждый раз в ней принимают участие от 350 до 400 человек. Слушатели Центра просвещения выступают с праздничными номерами, демонстрируют свое театральное мастерство, игру самульнори, исполнение корейской традиционной музыки.

Центр своей ролью в просвещении раскрывает истинное содержание - дать хорошее корейское образование казахстанцам. Дело, которое проложил первый директор новатор преподавания корейского языка профессор Шин Ге

Чол, успешно продолжается нынешним молодым поколением.

3. Корейцы Казахстана в условиях глобализации

В процессе глобализации мирового порядка в настоящее время не существует национальных общностей не испытавших на себе воздействие как со стороны влияния других народов, так и со стороны более широкой социокультурной среды, существующих в отдельных странах мира в целом. Расширение взаимодействия культур и других социальных форм делает особенно актуальным вопрос о взаимосвязи этносов в Казахстане. Это взаимодействие усиливается вследствие роста социальных обменов и прямых контактов между этносами. Принципиально новым в национальной политике в современном Казахстане стало стремление провозглашать её полиэтнического населения единой казахстанской нацией и сформулировать соответствующую идентичность.

Осмысление сущности демографических изменений и расселения корейцев важно для понимания современных социально этнических процессов как в границах нашего государства, так и за его пределами. Это не снимает необходимости для них, оказавшихся за пределами исторической родины, адаптации к доминирующей инонациональной среде и, соответственно, освоения иных культуры, языков, норм образа жизни.

На протяжении веков на исторической земле казахов перекрещивались судьбы многих народов – носителей различных культур, религий и традиций. В результате сложилась уникальная ситуация, когда вместе с казахами мирно живут представители 140 этносов и 40 конфессий. При этом длительное совместное проживание различных этносов сформировало в обществе устойчивые традиции и толерантности. Обеспечение межэтнического и межконфессионального согласия, гражданского единства является важным условием развития Казахстана, реализации стратегических задач социально-экономической и политической модернизации страны. Для этого в республике разработана Доктрина национального единства Казахстана, она основана на положениях Конституции Республики Казахстан, Закона «Об Ассамблее народа Казахстана» и других нормативно-правовых актов Республики Казахстан, а также нормах международного права в данной области. В этом документе изложены цели, задачи, принципы национальной политики, а также основные направления ее реализации.

В современном глобальном мире корейское зарубежье

это громадный массив людей, оказавшихся по разным причинам и в разные исторические периоды за пределами Корейского полуострова. По численности почти 8 миллионов человек – корейская диаспора входит в пятерку мигрантов в мире, уступая только китайской, русской, еврейской и итальянской. После распада Советского Союза более 500 тысяч корейцев оказались на территории бывших союзных республик, в то время как в дальнем зарубежье в результате четырех волн эмиграции оказалось более 7 миллионов выходцев из Корейского полуострова. В настоящее время стоит перед ними проблема не только в количественных параметрах, но и в остроте и масштабности сохранения корейского. Проблема прав и их защиты корейскоязычного пространства затрагивает сферы внутренней политики государств, гуманитарные, культурные, демографические и других областей, что является важной в процессе глобализации мирового пространства.

Корейское население в странах Центральной Азии и в частности в Казахстане нередко представляется значительно более гомогенным. В результате главное внимание уделяется его единой групповой, то есть этнической самоидентификации, в то время как в настоящее время в его среде наблюдается формирование многих других идентификации со значительными индивидуальными вариациями. Помимо прочего, они отражают различные пути и способы адаптации к новой постсоветской реальности.

Но даже при наличии доброй воли политических классов и консенсуса среди полиэтнического населения, которые в настоящеев время присутствуют, сама возможность формирования гражданских нации в Казахстане в обозримом будущем представляется маловероятной, потому что языковые, культурные и другие различия между этническими группами очень велики. Казахстанская нация в настоящее время – не более, чем проект. К тому же в практическом отношении различие между этническими и гражданскими нациями подчас значительно меньше, чем в концептуальном. Этнические и гражданские нации отличаются друг от друга главным образом степенью своей открытости и способностью к ассимиляции. В других отношениях они имеют значительно больше общих характеристик.

Все гражданские нации, даже американская, не говоря уже о французской, имеют культурное и лингвистическое ядро и исторический нарратив, связанный с доминирующими этнокультурными группами. Как правило, такие группы составляют большинство нации и являются, или являлись, инструментальными в формировании общенациональной идентичности.

Принадлежность к гражданским нациям, хотя и предполагается добровольной, всегда сопряжена с определёнными условиями. Обычно она подразумевает больше, чем просто гражданство. Она предполагает также принятие и интериоризацию общенациональных культурных характеристик, истории, если не в общее прошлое, то в общее настоящее и будущее. Все эти условия в настоящее время в Казахстане отсутствует. При этом примеры из прошлого и настоящего демонстрируют, что этнокультурная дискриминация может существовать и в гражданских нациях.

Вероятно, в данных обстоятельствах задача интеграции населения страны в единую нацию делает целесообразным при определении содержания этого понятия достижение межэтнического и межконфессионального компромисса. Чтобы на практике не произошло в ходе нациестроительства образ казахстанской нации определялось исключительно на основе казахского этнического самосознания, прежде всего, на основе традиционных патриотических ценностей казахского народа. Чтобы неказахские казахстанцы узнавали себя в символах новой казахстанской государственности. И в ясном облике создаваемой официальной идеологии просматривалась очертания национального плюрализма.

К счастью в казахстанской этнополитике не существует опасная тенденция - стремление ограничивать этнокультурную жизнь неказахских обществ, не рассматривают её как препятствие на пути формирования единой нации и, в конечном счете, как потенциальный источник сепаратизма, угрожающего целостности Казахстана. Причём, целесообразность такого подхода обосновывается речами и выступлениями Президента РК Н.А. Назарбаева.

В принципе в полиэтничных постсоветских государствах остается еще возможность формирования политических наций, основанных на конституционном патриотизме, то есть приверженности к демократическим принципам. Именно демократические принципы должны способствовать лояльности современному государству со стороны всех его граждан, независимо от их этнических, культурных и иных различий.

Президент РК Н.А. Назарбаев, выступая на ХУ сессии Ассамблеи народа Казахстана отметил, что «пожалуй, самая многонациональная страна это – США, где сотни этносов, но все они американцы. Будучи с официальным визитом в Бразилии, я отметил для себя, что и эта страна многонациональна, но все жители – бразильцы. К современной нации французов относят себя граждане Французской Республики из её бывших колоний. Аналогичные процессы идут в Австралии, Малайзии, Сингапуре, Индии и других странах. В современном мире национальное единство определяется такими условиями, как совместное созидание общего государства, толерантность, гражданство и обязательное знание государственного языка данной страны. Мы должны идти по этому пути. Но для этого нужно время. Нам торопиться не надо».

Какова же реальная ситуация корейцев в Казахстане? Применительно к корейцам в Казахстане предпочтительно термин «этнические меньшинства» - именно этнические, а не национальные, потому что последние, как, например, франкофоны в Канаде, каталанцы Испании или шотландцы в Великобритании, обладают особыми и признанными государством коллективными правами. Всего этого в Казахстане нет. Более того, на международной арене предпочитают представлять себя в качестве нации-государства, но на самом деле таковыми не являются.

Непросто обстоят дела с сохранением позиций корейского языка за рубежом. Как и в прошлые годы, работа на этом направлении является одной из наиболее насыщенных, с одной стороны, и наиболее сложных – с другой. Не секрет, что корейский язык, объективно обладая функциональной ролью языка общения всех корейцев, в ряде стран СНГ низведен до положения языка с второстепенными правами.

А в Казахстане корейский язык был и остаётся

неотъемлемой частью богатства культуры, на котором разговаривают почти все корейцы, когда общаются между собой. Следовательно, корейское влияние на корейцев СНГ будет ещё долгим, пока государственный казахский язык не станет языком межнационального общения.

Трудно предугадать, как сложится в дальнейшем судьба корейцев в Казахстане. В принципе тут возможны различные варианты:

1. ассимиляция в составе титульной наций, что представляется крайне маловероятным:
2. борьба за формирование полиэтничных гражданских наций. Успех такой стратегии в настоящих условиях кажется весьма сомнительным, потому что в этом не заинтересована титульная нация и особенно политическая элита;
3. борьба за повышение группового статуса, то есть за признание этнического меньшинства национальным.

Таким образом, имеется основание полагать, что нынешний статус корейцев в Казахстане в ближайшем будущем существенным образом не изменится.

Остаётся ещё одна стратегия – эмиграция в Корею. Со стороны ситуация выглядит парадоксальной. Корея переживает демографический кризис, испытывает наплыв нелегальных или полулегальных эмигрантов, но делает очень мало для привлечения соотечественников. Однако в будущем всё может измениться. Если экономический рост в стране будет продолжаться, а жизненный уровень расти, она снова может стать притягательной для какой-то части корейцев стран зарубежья. Корейцы Казахстана не остаются потенциальным резервом для эмиграции. Впрочем, будущее вообще непредсказуемо. Поэтому всякие долговременные прогнозы бесперспективны и это вообще не дело социальных наук, будем довольны, если мы будем способны достаточно адекватно объяснить настоящее.

Разное отношение категорий эмигрантов или оставшихся в странах СНГ корейцев к этнической, исторической Родине – это во многом корейская специфика, не характерная для большинства других зарубежных этнических общин. При общей тенденции к позитивному взгляду на Корею, усиливающейся в последние годы, этот критический подход дает о себе знать. В этих условиях для казахстанских корейцев на первый план выходят задачи сглаживания различий, поддержки процессов консолидации на основе выработки общих интересов, закрепления позитивного подхода к своей исторической Родине.

Распад Советского Союза имеет огромное значение в развитии демократии, свободы, формирования нового качества мировоззрения и, наконец, нового миропорядка и глобализации. Появляется новое геополитическое пространство, которое воздействует на формирование нового расклада этнополитики в Казахстане. В фокусе всех этих процессов в особом этнополитическом положении находится Казахстан. Глобализация и геополитические процессы имеют не только этнополитические цели, в конечном итоге они влияют на конкретное национальное положение внутри страны, на культурное состояние этносов. В новой ситуации необходимо отдельно рассматривать новое глобальное пространство в области межэтнического общения.

Корейцы в настоящее время живут исключительно в новой этнополитической ситуации, поэтому тут необходим новый подход и новый взгляд на изучение национальных процессов в Казахстане. Свыше 8 миллионов корейцев в настоящее время проживают за пределами Корейского полуострова. Все вместе они образуют пятую в мире по численности диаспору, представителям которой присущи высокая адаптивность, предприимчивость и трудолюбие. И на чужбине корейцы сохраняют и бережно передают потомкам народные традиции и обычаи. Они не порывают связи с исторической родиной и, добившись успеха, делятся с ней опытом, знаниями и средствами. Диаспоры оказывают заметное влияние на развитие экономики место проживания своей страны и Кореи.

Рассеянные или раскиданные вихрями истории корейцы

имеют возможность не только общаться с исторической родиной, но иметь взаимное сотрудничество с соплеменниками других стран. Благодаря мировой глобализации корейцы имеют возможность контактироваться, переписываться, участвовать на международных конференциях и семинарах, делиться опытом творческого выживания с соотечественниками зарубежья.

Прошедшие восемьдесят лет стали для нас историей трудных испытаний и успехов. Мы были депортированы в далекую незнакомую землю, и нам пришлось перенести большие трудности. Но мы неимоверными усилиями преодолевали их и выросли уважаемыми людьми Казахстана. При этом мы сохранили своеобразие корейской нации, традиции и культуру и продолжаем развивать их. Это благородное дело, нельзя не гордиться.

Сегодня корейцы, идя в ногу с современностью открыто говорят, что все формы культурной организации следует признавать равноправными, что настало время отказаться от «универсальной» и «оптимальных» моделей развития. Проводится мысль о том, что культурные и политические ценности или этические нормы одной цивилизации не могут претендовать на универсальность.

Сегодня корейская диаспора Казахстана – это одна из национальных групп, которая имеет устойчивую внутриобщинную связь и контакты с ближними и дальними соотечественниками, оказались в расцвете своих творческих возможностей и цивилизованного развития. Благодаря усилиям и таланту корейцы представлены в самых различных сферах экономики, культуры, науки, управления республики. Можно с уверенностью сказать, что Ренессанс корейцев состоялся. Одна из главных задач корейцев в условиях глобализации заключается в адаптации к вызовам XX1 века.

Часть 3

Будущее и этническая идентичность корейцев : между преемственностью и ассимиляцией
- новое поколение корейцев

Глава 1

Мировозренческий социум КОРЁ САРАМ в условиях равносной экономики

1. Опыт социально-культурной адаптации корейцев Казахстана

Тридцатые годы XX века – эпоха интенсивных массовых депортации и миграции, превращающих традиционно гомогенные в этническом плане страны и регионы в гетерогенные, многокультурные. Процесс адаптации этносов-меньшинств, диаспорных групп, эмигрантских общностей и т.п., преобретая непрерывный характер, становится по существу фоновым социальным фактором. А проблемы, возникающие на линии этнокультурного взаимодействия, переходят в категорию перманентно актуальных.

В подобном контексте этносоциологическое изучение корейской диаспоры значимо не только для понимания ее собственных судеб. Рассеянные по всему миру корейцы, около 8 миллионов живут за пределами Корейского полуострова в странах Европы, Азии и Америки, при своем культурном потенциале и социально-историческом опыте адаптации к различным средам открывает широкие возможности для осмысления современных многообразных этносоциальныхт рансформаций. Корейская диаспора демонстрирует модернизационный и адаптационный потенциал, активно реализуемый в разных типологических условиях, и одновременно этническую устойчивость в разнообразных социально-культурных пространствах. За пределами корейского этнического ядра путем активизации корейской диаспоры формируется особый «сетевой потенциал» этноса. Диаспора призвана расширить его культурный потенциал, оптимизировать процессы его модернизации, активно осваивая ресурсы иноэтнической среды.

Анализ же процессов этносоциального развития корейцев в достаточно конкретных специфических условиях Кахазстана представляет особый интерес хотя бы потому, что здесь их сейчас проживает более сто тысяч по переписи населения 2009 года. При всей значимости таких количественных показателей большую важность имеют индикаторы качественные, глубинные, связанные с органической многопоколенной общностью корейцев у себя в Казахстане и в Корее.

Исторические судьбы представителей корейского народа в обеих странах были тесным образом сопряжены и во времени, и в пространстве. Ведь на протяжении многих десятилетии корейцы, казахи, русские и другие этносы жили в одном государстве и значительной мере общей жизнью. Вследствие этого у них много общего в культурном и социально-экономическом отношений. Исследования особенностей и закономерностей социально-культурной адаптации корейцев в постсоветском Казахстане дает хорошую возможность оценивать потенциал живучести этноса-меньшинства в иноэтническом окружении и определять характер происходящих с ним аккультурационных и модернизационных изменений.

Рассмотрим теперь в общих чертах модель интегрирования корейцев в относительно благоприятную для них социальную среду Казахстана – страну, куда многие из них оказались после насильственного переселения с Дальнего Востока, постигших в 30-е годы XX столетия. Начнем с демографии. Хотя в наше время «капельные» вкрапления корейцев существуют в Казахстане повсеместно, большая их часть (35%) сосредоточились практически в двух основных регионах страны в Алматы и Алматинской области. Самый стремительный рост корейского населения происходил в Алматы, когда она была столицей республики.

В Алматы как бы происходила селекция социальной части этноса. Алматинские корейцы отличаются высоким социальным статусом и уровнем образования. Они выделяются не только среди своих соотечественников, но и среди других этносов в Казахстане, соответственно распределяются и социальные позиции. До половины из них принадлежат к числу специалистов, руководителей, предпринимателей и, соответственно, почти столько же имеют высшее образование, что опережает пропорции этих групп среди других этносов.

Здесь хотелось бы еще раз подчеркнуть, что речь идет о корейцах – людях, уже утвердившихся, можно даже сказать, укоренившихся в Казахстане. Практически повсеместно в Казахстане по основным и определяющим социально-культурным параметрам они находятся на одном уровне с другими этносами. Социальная активность, мобильность их связана с рядом обстоятельств. Не последнюю роль играет факт, что в Алматы устремились достаточно конкурентоспособные представители из областей корё сарам, нередко опережающие по уровню образования своих соотечественников.

ктивная включенность корейцев в общую казахстанскую

среду связана с трансформацией их этнического потенциала, причем между общей социальной активностью в новой среде и устойчивостью и выраженностью собственной этничности наблададась, в извесной мере, обратная зависимость. Она явственно видна при сопоставлении индикатора длительности пребывания корейцев в Казахстане с иными социально-культурными маркерами.

Иначе говоря, продолжительность пребывания корейцев в полиэтнической среде работает на интеграционный процесс: чем сильнее и интесивнее была ее включенность в казахстанскую социально-культурную среду, тем более ограничено проявляется наследуемая этничность (в языке, культуре, круге общения, связях с исторической родиной и т. д.).

Аналогичная корреляция «общесоциального» и собственно «этнического» еще более явственно видна в языковой сфере, а точнее, в области владения «своим» языком. Языковая компетенция корейцев находится в самой тесной зависимости от времени их проживания в зоне естественного культурно-языкового русского и казахского доминирования. Если среди корейцев стаж проживания 40-50 лет в Казахстане, то многие свободно владеют «своим» языком, а урожденные в местных условиях корейского языка в больших пропорциях не знают или почти не знают.

Как известно, язык как средство коммуникации служит общению людей и одновременно является инструментом воздействия на них. Богатство языка свидетельствует о мощи культуры, представляемой им. Чем богаче язык, тем больше возможностей он дает для общения, делая его интересным и ярким, тем больше эффект влияния на людей. Но язык – это и способ формирования и формирования мысли, способ внутреннего диалога. Люди мыслят понятиями и образами, которые выражаются языком. Как известно, «родной язык – связывающее звено всякого этноса и самый важный и чувствительный нерв, без устали работающий на поступательное развитие и прогресс нации».

Его форсированное возрождение – самая приоритетная задача корейской диаспоры. Разумеется, воссоздания системы учебных заведений нужны и другие многочисленные акции улучшение работы радио, телевизионных передач, издание учебных пособии и словарей. Сегодня в современном Казахстане их реализация, особенно при межгосударственном, межправительственном содействии, вполне под силу не только на государственном, но также и на общественной основе.

У корейцев перемены в культуре в данном случае отраженные таким важнейшим ее компонентом, как владение «своим» языком, органически связаны с интенсивностью других проявлений этничности в различных сферах жизни. Анализ связей этнических параметров показывает, что наиболее устойчиво и значимо в их системе оказывается то, что принято именовать национальным или этническим самосознанием – ощущением принадлежности к своей национальности.

Это преимущественно – чувство, но оно может иметь разные опосредования. В здоровом обществе при нормальной жизни национальное самосознание может быть и не выражено: люди мало фиксируют внимание на своей этничности, не особенно вдаваясь в ее глубинный смысл. Однако есть некое «сыновне-дочернее» чувство собственной национальной принадлежности, присущее от природы почти каждому, при отсутствии испытаний как бы остающееся в себе. Было бы правильно оценивать и именовать это первичное, скорее неосознанное, проявление самосознания самоидентификацией – посылкой подлинно выраженного самосознания.

Формируемое в этой связи и на этой основе действительное «полнометражное» самосознание – уже в известном смысле атрибутика социальных интересов и культуры – может иметь множественные выходы. В отличие от заранее заданного первичного самосознания – самоидентификации – оно во многом зависит от места, времени и конкретной ситуации. В иннонациональной среде у корейцев, так же, как и у народов других национальностей, проявления этнического самосознания в неблагоприятной ситуации могут обостриться, а в благоприятной, напротив, ослабевать.

Социлогические исследования корейцев города Алматы в середине 1990-х и в середине 2000-х годов, четко зафиксировали эти два проявления этнического самосознания – первичное, естественное (самоидентификация) и как бы производное от него – в конкретных проявлениях в разных ситуациях и сферах жизни. Обусловленный во многом социальными факторами второй тип самосознания не имеет всеобщего характера. Его далеко не безусловная выраженность зависит от включенности (приобщенности) корейцев к казахстанской среде. Поэтому особенно среди корейцев старожилов, и тем более уроженцев, органически включенных в казахстанскую жизнь, «полнометражное» этническое самосознание не так активно.

По социологическим данным свою этничность – самоидентификацию ощущают почти все корейцы Алматы (95%). Иначе говоря, независимо от меры приобщенности к собственной этнической культуре и приоритетности выборов в системе различных социальных координат они чувствуют какую-то общность со своим народом. И это – отнюдь не сугубо казахстанский феномен. Достаточно сказать и вспомнить имена корейцев, полностью интегрированных в российское культурное пространство, но с явной самоидентификацией люди искусства – Виктор Цой, Анита Цой, Анатолий Ким, Юлии Ким, Людмила Нам и другие. По нашему мнению, любой кореец в мире пишет как кореец, на каком бы языке он ни записывал свои мысли. Мы ведь говорим – семья корейских писателей, а не семья пищущих на корейском. Языковые барьеры обусловлены судьбой каждого из нас, а семейные узы уже кровные.

Можно считать, что выраженность национального самосознания при всех опосредованных и условностях органически связана с включенностью в ниву своей этносреды. Чем плотнее своя среда, глубже и однороднее этнические связи тем органичнее не только сохранность этнической культуры, но и выраженность национального самосознания. Эта зависимость очевидна во всех сферах жизни мигрантов, включая и межнациональные отношения. К примеру, корейцы выходцы из Дальнего Востока гораздо более с горечью чувствуют разделенность Корейского полуострова, чем поколение родившиеся в Казахстане.

Причем, чем шире и разреженнее среда расселения корейцев, тем слабее их внутренние контакты и активнее потребность и возможность вовлчения в межэтнические интегративные процессы. Чем компактнее расселена этническая группа в городах, а тем более в селах, и теснее ее внутренние связи, тем выше уровень сохранности этничности. В деревнях, где компактно проживают корейцы сопротивляемость процессам ассимиляции гораздо выше, чем в крупных городах.

Эта закономерность обнаруживается и при сравнении таких крупных областных центров, как Кзылординской и Южно-казахстанской. У корейцев этих областей сохранность этнической атрибутики выражена более, чем у алмаатинцев. Они хотя и не лучше знают свой корейский язык, но чаще считают его родным, больше ориентированы на обучение детей в корейских школах, реже вступают в этнически смешанные браки и т.п.

Таким образом, корейская диаспора в инонациональной, в данном случае казахской и русской, среде далеко не одинакова. Более того, безусловность ее этничности и устойчивом первично заданном состоянии в таком иноэтничном окружении маловероятна. Какая-то часть диаспоры, особенно люди, состоящие в национально смешанных браках, могут вообще этнически «потеряться» в поколениях потомков, другие самовоспроизодятся или трансформируются в новые полиэтнические, надэтнические образования. На направленность перемен и их динамику влияет среда и ситуация в обществе в целом.

В Казахстане она, в условиях социально-экономических и политических трансформаций, ныне усугубляемым еще не законченным мировым экономическим кризисом, далеко не простая. Ведь люди не избавлены от чувства социальной ревности, в той или иной мере способной приобретать этнический колорит. «Не случайно в нашей стране к мигрантам своей и иной национальности (при всей условности и ситуационности использования данных определений на уровне массового сознания) относятся не просто по разному, а весьма конкретно» . Здесь, конечно, есть объективные основания: свой приезжий как бы ближе к собственной, казахстанской среде. Чужой же – носитель иных традиций, что, как минимум, напрягает инонациональные отношения. Их определенное обострение в настоящее время ощущается корейцами приезжими из разных мест СНГ, весьма не одинаково.

Но вопреки неизбежным сложностям и издержкам этнонационального взаимодействия, на определенных этапах цивилизационного развития неизбежно преобладание исторически заданных интегративных тенденций. В перспективе это предполагает формирование новых межэтнических, точнее – надэтнических общностей со сходными и даже единообразными чертами в культуре, образе жизни, в конечном счете – в самосознании.

Корейский этнос в Казахстане во взаимодействии с другими, особенно казахами и русскими, создает, в известном смысле, производную интегративную межэтническую общность, оптимальную для своего поступательного развития. Это соответствует логике персспективной трансформации этноса в современном мире. Ведь ныне почти никто, включая горячих сторонников «обеспечения самобытного этнонационального развития каждого народа, не отрицает неизбежность мегауровневнего этапа формирования суперэтничности или многонационального народа».

Симптомы качественных результатов таких интеграционных процессов характерны для ряда стран, в которых уже может идти речь о формировании собирательных надэтнических образований типа американского. Это внешнее сходство с принятым у нас в прошлом надэтническим образом советского человека, вследствие конкретных причин не выдержавшего, однако, испытания временем. Чтобы интегрированные тенденции были действенны, они должны выходить за границы просто настроений или намерений правящего слоя, иметь жизненные проявления и безусловную устойчивость.

Опыт, корейцев проживающих в Казахстане показывает, что важной посылкой адаптации этноса в казахстанскую среду может выступать осмысление пройденного исторического пути и сложившейся этнокультурной ситуации. И разнообразие социально-культурных сред постсоветского пространства не может умалять перспективы процессов такой направленности.

2. Численность корё сарам в современном Казахстане

Согласно результатам Первой переписи населения Республики Казахстан 1999 г., число корейцев составляло 99665 человека, через десять лет вторая перепись населения зафиксировала численность корейцев на уровне 103931, а их доля в численности населения всей страны оставалась в течение двадцати лет на уровне 0,7 процентов. В десятке наиболее многочисленных этносов Казахстана в 1999 году корейцы по удельному весу занимали 9 место, а в 2009 г. они поднялись на одну строчку выше.

Население по-прежнему сосредоточено в основном (83,7%) в пяти областях (Алматинской, Жамбылской, Карагандинской, Кызылординской и Южно-Казахстанской) и городе Алматы. Самый высокий удельный вес в общей численности населения области (города) корейцы занимают в г. Алматы – 1,7%, Кызылординской области – 1,5% и Жамбылской – 1,4%. Самая низкая доля: по 0,1% – в Восточно-Казахстанской, Западно-Казахстанской, Павлодарской и Северо-Казахстанской областях, в столице Астане она составила 0,6%, где проживают 2028 корейцев.

Почти каждый пятый кореец (19,2%) проживает в г. Алматы, в Алматинской области этот показатель составил 17,5%, Карагандинской и Жамбылской – соответственно 14,2% и 14,1%. Значительно возросла численность лиц корейской национальности за межпереписной период: в столице республики г. Астане на 52,6%, Алматы – 27,9%. Вместе с тем произошел отток корейцев в Алматинской области на 5,4%, Карагандинской – на 3,9%, Кызылординской – на 25,4% и в Южно-Казахстанской области – на 14,4%, а в самой малочисленной по числу корейцев Северо-Казахстанской области (534 человека) – на 28,4%.

Надо отметить, что в Казахстан за прошедшую декаду прибывали корейцы из ближнего зарубежья: Таджикистана, Узбекистана и Кыргызстана. Происходило это по разным причинам. Если из Таджикистана корейцы бежали от гражданской войны, то из Узбекистана и Кыргызстана в основном приезжали на заработки. Число гастарбайтеров корейской национальности из Узбекистана и беженцев из Таджикистана трудно поддается статистическому учету. Проводимый подсчет по количеству въездов и выездов далек от точности, так как одни и те же трудовые мигранты в течение года многократно пересекали границу.

Советские корейцы отличались от других этносов Центральной Азии ускоренным темпом урбанизации. За 50 лет из 70-летней истории проживания в Казахстане они превратились из преимущественно аграрного населения в преобладающее по численности городское население. Межпереписной период с 1989 по 1999 гг. для корейцев Казахстана характерен увеличением численности городского населения на 1,9%, и прирост был обусловлен как естественным приростом населения, так и притоком из сельской местности, поэтому численность корейцев-сельчан уменьшилась за минувшее десятилетие с 15,9 до 13,4 процентов.

Наиболее высокая степень урбанизированности корейского населения отмечена в 1999г. в Мангистауской (98,9%), Атырауской (96,8), Карагандинской (96,6%), Павлодарской (94,3%) и Кзылординской (93%) областях. Доля сельских жителей среди корейцев лишь с небольшим перевесом доминировала в столичной Акмолинской области – 51, 2% и в ряде других областей она была значительной: Северо-Казахстанской – 45,5%, Алматинской – 40,7%, Западно-Казахстанской- 22,8 процента.

Возрастной состав корейцев накануне независимости Казахстана по данным переписи населения 1989 г. выглядел следующим образом: детей в возрасте до 14 лет – 29797 чел.; возрастная группа от 15 до 25 лет – 13402; от 25 до 45 лет – 35, 419; 45 до 65 лет – 17896 и лиц старше 65 лет – 6801 человек.

Таким образом, одна треть казахстанских корейцев имела возраст до 16 лет, около 57% – трудоспособный и 13%

– старше трудоспособного. Первая национальная перепись населения Казахстана 1999 года выявила значительное снижение численности возрастных групп от 0 до 9 лет и от 30 до 39 лет. Если в 1989 году удельный вес численности этих возрастных групп составлял 19,6% и 19,8%, то в 1999 году соответственно 12,4% и 12,7%. Корейцев в возрасте 10-29 лет стало больше на 4,1%, 40-49 лет – на 7,2% и 50 лет и выше – на 3,0%. Удельный вес населения в возрасте до 30 лет составил 46,6% против 49,7% – в 1989 году, от 30 до 59 лет – 41,2%, старше 60 лет – 12,2%. Средний возраст корейцев в 1989 г. составлял 31 год для обеих полов, в том числе для мужчин – 30 лет, и женщин – 32 года. Через 10 лет эти показатели изменились: для обоих полов – 32 года, мужчин – 32 и женщин – 34 года.

Процесс снижения рождаемости среди корейцев, начавшийся еще 1960-1970 гг. советского периода устойчиво продолжался вплоть до распада Советского Союза. В последнее десятилетие резкое снижение рождаемости получило повсеместное распространение, в особенности среди горожан, поэтому заметное влияние на численность корейцев в республике способна оказать внешняя миграционная подвижность.

По данным переписи 1999г., численность корейцев-мужчин составила 48529 человек, женщин – 51136 человек. На 100 человек населения приходится 49 мужчин и 51 женщина. Численность мужского населения несколько ниже, чем численность женщин, и их процентное соотношение составляет 48,7% и 51,3% соответственно. На 1000 женщин приходятся 949 мужчин (в 1989 году – 980), в том числе в городской местности – 936 и сельской – 1037 мужчин. Доля мужчин среди корейского населения сократилась с 49,5% в 1989 году до 48, 7% – в 1999. Преобладание доли женщин среди групп старше трудоспособного возраста весьма внушительное: в 1989 г. – на 7,8%, а в 1999 г. – на 7,1%.

Согласно методологии переписи населения, семьей считалась группа лиц, совместно проживающих, связанных родством или свойством (т. е. отношениями близости, вытекающими из брака) и имеющих общий бюджет. Лица же, не входящие в состав семей, разделялись при переписи на две категории: отдельно проживающих членов семьи и одиночек. Перепись 1989 года зарегистрировала в Казахской ССР 19,3 тыс. семей корейцев, члены которых принадлежат к одной (корейской) национальности, а в Алма-Ате – более 3,1 тысячи семей.

При этом количество лиц, проживающих в вышеуказанных семьях, составило в республике 70,2 тысячи человек, или 67,9% к общему числу корейцев, а в Алма-Ате соответственно – 11,6 тысяч человек и 72,4%. Средний размер одной семьи составил 3,7 человека, что на 0,3 меньше, чем в целом по республике – 4, и на 0,2 больше, чем по Алма- Ате – 3,5%. Данные переписи населения 1999 г. не содержат сведений о численном составе корейских семей, однако можно с уверенностью утверждать, что за прошедшее 10-летие произошло дальнейшее сокращение среднего размера семьи.

В плане миграции корейцы сильно отличаются от немцев и евреев, которые, несмотря на большую степень русификации, стремились выехать из Казахстана на свои исторические родины. Внешняя миграция корейцев Казахстана слабо отрицательно. Внешний вектор миграции направлен на 90% в крупные города РФ. Возвращение на Дальний Восток имеет место, но они в целом предпочитают концентрироваться в экономически более динамичных городах европейской и сибирской частях России, равно как и в обеих столицах Казахстана.

Слабый отток из Казахстана во многом перекрывается миграцией корейцев из экономически депрессивных и перенаселённых среднеазиатских стран вроде Таджикистана, Киргизии и Узбекистана. Этим объясняется то, что число корейцев в Казахстане в последние три десятилетия стабильно держится на уровне около 100 тыс. человек. Внутри Казахстана корейцы, как и казахи, отличаются высоким уровнем миграционной активности (что отличает их от русских): они покидают депрессивные сельские области с низким уровнем материального дохода и устремляются в крупные города, предлагающие больше экономических возможностей.

Заложенные в советское время основы для плодотворного труда, получают свое новое развитие в условиях Казахстана как суверенной самостоятельной государственности. И это в полной мере проявляется в отношении корейской общности, играющей заметную роль в укреплении отношении между этносами республики.

Следует отметить, что экономический фактор весьма важен для корё сарам особенно в регионах их проживания, где они могут раскрыть свои организаторские способности. Также умело использовать свой духовный потенциал для участия в преобразовательных процессах страны. Если численность корейцев в советское время преобладало в местах жительства в аграрных районах республики, то в настоящее время они преобладают в промышленных районах.

Подводя итоги всему изложенному можно сказать, что будущее корё сарам органически связано с разворачивающейся глубокой трансформацией Казахстана на путях обновления. И надо сказать, что этот процесс стал естественным союзником в деле укрепления государства, придания большой цивилизованности.

С переходом к рыночным отношениям открываются

перед корё сарам большие, а во многом значительные достижения. И всё таки важно отдавать себе отчёт в том, что будущее корё сарам, как в целом развития Казахстана, полностью зависит от общественного развития. Дальнейшее восхождение – это объединение всех общественных структур корё сарам. Это им удалось.

3. Корейцы в социуме казахстанского мира

Процесс становления основных направлений в истории корё сарам весьма многообразен и его можно изучать с различных сторон и с различной степенью подробности. На отдельных этапах, в силу определённых исторических причин, развитие духовной культуры было неравномерным. История корё сарам известны периоды подъёма и застоя.

Корё сарам в Казахстане создали своеобразную и богатую культуру, несколько отличную от исторической Родины. Это понятно, живя вдали от земли потомков, они переняли и приняли традиции и обычаи соседних народов. Тем самым произошло смешение взаимовлияние культур и традиции. Проживая многие десятилетия, они создали свой своеобразный имидж, который несколько отличается от соплеменников зарубежья.

Анализируя мировоззренческие традиции социальной жизни, следует учесть рационализм корё сарам. Ключевым словом для них во все времена было слово «польза». Это объясняется тем, что в традиционных корейских учениях и жизни отсутствовало религиозное начало, в единении человека и природы. В корейских философских учениях не было мистического поклонения природе, а была естественная, разумная связь, соотношение друг с другом.

Человек сам может изменить себя, с пользой употребить свои возможности, знания, способности по себе и природы, общества. Они твёрдо следуют и рассуждают не о том, что есть истинна и ложь, а о том как использовать в человеческих отношениях и как влиять на развитие страны.

Следующей важной традицией корейцев в деловой активности характерен прагматизм. Они решают практические, конкретные проблемы реальной жизни. Особо следует отметить их трудолюбие и их деловые отношения. Это качество воспитало и «рисовую цивилизацию» и конфуцианскую этику труда.

Способность настойчиво трудиться, в значительной степени помогает осуществлять экономический скачок в будущее. Конфуцианство всегда высоко ценило напряжённую систематическую работу, самодисциплину и способность работать в коллективе. Восточный человек считает критерием поведения – гармонию. Гармония и уравновешенность - часть социальной структуры Востока. Нарушение их – есть нарушение коллективной структуры труда, что приводит к беспорядку. Основа этих понятий- понимание нравственной природы человека, его взаимосвязей с семьей, обществом и государством.

Стоит отметить тот факт, что влияние конфуцианства, как философии и религии очень значимое. Оно охватывает все сферы жизни корё сарам: политику, экономику и социальные сферы. Причём, именно это особая традиция корейцев стала фундаментом для такого быстрого цивилизованного прогресса.

На стремительный рост корё сарам в области социальной жизни оказывает государственная национальная политика, факторы объективные и субъективные, внутренние и внешние. Немаловажную роль в этом играют многочисленные корейские организации и общественные клубы по интересам.

Итак, исходя из восточной философской мировоззрения, традиции, корейцы вложили свою роль в казахстанский социум и несколько повлияли на все важные социально-экономические и культурные процессы. Учитывая современный выход Казахстана на мировую арену в развитии демократии, в этом важном политическом процессе есть доля корё сарам.

Живя, уже много лет в Казахстане мы уже поняли, что

гражданская идентичность в поликультурном обществе не только объединяет представителей разных этносоциальных групп вокруг общих над этнических ценностей (патриотизм, совместное прошлое, трудовая солидарность). Она позволяет каждому гражданину независимо от национальности возвышать свое самосознание, самоощущение до уровня самопричастности к большому, единству, к гармонирующей общественное разнообразие целостности.

Разумеется, самым чувствительным компонентом коллективной памяти корейцев СНГ остается неправедная репрессивная политика власти в СССР. Но именно этот трагический период корейцев обнажил, укрепил и продемонстрировал другим народам и власти уникальные свойства – мужество, терпение, трудолюбие, коллективизм, уважение к другим этносам. Эти качества служили одним из важных факторов не только сохранения идентичности и просто выживания, но и укрепления единства общества. Межэтнические коммуникации выработали у корё сарам способность уживаться и адаптироваться в разных условиях. Разнообразие общественных сетей и их масштабы служили реализации коллективных и индивидуальных гражданских и культурных потребностей корейцев.

В связи с уменьшением роли таких идентификаторов этничности, как язык и территория, при дисперсном расселении корейцев на первое место выходит задача сохранения тех компонентов традиционной культуры, которые позволяют позитивно осознавать и воспроизводить ее уникальность и самоценность.

За 80 лет стремление к овладению русским языком, как основой для перехода к глубокому культурному взаимодействию двух таких разных миров как русский и корейский дало свои неоднозначные результаты. Современный корё сарам, получивший образование на русском языке, считают его родным. Свободно им владеют, мыслят, говорят и пишут на нем, излагают результаты своих научных исследований и творческих открытий.

С развалом СССР, когда в стране экономика была на пределе возможного житья, массовой иммиграции корейцев за рубеж не было. В большей степени это объясняется отличием современного национального менталитета корейцев зарубежья, непривычного для них Казахстана, впитавших в себя уже черты русской и казахской культуры. На современных корейцах утрата возможности обучения на корейском языке в период переселения сказалась негативно. Они практически утратили основу своей национальной культуры и языка.

Необходимо, чтобы сегодняшнее молодое поколение корейцев и будущее поколение понимали, что мы являемся представителями великой страны, все мы находимся у себя дома – и казахи, и русские, и корейцы, и представители других этносов Казахстана. Наши предки выжили благодаря поддержке местного населения. Нас связывает общее будущее, которое надо обустраивать вместе.

Мы гордимся, что именно в нашей стране успешно функционирует Государственный республиканский, академический корейский театр музыкальной комедии. У нас существует более 90 лет газета «Корё Ильбо», которая выходит на корейском и русском языках. Благодаря поддержке государства удалось сохранить эти уникальные организации, являющиеся бесценным культурным наследием для корейцев.

Работающая в республике Ассоциация Корейцев Казахстана (АКК) сегодня ставит перед собой не только внутри диаспорные задачи, но активно участвует в решении общегосударственных вопросов, направленных на социально-экономическое развитие страны, формирование и укрепление казахстанского единства и стабильности. АКК является членом уникального государственного института – Ассамблеи народа Казахстана (АНК) – занимающегося вопросами сохранения межнационального и межконфессионального согласия, всестороннего развития самобытности национальных культур, традиций и языков.

АКК не ограничивается проведением лишь культурномассовых мероприятий, ищет новые формы работы масс просвещения, вовлечения в активную общественную жизнь. Мы обязаны внести свой посильный вклад в тысячелетнюю культуры Кореи. Она уделяет большое внимание воссозданию Корейского полуострова и истории нашей диаспоры.

Важным событием после развала СССР для корейской диаспоры стало установление дипломатических отношений между Республикой Казахстан и Республикой Корея. После закрепления дипломатических и политических связей наступило время динамичного развития двусторонних экономических отношений и налаживания культурно-гуманитарного сотрудничества.

В начальный период Сеул рассматривал Нур-Султан как часть Центральной Азии и через призму своих отношений с мировыми державами. В Корее доминировал геоэкономический подход к энергетическим ресурсам Центральной Азии в целом и Казахстана, в частности. Таким деятельным и динамичным сотрудничеством Республика Корея сумела создать положительный имидж надежного экономического партнера Казахстана, обладающего всем необходимым: мощным капиталом, передовой технологией и апробированным менеджментом.

В настоящее время связи между двумя государствами установлены не только в сфере экономики и политике, но большими темпами развиваются в области гуманитарной и культурной. Таким образом, с момента дипломатических отношений между двумя странами начался процесс активного политического сближения. Корейская диаспора является своеобразным мостом между Родиной исторической и Родиной настоящей.

4. Современные семейные отношения корейцев

Огромные перемены, охватившие в последние десятилетия в корейских семьях наряду со всеми народами, не могли не отразиться на образе жизни многих казахстанских корейцев. Модернизация всех сфер общественной жизни повлекла за собой изменения в обычаях и традициях в соответствии с новыми условиями.

В прежние времена для корейцев были типичны большие семьи, при этом несколько поколений жили вместе. Они заводили большое количество детей, что гарантировало им спокойную жизнь и уверенность в будущем. Ничего необычного не было в том, что в семье было шестеро, семеро и более детей. В последние годы миграция корейского населения в городские районы, где быстрыми темпами ведется строительство многоэтажных домов, привели к тому, что молодые семьи стремятся жить в собственной квартире, а не с родственниками, в результате чего увеличивается число семей, состоящих только из родителей и детей.

Традиционно главой семьи у корейцев являлся отец. Считалось естественным, что все остальные члены семьи должны беспрекословно выполнять его желания. Невозможно было представить, чтобы дети или внуки противопоставляли свои интересы желаниям старших. Послушание старшим было в порядке вещей и считалось одной из главных добродетелей человека. С другой стороны, подразумевалось, что глава семьи будет справедлив по отношению ко всем ее членам.

Изречение, гласящее, что прежде чем управлять страной, человек должен заняться внутренним самоусовершенствованием и научиться решать собственные семейные проблемы, отражает конфуцианскую идею порядка. Она состоит в том, что если человек не в состоянии руководить своей семьей, ему едва ли можно доверить управление государством.

Согласно принципам этой системы, помимо права командовать домочадцами отец традиционно наделяется ответственностью, обязывающей его представлять интересы своей семьи, содержать и защищать ее. В случае, если он не может воспользоваться этой властью и не выполняет своих обязанностей по отношению к семье, он теряет авторитет главы семьи. Порядок в доме поддерживается путем подчинения старшим, то есть дети подчиняются родителям, жена мужу. Корейцы уважают эту давнюю традицию и подчиняются старшим строго в соответствии с нормами общественной морали.

В корейских семьях родственники и члены одного клана связаны теснейшими узами. Такие отношения не сводятся узко личным интересам или соображениям выгоды, они вытекают из традиционного представления о взаимопомощи и сотрудничестве, как о священном долге. Благодаря этому институт семьи является системой надежной защиты, при которой люди, попавшие в беду, всегда могут рассчитывать на поддержку со стороны родственников.

В основе клановой системы лежит уважение к предкам, которое находит свое символическое выражение в семейных обрядах. В годовщину смерти предков в их память в доме проводятся специальные поминальные службы. Поэтому в день Чусок превыше всего – поминки по усопшим родителям и близким. Поминки это встреча с духами усопших, значит надо предстать перед ними чистыми душой и телом. Исполнение поминального обряда всегда высоко ценили и ценят в народе как один из важнейших национальных признаков благовоспитанности, сыновней и дочерней преданности и добродетели.

Семья является важнейшей системой основных форм помощи, а также социальной и психологической поддержкой стареющим людям. Большинство исследований, касающихся отношений в семье, основываются на примерах практической помощи, помощи в случае болезни и т.д. Семейные отношения включают в себе не только то, что родители передают своим детям, но и то, что дети передают своим родителям. Эти дары детей заключаются: 1. в обогащений внутрисемейных связей; 2. в расширении круга интересов семьи; 3. в эмоциональном удовлетворении, продолжающемся всю жизнь; 4. в возможности возвращения к пройденным этапам жизни; 5. в контроле за развитием новой человеческой личности; 6. в более глубоком понимании жизни и «истинного смысла жизни». Для пожилого корейца таким источником эмоционального удовлетворения становятся внуки. Роль воспитателя подрастающего поколения семьи социально значима и в этом смысле может служить компенсацией утраты прежней социальной роли, выполнявшейся до выхода на пенсию, в то же время эта новая роль требует от пенсионера больших затрат времени и сил.

Фактически бабушки и дедушки пенсионеры выступают в роли заместителей родителей, принимая на себя значительную часть забот о внуках и тем самым снимая нагрузку со среднего поколения семьи. Именно этот аспект взаимоотношений пожилых людей со своими детьми чаще всего и привлекает внимание ученых, интерпретирующих перераспределение домашнего труда и семейных забот, их непропорциональное сосредоточение на последних этапах жизни как нивелирование социальной нагрузки в целом между поколениями. Необходимость выравнивания всей совокупности социальных обязанностей в различные периоды жизни составляет основную, объективную причину сохранения значительных семейных обязанностей у пожилых людей.

5. Корейская женщина в общественной жизни

Сегодня проблема женской самореализации весьма актуальна, поскольку для женщин кореянок кроме семьи многие реализуют себя в общественной жизни. Они получают удовлетворения от общественной деятельности, что приносят большую пользу государству. Прочие амбиции они ставят на второе место после семьи. Они находят свою реализацию в учебе, бизнесе и общественно-полезной деятельности.

Обретение и повышение профессиональных навыков – это путь, ведущий к эффективной самореализации. Многие женщины осознанно отказываются от жизни домохозяйки, делают успешно профессиональную карьеру ради комфортной жизни в своем доме. Тем самым не ощущают себя социально обделенными, так как активное участие в общественной деятельности составляет основу полноценной жизни, с которой связывается понятие «успех», самоактуализация. Дело в том, что именно в общественной работе женщина обозначает наиболее специфические для неё обязанности.

В зависимости от сферы увлечений самореализация может проявляться по-разному. Они успешно совмещают получение дополнительного образования и домашние обязанности, всячески развивают себя, осваивают всевозможные направления в разных областях. Учатся планировать время и финансы, изучают языки, порой неожиданно открывая свой творческий потенциал в области науки, образования, искусства и других областях, превращая свои увлечения в бизнесе, занимаясь тем, что приносит им не только удовольствие, но и материальное удовлетворение.

В Казахстане превалируют два типа кореянок. Большинство из них работают: одни вынужденно встраивают занятость в сферу самореализации. Позволить себе быть домохозяйками могут немногие. Притом это очень качественный ресурс – например, большинство кореянок работают в системе образования и медицины.

Женщины кореянки, так сложилось в республике исторически, высокообразованная и производительная часть диаспоры. Это огромный потенциал в условиях дефицита трудовых ресурсов.

Уже ушла в прошлое былая отсталость, экономическая беспомощность и зависимость кореянок: по уровню образования, культуры, профессиональной подготовки, по участию в общественном производстве они не только не отстают от мужчин, но в ряде случаев и опережают их.

Профессиональная занятость женщин кореянок влияет на рождаемость, как через сознательное планирование материнства, так и через те объективно-стихийные изменения в состоянии и образе жизни, которые вызываются этой занятостью. Профессиональная деятельность, общение с людьми вне семьи и тем более участие в производственной деятельности расширяют кругозор женщины, обогащают ее интеллектуальный мир. Бесспорно, что личность женщины и статус ее семейной жизни находятся в состоянии взаимозависимости. Профессиональный труд женщин приводит к изменению ролей супругов в семье в сторону равноправия, сотрудничества и стиранию различий между ролями мужчины и женщины в семье.

Для нынешних кореянок их статус не просто средство, но один из важнейших аспектов решения проблемы освобождения и достижения социального равенства. Производственная работа в условиях не только при капитализме в какой-то мере способствует укреплению их экономической самостоятельности и равноправия, поскольку она прогрессивна и закономерна. В результате, кореянки в Казахстане стали нацией сплошной грамотности. Причем, из общего числа корейцев, имеющих высшее образование, женщины составляют более половины.

Будучи равными мужскому и профессиональному уровню, и по зарплате, женский труд имеет кроме экономического содержания, и большие моральные принципы. И речь идет не столько о том работать или не работать женщине на производстве, сколько о гармоничном сочетании этой работы с выполнением функций жены и матери.

Личность женщины становится основой глобального, культурного и духовно-нравственного развития всё в большей степени. Это превращается в один из стержневых вопросов современной цивилизации. В условиях демократии и гласности корейские женщины смелее обретают свободу в выражении своих взглядов, свободны они в своих поступках и действиях.

Например, многие кореянки в советское время и в годы независимости республики смогли внести огромный вклад в становление и процветание страны. 11 женщин из 68 корейцев стали Героями Социалистического Труда, это Кан Хе Сук, Ким Ен Сун, Ли Надежда, Ли Татьяна (в 25 лет), Мун Капитолина Ивановна (22 лет), Пак Гым Сен (23 лет), Пак Елена Александровна, Пак Надежда, Хван Александра Павловна (24 лет), Цай Рен и Цой Ольга Семёновна (24 лет), 66 кореянок, родивших десять и более детей стали «Мать-героиня». В советское время депутатом Верховного Совета СССР являлась Ким Элла Ивановна, а депутатами Верховного Совета КазССР избирались Ким Роза, Тян Ольга, Хегай Ксения, Шин Вера Васильевна, после обретения независимости Казахстана Шер Раиса Петровна стала депутатом мажилиса.

В советское время на подмостках спортивной гимнастики отличилась Нелли Ким, эту спортсменку знает весь мир, она стала многократной чемпионкой Олимпийских игр по спортивной гимнастике в Мюнхене и Мехико, а также чемпионкой мира, Европы, СССР и Казахстана.

Ни Любовь Августовна – директор академического Республиканского корейского театра музыкальной комедии была избрана на XXII сессии Ассамблеи народа Казахстана (АКК) заместителем Председателя этой организации, то есть Президента РК Н.А. Назарбаева. Она, активно участвуя в разработке и принятии управленческих решений Ассоциации корейцев Казахстана, оставаясь по своему профессиональному предназначению культуре, подчиняет свою работу непосредственно проблемам политическим приоритетам.

Культурная жизнь казахстанских корейцев характерна тем, что в стране успешно функционирует один из старейших в мире корейский театр. За время проживания на казахской земле выросла целая плеяда талантливых артистов. Среди них народные артисты Казахстана Ким Римма, Ли Хам Дек, заслуженные деятели искусств и заслуженные артисты Казахстана Ким Зоя, Мун Гон Дя, Цой Татьяна, Лим Роза, Цой Виктория и др.

Важную роль в развитии и формировании корейской интеллигенции играют кореянки. Они наравне с мужчинами осваивают все отрасли науки и техники. Сегодня, когда корейцы уже проживают 80 лет в Казахстане, можно с гордостью сказать, что женщины корейского происхождения наравне с другими народами успешно трудятся на благо своей Родины. Они успешно представлены в бизнесе, университетах, академических университетах и научно исследовательских институтах творчески трудятся доктора и кандидаты наук.

Назовём некоторые их имена. Ю Валентина Константиновна д. х. н., профессор, лауреат Государственной премии РК в области науки, техники и образования. Главный научный сотрудник Института химических наук им. А.Б. Бектурова МОН РК.

Хан Наталья Николаевна д. пед. н., профессор кафедры педагогики КазНПУ им. Абая. Она являлась Председателем диссертационного Совета по защите докторской и кандидатской диссертации по педагогическим наукам в университете.

Пак Нелли Сергеевна д. филол. н., профессор, зав. кафедрой Казахского университета международных отношений и международных языков им. Абылай хана. В качестве приглашенного профессора преподавала в Лондонском университете, в Институте языкознания в Берлине и в Сеуле.

Лигай З.Н., д. м.н., профессор, врач высшей категории, руководитель отдела артериальной гипертонии в КазНИИ кардиологии. Специалист в области медикаментозной терапии кризисов при гипертонической болезни.

Этот список можно продолжать и продолжать. В корейской диаспоре в настоящее время сформировалась целая плеяда женщин, которые наравне с мужчинами трудятся на благо своей Родины (См. приложение).

6. Межнациональные браки корейцев

В бывшем Советском Союзе каждая шестая семья включала брак людей разных национальностей. Это один из ярких показателей дружественных межнациональных отношений, сложившихся в стране. В последние годы национально-смешанные семьи превратились в массовые явления. Причиной увеличения доли национально-смешанных корейских семей стал рост межнациональной брачности. В настоящее время межнациональное общение и культура – неотъемлемая черта казахстанского общества, а смешанные семьи самая тесная форма такого общения.

Межнациональные браки и семьи, как и любые другие социальные явления, необходимо изучать с двух сторон. Можно взглянуть на них как бы «изнутри»: сравнить взаимоотношения в однонациональных и межнациональных семьях, распределение обязанностей между их членами, соблюдение обычаев и обрядов каждого из народа, к которому принадлежат супруги. При таком подходе межнациональная семья рассматривается как социальная группа.

Однако, не менее важен изучения взгляд «снаружи», с точки зрения национально-смешанных семей в сложном взаимодействии социальных процессов. В этом случае межнациональные семьи рассматриваются как социальный институт. Так лучше видна общая картина развития межнациональной брачности, взаимосвязь данного процесса с основными тенденциями развития семьи.

Такие исследования могут иметь значение и при

решении практических социальных и экономических проблем нашего общества. Ведь межэтнические браки корейцев – следствие развития межнациональных контактов. Рост числа национально-смешанных браков корейцев один из показателей этнической адаптации, которая не менее важна, чем адаптация экономическая, климатическая или бытовая.

Общепризнано важность изучения проблемы устойчивости корейской семьи в казахстанском обществе. Конечно, современная корейская семья не терпит жесткой внешней регламентации. Но ситуация, когда на каждые 100 заключенных браков приходится 30, а то и 50 разводов, также не может быть признана нормальной, так как сказывается она, прежде всего, на детях. Но в национально-смешанных браках некоторые факторы, ослабляющие устойчивость семей, проявляется наиболее рельефно.

Мы в понятия «межнациональные браки», «национально-смешанные браки» и «межэтнические браки» в соответствии с принятой в этнографии и этносоциологии употребляем как синонимы и обозначаем браки между людьми разной национальности или этнической принадлежности. Когда говорим «межнациональные связи», мы имеем в виду связи между народами, так и связи между государствами, что не одно и то же. Понятие «межэтнический» - производное от научного термина «этнос» - из понятий этнографии, обозначающего «народ».

Корейцы зарубежья на более и менее длительный период по различным историческим причинам были отрезаны от исторической родины. Такие части называются «этнодисперсными группами», к таким относятся корейцы Казахстана. Они никогда не воссоединятся с основной частью этноса, и тем не менее, в течение очень длительного периода сохраняют свое этническое самосознание, элементы этнической культуры, символизирующие их единство со своим народом.

Непременным свойством корейцев является этническое самосознание, то есть осознание его членами своей принадлежности к данному этносу, связанное с отграничением от других этносов и проявляющееся, прежде всего, в употреблении общего самоназвания – «этнонима». Важный компонент этнического самосознания – представление об общности происхождения, исторических судьбах народа. Многовековое существование этноса обеспечивается передачей из поколения к поколению языка, характерных черт культуры и быта.

Межнациональные браки имеют особое значение для так называемых этногенетических процессов. Конечным результатом этногенетических процессов является образование новых этнических общностей. Процессы эти очень медленные по сравнению с длительностью человеческой жизни и поэтому не всегда заметны для не вооруженного глаза. Этногенетические процессы бывают двух видов – этноразделительные и этнообъединительные.

В результате этноразделительного процесса из одного единого в прошлом этноса в процессе его «расщепления» под влиянием социальных факторов возникают новые народы. В настоящее время в Казахстане преобладают этнообъединительные процессы. Среди них можно выделить две разновидности: процессы этнической ассимиляции и консолидации. К процессам этнической ассимиляции относят процессы растворения небольших групп одного народа в среде другого. К корейской диаспоре можно отнести к тому и к другому этногенетическому процессу, в зависимости от места проживания.

Для сохранения национальной самобытности большую роль играют Корейские национальные культурные центры в регионах, цель которых возрождение и сохранение национальных ценностей, добытые многовековой историей. Здесь человек усваивает язык, который становится родным, нормы поведения, общения между соплеменниками, характерные для членов его этноса. Здесь также он впервые узнает об исторических корнях и культурных ценностях своего народа.

Значительный рост численности межнациональных браков означает, что культурные границы между двумя этническими общностями стираются и люди перестают воспринимать друг друга как представителей разных этносов. И тогда рост межнациональных браков является одновременно и показателем и фактором развития процессов этнической ассимиляции и консолидации.

В современном обществе не существует полностью эндогамных этносов. Более того, определенный процент национально-смешанных браков, вероятно необходим для нормального развития современного народа-этноса. Если нам будет позволено такое сравнение, благодаря национально-смешанным бракам, этнос находится не в статическом, а в динамическом равновесии с окружающей этнической средой, состоящей из других народов этносов.

Например, в межнациональных браках родились и прославили корейскую нацию: Олимпийская чемпионка, чемпионка мира и СССР по спортивной гимнастике Ким Нелли; певец бард Виктор Цой; чемпионы по боксу Константин Цзю и Геннадий Головкин; Нам Людмила - оперная певица Большого театра, Кан Георгий известный историк, среди них можно назвать и членов парламента, военных генералов, деятелей науки и техники, образования, медицины и т.д. Очень высокая доля межнациональных браков корейцев, когда их численность превышает число однонациональных, внутриэтнических браков, говорит о так называемом прорыве эндогамии этноса.

В исследованиях высказывается мнение, что дополнительные сложности, возникающие в межнациональных семьях, не делают их менее прочными по сравнению с однонациональными. Обычно процент распавшихся браков в межнациональных семей корейцев примерно соответствует доле межнациональных браков в Казахстане.

Научный анализ показал, что в развитии межнациональной брачности сейчас у корейцев наблюдается естественные социальные тенденции. С одной стороны, продолжают действовать факторы, повышающие вероятность образования национально-смешанных семей. К этой группе факторов можно отнести дружественных культуре межнациональных отношений, ослабление черт традиционного образа жизни, дальнейшее сближение социально-культурных характеристик контактирующих этнических общностей, дальнейшую этнокультурную адаптацию инонационального населения в республике. Опыт таких семей может иметь и огромное воспитательное значение для развития дружественных межнациональных отношений в Казахстане.

Глава 2

Особенности мировоззренческого социума в социально-экономическом положении корейцев

1. Жизненная стратегия и этническая идентичность корё сарам

При исследовании автор исходил из того, что сам характер расселения корейцев, процессов урбанизации и культурной унификации приводят к нивелированию различий между ними и культурным большинством. А также межэтнические контакты на личностном уровне, неизбежные в сложных сообществах, ведут к тому, что характер этнической идентичности усложняется, растёт число лиц с множественной этнической идентичностью, в том числе и корейско-русской и корейско-казахской.

Как мы уже отмечали, по последней переписи населения республики в 2009 году корейцев насчитывалось более 100 тысяч. В Советском Союзе проживали более 550 тысяч этнических корейцев, наибольшее количество было сосредоточено в Узбекистане боле 200 тысяч и РСФСР – 130 тысяч, остальные в других республиках.

Мы исходим из предположения, что культурный облик казахстанских корё сарам можно охарактеризовать через анализ характера их идентификации (гражданской и этнической), что культурная идентичность оказывает влияние как на личные ориентации, так и на миграционные настроения.

Социологические исследования проводились в полиэтнических регионах (Алмаатинской, Кзылординской, и Южно-Казахстанской областях), в которых доля всех корейцев составляет примерно 70%. Для исследования принципиально важно было избрать регионы, в которых были сформированы компактные проживания корейцев с сохранением языка, традиции и культуры. Учитывая тот факт, что корё сарам относятся к репрессированным народам, подвергавшимся массовым депортациям в советскую эпоху, где сформировались значительные переселенческие группы корейцев.

Сегодня, на наш взгляд, уже не имеет значения численность корейцев, проживающих в тех или иных регионах, поскольку преобладает дисперсная форма их расселения. Кроме вышеназванных оснований, на отбор регионов влияла возможность получить необходимую административную и организационную поддержку на местном уровне.

Первая проблема, возникшая при проведении исследования, (в котором есть ограничения, связанные не только с этнической принадлежностью респондентов, но и с их возрастом), - отбор респондентов. Вторая – неоднозначность самой категории «этническая принадлежность» (идентичность). Поэтому сознательно пошли на то, чтобы ориентироваться на людей с актуализированной этнической идентичностью, то есть на активистов этнокультурных организаций и близких к ним лиц.

При том, что отбор респондентов происходил при поддержке местных корейских организаций, нельзя было не учитывать, что интервьюеры были ориентированы на то, чтобы представить этничность вообще и собственную этническую принадлежность, в частности, как важную или значимую категорию социальной стратификации, то есть вольно или невольно завышали или искажали этнонациональную проблематику. Отбор опрошенных происходил по следующим критериям: возраст, самоидентификация, сфера деятельности, семейное положение, образование.

Нивелировать недостатки стандартизированного интервью и выявить различия в понимании проблем корё сарам, особенностей их этнической идентификации и культурных ориентаций должны были фокус-группы. Они формировались по целевому принципу – из молодых людей, признающих себя в той или иной степени казахстанскими корейцами. Для получения более качественного материала проведены три фокус-группы и сравнены результаты всех дискуссий. В две другие группы вошли студенты из других регионов страны.

Отдавая приоритет качественным методам, было принято решение об их дополнении количественными, проведении массового опроса молодых корейцев в указанных областях. Трудно решаемой стала не проблема репрезентативности, а выборки. Ни квотная, ни случайная выборки использоваться не могли, ибо сам объект изучения специфичен. Поэтому с некой долей условности отбор респондентов можно назвать методом снежного кома. Всего было опрошено 100 молодых корейцев, и названный объём выборочной совокупности составил не менее 5-6% от числа лиц в возрасте 18-35 лет, в указанных областях.

Профессиональная стратегия. Мы разделили профессиональные стратегии на три группы: мобильная, выжидательная и позиционная. К первой отнесли людей со сформировавшимися взглядами на жизнь, деятельных и готовых к динамичной профессиональной переориентации. Они видят в себя в качестве управляющего различными проектами, так как получили хорошее образование за границей или же в Москве. В Корее с хорошим знанием корейского и английского языков они абсолютно уверены, что смогут найти применение своим способностям.

Второй тип стратегии можно назвать выжидательной. Как правило, он преобладает у молодых корейцев, обучающихся в вузе. Они ещё слабо видят себя в профессии и поэтому могут связывать свои карьерные ожидания с увлечениями спортом, музыкой и пр. Они рассматривают Корею как страну, в которой им будут представлены возможности развития творческой карьеры.

Третья группа позиционная практически не видит себя в Корее и скептически оценивает свои карьерные перспективы. К ним относятся корейцы 30-35 лет. Характеризуются уже устоявшимся социальным статусом, карьера связана с последовательным карьерным ростом и постановкой достижимых целей. Ответ на вопрос: Пока мои дети маленькие, не намерен менять работу и место жительства, а вообще мечтаю быть хорошим врачом или юристом.

Гражданская идентичность. Практически все опрошенные респонденты Родиной называют Казахстан. Для корейцев, компактно или рассеянно проживающих на территории Казахстана, сохранивших историческую память о территориях прежнего расселения, малой Родиной является Дальний Восток. В регионах с дисперсным расселением корейцев малая Родина не очень значима для гражданской идентификации. Что касается Кореи, то определение ее в таком качестве скорее всего является ассоциативным или точнее - мифологичным. Практически все опрошенные, вне зависимости от места проживания, связывают карьерные стратегии с Казахстаном.

Этническую идентичность, мы условно разделили на два типа: конструктивистский и примордиалистский. Первый связан с сознательным и прагматичным отнесением себя к культуре казахстанских корейцев представляет собой один из элементов личной карьерной стратегии. Второй – с отождествлением себя с группой казахстанских корейцев через определение «генетических» культурных корней и родственную солидарность.

Такое разделение не является условным исследовательским приемом, а определено культурными процессами, под влиянием которых на протяжении длительного времени находились корейцы Казахстана.

Межэтническая интеграция стала следствием, как тесного межличностного общения представителей разных этнических групп, так и результатом социальных и политических процессов (урбанизации, изменения социальной структуры казахстанского общества, государственной политики).

В результате претерпели глубокие изменения культурные традиции и сама ментальность корейцев. Об их самоощущении и самовосприятии, приобретавшем все более сложный характер, свидетельствовали попытки оценки со стороны и изнутри. Корейцы, проживавшие в городах, и корейцы, расселенные компактными группами в сельской местности, изначально различались по культурным позициям. Но в силу особенностей исторического развития страны эти различия нивелировались.

Об этом свидетельствуют и материалы исследования. Среди опрошенных преобладали респонденты, которых можно отнести к тем, для кого характерен конструктивистский тип идентичности. Как правило, это молодые люди от 25-25 лет из семей, где к корейцам принадлежит один из родителей. При этом осознание себя корейцами у них произошло поздно. «К сожалению, я немного знаю о своих родственниках, тем более и о родственниках с Кореи. Я кореец по отцу, он не знает про

Корею ничего. Этническим корейцем я осознал себя относительно недавно. Связано это было с очередным форумом корейской молодежи. С тех пор идентифицирую себя с казахстанскими корейцами».

Как видно из приведенного примера, осознание себя казахстанским корейцем связано с деятельностью молодежных организаций. В другом примере эта идентичность, осознаваемая как некая сущностная черта, является основанием для развития карьеры. «До 19 лет я жила в Алматы, говорит Жакупова Айдана, у которой мама кореянка. После школы поступила в КазНу им. Аль-Фараби в Восточный факультет. Во втором курсе я проходила годичную стажировку в университете Хангук в Сеуле, теперь моя дальнейшая профессиональная карьера тесно связана с корееведением».

«Примордиалистский» тип идентификации характерен для корейцев, проживающих компактно, в частности, опрошенные в городе Уштобе. Свою этническую принадлежность они рассматривают как некую изначальную данность и связывают ее с местом проживания их предков, а именно с Дальним Востоком, где они находились до 1937 года. Все они прекрасно говорят на бытовом корейском языке.

Для компактных мест проживания казахстанских корейцев приверженность корням, характерная для моноэтничных семей. Характер этнической идентификации корейцев, согласно данным опроса, сложен, но среди тех, кто склонен называть себя корейцем, преобладает множественная этническая идентичность, а точнее, тройственная русско-корейская и корейско-казахская идентичность.

Соотношение этнической и гражданской идентичности показывает, что три эти типа идентификации указывают на глубокое тождество корейцев со страной проживания, на их интегрированность в казахстанский социум. Эта интегрированность проявляется и в множественной этнической идентичности, и в значимости казахстанской гражданской идентичности. На это указывает и субъективное восприятие понятия «Родина»: 80%- это место рождения и проживания, 16% - страна предков, 4% - всё равно где.

Межэтническое взаимодействие, культурные позиции и матримониальные стратегии. Все опрошенные условно могут быть разделены на две группы. Первая – считает не принципиальным выбор партнера по жизни по этническому признаку. Хотя признают, что это хороший шанс воспроизвести свою этничность в следующих поколениях. Вторая группа однозначно ориентирована на преимущественное заключение браков внутри конкретной этнической группы. Но большая часть ориентирована не только на сохранение этнической идентичности, но и на ее трансляцию последующим поколениям, 64% заявили, что хотели бы, чтобы их дети оставались корейцами и 27% - что этническая принадлежность есть дело собственного выбора детей. Были респонденты, которые считают национальный брак прочнее.

Матримониальные стратегии связаны с Казахстаном. Казахстанские корейцы, отдающие предпочтению выбору брачного партнера по этническому признаку, не собираются уезжать в Корею и идентифицируют себя именно как казахстанских корейцев. «В Казахстане свободнее, чувствуешь себя достойным человеком, знаешь свои права. А в Корее, я не знаю корейского языка, это угнетает, там другие законы жизни».

Главным этно дифференцирующим признаком признали язык, обычаи и традиции, а религия как фактор культурной дифференциации практически не играет роли, равно как и черты характера. Когда речь заходит о сущностном содержании этничности значимыми критериями выступают деятельные определители. Самым значимым фактором идентификации выступает язык, по нему респонденты в основном «отличают» представителей одних этнических групп от других и по нему они готовы отождествлять себя со своей этнической группой.

Принадлежность к казахстанским корейцам носит

позитивный характер, большинство заявили, что им никогда не приходилось скрывать свою этническую принадлежность. На случаи проявления ксенофобии указали опрошенные, это есть не столько свидетельство «кореофобии», сколько распространенности общих ксенофобских настроений в казахстанском обществе.

Поскольку главным этнодифференцирующим и этноинтегрирующим фактором был назван язык, важно было оценить уровень владения им и характер его использования в повседневной жизни. Но первоначально обратили внимание на характер языковой идентификации молодых корейцев. Здесь показательно определение родного языка, все 100% родным назвали русский. Русский наиболее значим для молодых корейцев. Для многих важен язык, которым он владеет, его роль в процессе социализации. Языковая компетенция включает в себя знание разговорного языка. чтение и письмо.

Сравнение карьеры в Казахстане и в Корее. В вопросе перспективе карьерного роста респонденты расходились во мнениях. Студенты, ещё не начавшие персональной карьеры, считали. что возможности для них одинаковы в обеих странах. Корейцы считают, что перспективы и в Казахстане, и в России одинаковы.

Основной аргумент – всё зависит от самого человека, а не по национальному признаку. В студенческой среде основной акцент делается на самосовершенствование и стремлении к определенному образцу. Соответствие «критериям культурной среды» вторично. Важным моментом является и то, что на эту тему были собраны активисты молодёжных корейских организаций, многие рассматривали карьеру в Корее как возможный вариант дальнейшей личной стратегии. Но опыта самовыражения как профессионала для них ещё не существует ни в Казахстане, ни в Корее.

В следующей фокусе-группе на аргументы в пользу равенства карьерных возможностей оказало влияние присутствие «успешных», профессионально определившихся респондентов. Характер социального взаимодействия в различных сферах – от соседского окружения до взаимоотношений в трудовом коллективе, оценивается в целом положительно, то есть социальная среда оказывающая влияние на корейцев, не является для них чуждой. Об этом свидетельствуют и данные опроса. В то же время культурный образ Кореи, сформировавшиеся в сознании казахстанских корейцев положителен.

Из этого можно сказать, что казахстанские корейцы или корё сарам тесно связаны с Казахстаном и странами СНГ, история их семей указывает на глубокую укорененность представителей этой этнической группы в стране. Сложный характер отношений данный группы с государством сказался не на её культурном облике.

Сохранив свою идентичность и отчасти культурные особенности. С другой стороны, группа в значительной мере деэтнизирована: корейским языком большая часть не владеет или владеет ограниченно, о корейской культуре имеет слабое представление, а традиции, имеющие этническое значение не является органической частью их образа жизни. Очевидна двойственность этнического самосознания, они продолжают идентифицировать себя как корейцев, но при этом чётко понимают, что находятся в некой пороговой культурной ситуации, не позволяющей однозначно и определенно говорить о корейской идентичности. Подобное восприятие этничности говорит и его типическом характере.

Результаты исследования позволяют утверждать, что происходит культурная гомогенизация казахстанских корейцев, поскольку прежние различия между городскими корейцами и корейцами, проживающими в компактных и замкнутых сельских сообществах, практически исчезли, в культурном отношении диаспора в меньшей мере ориентирована на корейскую культуру, более однородна, что проявляется в характере идентификации. Большинство опрошенных подчеркивали, что осознают себя не просто корейцами, но именно казахстанским корейцем. По своему характеру этническая идентичность у подавляющего большинства казахстанских корейцев множественная –

корейско-русская.

Развал Советского Союза несомненно нанес мощный удар по самой казахстанской государственности. Единая территория оказалась разорванной на множество фрагментов, не только по линии государственных границ, но и на этнонациональные, конфессиональные и иные составляющие.

В результате Казахстан оказался перед необходимостью переоценки ценностей, определения своей национальной идентичности, своего национально-государственного проекта, адекватные новым реальностям. Сама действительность императивно требует ответа на вопросы: кто мы? и куда идем? Можно утверждать что с этой точки зрения значимость проблемы идентичного для Казахстана сегодня чрезвычайно велика и возможно не уступает значимости сугубо экономических проблем

За многовековую историю в состав Казахстана вошло множество народов, живших в разных природно-климатических и социокультурных условиях, достигших разных уровней развития. Соответственно, в формирование национальной идентичнсоти страны внесли свою лепту различные этнические соосбщества, каждое из которых принесло с собой свой специфический национально-исторический опыт, свои ценности, традиции, менталитет, правила и нормы поведения и многое другое.

Поэтому республика сталкивается с некоторыми трудностями, связанных с различиями в традициях, культурах, языках и т.д. Особо важное значение имеет то обстояиельство, что наметилась тенденция к политизации этнонациональных отношений или этничяеская самоиндетификация этносов приобрела выраженный политический характер.

При всех возможных в этом вопросе, оговоренных в Казахстане актуальна формула «единство в многообразии» и «многообразие в единстве». Идентичность гражданской или политической нации предполагает наличие символических, социально сконструированных значений, разделяемых обществом в целом, а не каким-либо отдельно взятым этническим или иным сообществом. Будучи представителями того или иного казахстанского этноса, корё сарам одновременно является гражданами Республики Казахстан.

Традиционно в Казахстане бок о бок сосуществуют по сути дела противоречащие друг другу этническое и надэтническое начала в трактовке казахстанской идентичности. Иными словами, существует очевидное противоречие, например, между понятиями казахская идентичность, казахстанская идентичность, корейская идентичность, впрочем, равно как и у других этносов. Если корейская идентичность как таковая имеет этническую коннотацию, то казахстанская идентичность основана на надэтнических началах, где казахи как главному государствообразующему нации принадлежит ключевая роль.

С сожалением приходится констатировать факт незавершенности процесса формирования чувства социокультурной, политико-культурной, национально-консолидации казахстанского согражданства и, соответственно, казахстанской национальной гражданской или политической идентичности. Речь идет о переплавке множества составляющих населения страны этносов, независимо от их исторических, традиционных, культурных, языковых, религиозных и иных особенностей.

Разумеется, было бы не совсем корректно утверждать, что в Казахстане нет межэтнических, межкультурных, межконфессиональных и иных связанных с ними и порожденных ими проблем. При всем том, в условиях совместной жизни многих поколений в составе единого государства сначала в Советском Союзе, затем в независимой республике почти все аспекты и стороны жизни подавляющего большинства этносов подверглись к глубокой трансформации на путях секуляризации и модернизации.

Что касается современного положения корё сарам, то глобализация беспрецедентно усиливает процессы миграции, смешение этноса, унификации, универсализации важнейших сфер общественной жизни. В этих условиях применительно в республике к національным меньшинствам доминирует тенденция к ассимиляции.

В настоящее время некоторое число молодых корейцев выезжают за пределы своей республики в поисках хорошего образования и работы в другие государства, больше в Российскую Федерацию и дальнее зарубежье, в том числе на историческую Родину в Республику Корея. Они, живя на новых местах, как правило, расселяются дисперсно, что ведет к существенному ослаблению, а то к прекращению связи между родным этносом. Соответственно, сужается пространство и возможности применения родной культуры и обычаев. При таком положении возрастает проблемы сохранения этнокультурной идентичности языка, культуры и др.

Не выдерживая мощные волны глобализации и информации, перестают существовать чисто этническая культура и чисто этническая идентичность. Более того, встаёт вопрос об их физическом выживании, поскольку неумолимо ускоряется тенденции к их ассимиляции.

Подобных примеров, касательно к сожалению корё сарам. Такая тенденция особенно отчетливо проявляется среди городского населения. При таком положении уже нынешнее подрасвтающее поколение теряет способность использовать родной корейский язык, культуру и иные атрибуты, определяющие национальную корейскую идентичность, а в будущем трансмировать их своим детям. Приходится констатировать, что именно такова ситуация большинства корейцев Казахстана. Очевидно, что в обозримом перспективе речь не идет о растворении этнической составляющей корё сарам к переходе кристально чистой русскости.

Значимости такой постановки вопроса особенно очевидна с учетом того, что у казахстанских этносов значительно больше объединяющих, нежели разъединяющих начал и интересов. Поэтому главная задача, стоящая перед всеми этносами, института гражданского общества – формирование общеказахстанского гражданской политической идентичности. Гражданская или политическая идентичность может быть связаны только с нацией государством и с комплексом общенациональных идеалов, единой социокультурной и политико-культурной системой, с общенациональной миссией.

Нельзя не признать тот факт, что почти все аспекты жизни подавляющего большинства этносов Казахстана к настоящему времени подверглись глубокой трансформации на путях секуляризации и модернизации. Они глубоко затронули не только социальные, экономические и политические структуры, но и сам образ жизни.

В XX1 веке многосторонние связи, интегрально

пронизывающие во всех сферах общества стали фактом жизни всех без исключения республики не задевая и не подрывая жизненных интересов всех этносов. Русская культура и язык, через которые корейцы вошли в мировую цивилизацию, в тандеме является ключевым стержнем, скрепляющим их в единое целое.

Для большинства корейцев русский язык не просто язык межнационального общения. Языковая интернационализация здесь достигла беспредентного высокого уровня. Для большинства корё сарам он стал родным. Русский язык и культура были и остаются средством и воротами интегрирования в мировую цивилизацию. Более того, без русского языка невозможно представить ни одну более или менее важную сферу жизни.

Казахстанцы – это в сущности, собирательное название всех этносов Республики Казахстан вне зависимости от их расовой принадлежности. Это значит, что в государстве Казахстан в сугубо политико-правовом смысле нет казахских граждан, нет лиц славянской и других национальностей, а есть равные перед законом граждане Республики Казахстан.

Для государства, претендующего на историческую перспективу, необходима система координат, предполагающая собственную внятную точку отсчета. Это предполагает необходимость формирования всем этносам страны единых и понятных смыслов и идеалов, которые могут стать основой единой казахстанской национальной идеи и, соответственно, единой национальной идентичности. Именно они могут обеспечить необходимый попутный ветер для экономического и социального прогресса Казахстана.

Кто он, казахстанский кореец? Чем он отличается от своего соплеменника Корейского полуострова? Можно ли говорить, что эта разность основывается на культурных и мировоззренческих особенностях? Ментальность коре сарам отличается от ментальности южнокорйцев. Тому доказательство - сложная социализация коре сарам в Корее. Этому пример того, что корейцам СНГ трудно приходится с адаптацией в местных условиях Кореи. Главная причина - совершенное незнание языка предков. А также, им приходится снова осваивать культуру и традиции исторической Родины. Кроме того, чаще всего корейцев, эмигрировавших из Казахстана и стран СНГ **в Корею, местные жители называют иностранцами.**

По проблеме этнической идентичности корейцев, живущих в разных странах мира, среди ученых существуют разные мнения и даже возникают противоречия. Так корё сарам, живущие в странах СНГ, не говоря уже о дальнем зарубежье не могут быть одинаковыми. В понимании корейцев Корейского полуострова по известныи причинам не могут быть идентифицированными с соплеменниками зарубежья.

Следует даметить, что проблема идентификации остается актуальной и в масштабе стран СНГ. Например, нет ответа на вопрос: кто такие граждане Казахстана независимо от их принадлежности. Предлагается собирательное наименование – «казахстанец», что не вызывает неоднозначную реакцию особенно со стороны этнических общностей или приемлемой остаётся формулировка – «граждане Казахстана».

Таким образом, вопрос национальной самоидентификации Казахстана является также вопросом выживания государства. Принадлежность к своему государству не просто объединяет людей в некое сообщество. Это включает свободное равноправное развитие всех этнических общностей республики. Формированию новой исторических общностей, преломленной в массовом сознании сограждан, новой политической гражданской общности.

В республике эта задача решается с большим успехом. Мы называем народы собирательно – «казахстанцы» и это не вызывает какого-либо недопонимания, воспринимается обществом как удобная форма политического выражения социально ориентированного общества, развивающегося в соответствии с глобальными экономическими тенденциями.

Современные корё сарам – это уже наполовину русские и наполовину казахи, так называют эксперты об отличие корё сарам от корейцев Корейского полуострова. Как считается исследователями, корё сарам характеризуют открытость, трудолюбие, позитивное отношение к другим этносам, принятие их матриальных и духовных ценностей. Связано это с тем, что представители корейской диаспоры с ранних лет впитывают духовную культуру и наследие русских творений, а после получения независимости и казахских. В пищевой рацион активно включаются русские и казахские борщ, пельмени, бешбармак, баурсаки и др.

В последнее время корё сарам более склонны к созданию смешанных семейных союзов на межэтнической основе. Хотя имеются явные различия между ними в разных социально бытовых вопросах (общения, гостеприимство, отношения к людям других этносов), но тут входит право идентификации различных этносов.

В то же время корейская община является более сплоченной, нежели в самой Корее потому, что различные провинции отличаются друг от друга ментальными, языковыми и даже культурными составдяющими, в то время у нас такого нет. Почему в Корее корейцев СНГ называют иностранцами? Потому что от среды продолжительного проживания никуда не уйдёшь, особенно корё сарам в четвертом и более поколениях. Корё сарам вне зависимости от среды и региона проживания объединяет единая культурная основа, которая нивелирует любые ментальные отличия. Но отличия тоже имеется.

Ментальные отличия имеются между корё сарам и жителями исторической Родины. При этом ничего отрицательного нет, что корё сарам готовы расти в казахстанском культурном среде. Они связывают свою жизнь и будущее своих детей с Казахстаном и выстраивают соответствующие стратегии, для того чтобы максимально эффективно страстись со страной. Ментальность корё сарам проявляется в более толерантном отношений к иной культуре, прежде всегок культуре тех, кто проживает рядом. Если рассуждать о дальнейшей судьбе корё сарам – надо ставить вопрос ребром либо растворится, либо уезжать.

В Казахстане этносы перемешаны, их очень много. Соответственно, корейцы, распределенные по этому пространтсву - здесь казахи, русские, корейцы и другие этносы – это один народ. Очень важно, что воспитание и восприятие жизни происходит на одном и том же языке. Именно это обусловливает столь комфортное совместное проживание всех этносов.

Как уже сказано корё сарам – это наполовину казахи, потому что живём в Казахстане. Во-первых, многое просто перемешаны с казахами. Во-вторых, в любом случае, кто живёт постоянно в этой стране, хорошо знает казахские традициии, обячаи, культуру, язык и пр., входят в быт неосознанно. А с другой стороны, присуще чувство раздвоенности малая родина здесь, а историческая далеко за границей.

Восприятие корё сарам Казахстана в контексте новых реалии независимости. Современные геополитические реалии характеризуется в общественном и научном дискурсе как «эпоха новых перемен», старт которой дали разнообразные по своему содержанию события: развал СССР, получение полной независимости союзных республик. В данных условиях важным становится изучение субъективного пространства государственной политики и механизмов его конструирования определяющих образы политических субъектов и результаты их восприятия корё сарам Казахстана.

Образ Казахстана корё сарам в данный исследовании рассматривается как результат взаимодействия совокупности технологий, применяемых для реализации стратегии «мягкой силы» на казахстанском пространстве. Включенности корейцев в сложную систему дискурсных практик, в которых они выступают одновременно в роли потребителя и в роли созидателя. В содержании образа Казахстана как части субъективного пространства корё сарам находит отражение совокупность обладаемых ею разнообразных ресурсов, определяющих её потенциал в системе международных отношений. **Таким образом, нынешним молодому поколению необходимо беречь, сохранить и передать следующему всё национальное.**

2. Образовательная система корё сарам

Корейцы придают большое значение образованию. То глубокое уважение, с которым относятся к учителю, они выразили в своем изречении: «Не наступай даже на тень своего учителя». Именно поэтому долгое время обучение строится на этом принципе. И хотя в системе образования, как и в других сферах общественной жизни происходили время от времени изменения, тем не менее, многие старые традиции сохранились.

За прошедшие десятилетия мы много добились и многого восприняли и научились от других этносов. А добились многого в области образования.

Если обратимся в те далёкие времена 1937 г., когда казахская земля приняла нас обездоленных и бедных, малограмотных и напуганных, не зная ни языка, ни обычаев местного населения. Думали ли тогда мои дед и отец, что пройдёт несколько десятилетий и корейцы станут нацией сплошной грамотности. В то время у них была одна корейская мечта – выжить, выжить ради своих детей и внуков. Много горя принесла корейцам первого поколения, затем корейская мечта была дать хорошее образование детям и быть полезным в стране наравне со всеми. Эту корейскую мечту осуществляли второе и третье поколение. Такое отношение к культе знаний у корейцев передается из поколения в поколение.

Эта традиция во многом, предопределяющий жизнестойкость нации является своеобразной не писанной законом культа знания, он взращивался и утверждался веками, стал корейской национальной чертой. Несмотря на неимоверные испытания, выпавших на долю насильственно депортированных сталинским режимом, переселенцы с первых дней пребывания на казахской земле старались дать детям высшее образование.

За эти десятилетия они стали этносом сплошной грамотности. По данным статистическим ЦСУ, корейцы по численности составляют в стране 110 тысяч или 0,6%, занимают девятое место по количеству населения. Несмотря на столь незначительную долю, они оказывают заметное влияние во все стороны общественной жизни. Как представители других нации и этносов, в полной мере пользуются правами, предоставленными Конституцией Казахстана. Они успешно реализуют свой гражданский потенциал.

По уровню образования корейцы занимают лидирующую позицию в сравнительном рейтинге этносов, проживающих в Казахстане. При этом корейская интеллигенция сыграла и продолжает играть заметную роль в казахстанском образовании. Многие представители среднего поколения успешно продолжают трудиться в университетах страны, занимают руководящие должности деканов, заведующих кафедрами и лабораториями.

По статистике «численность корейцев, имеющих высшее образование, более чем вдвое превышает средний республиканский уровень. Если на 1000 человек населения Казахстана в возрасте 15 лет и старше число, имеющих высшее образование составляет 126 человек, то среди корейцев этот показатель составляет 262 (по данным переписи населения в 2009 г.). Численность имеющих ученой степени доктора и кандидата наук превышает 500 человек, или 5 человек на одну тысячу корейцев, что само по себе является хорошим показателем даже на мировом уровне».

При этом необходимо учесть, что до 1953 г. времени реабилитации корейских переселенцев с Дальнего Востока процесс поступления молодёжи в университеты был ограниченным в связи с запретом передвижения по территории СССР. Первое поколение корейцев, чье становление в казахстанском обществе пришлось на военные и послевоенные годы, сумело занять достойное место в его структуре. Именно они своим упорным и героическим трудом заложили фундамент всего, что имеют корейцы на сегодняшний день. В то трудное и жестокое время им присваивали высокое звание Героя Социалистического труда, своим примером они доказывали будущему поколению, что только знанием и трудом можно добиться приоритетного статуса в многонациональном обществе.

Огромную роль в развитии образования для советских корейцев сыграл, открытый в 1931 г. во Владивостоке Дальневосточный Государственный корейский педагогический институт, который впоследствии был депортирован в Кызыл-орду. В Казахстане он назывался Кзыл-ординский Корейский педагогический институт им. Н.В. Гоголя, преподавание велось на корейском и русском языках. Впоследствии занятия на корейском языке прекратились, но основу знания корейского языка было заложено. С тех пор молодые корейцы стали обучатся только на русском языке, стали русскоязычным этносом. В то время знание русского языка для корейцев являлся престижным, так как владение корейским не давал карьерного роста и статусного положения в обществе.

Если взглянуть на историю образования корейцев в советский и современный период, то можно обнаружить, что первые корейские педагоги делали всё, чтобы привить корейцам родной язык. Одним из первопроходцев являлся Ни Павел Филиппович – заместитель (проректор) директора Корейского педагогического института, автор нескольких учебных пособий по корейскому языку, переводил учебники с русского на корейский. Он родился в 1896 г. в Приморском крае. В 1915 г. окончил в Омске учительскую семинарию, в 1918 г. учительский институт. После окончания института работал учителем сельской школы во Владивостоке. С 1923 г. губернский уполномоченный по просвещению по корейским школам, заведующий учебной частью Корейского педагогического техникума в г. Никольск-Уссурийске. С 1929 г. аспирант Ленинградского педагогического института им. А.И. Герцена, в 1934 г. первым среди корейцев защитил кандидатскую диссертацию по педагогике и утверждён ученым звании доцент.

С 1933 г. заместитель директора Дальневосточного Корейского педагогического института во Владивостоке. После переезда в Кзыл-орду зам. директора, декан факультета естествознания, зав. кафедрой химии. С 1946-1966 гг. работал доцентом, зав. кафедрой химии, деканом факультета естествознания КазПИ им. Абая. Дети и внуки пошли по стопам отца, его сын Ни Леонид Павлович д.т.н., профессор, академик НАН РК один из ведущих ученых Казахстана, внук Ни Александр Леонидович д. ф-м наук, профессор, окончил в Москве МФТИ. Автор подробно описал образовательный процесс одной корейской семьи Ни, показал каким старанием корейцы завоевывали столь необходимое знание.

Первой кореянкой, защитившей в 1954 году кандидатскую диссертацию по филологии на тему: «Традиции реализма в корейской классической литературе» была Тэн Анна Николаевна, впоследствии ставшая доктором филологических наук, профессором Карагандинского университета.

В сфере подготовки кадров высшей категории для народного хозяйства огромную роль сыграли доктора наук, профессора Кан Георгиий Васильевич, Лигай Мария Алексеевна, Ким Герман Николаевич, Ли Николай Николаевич, Ли Владимир Александрович, Ли Сергей Васильевич, Мен Дмитрий Вольбонович, Ким Владимир Александрович, Ким Алла Михайловна, Хан Наталья Николаевна, Ким Наталья Павловна, Ли Татьяна Владимировна и мн. др.

После развала Советского Союза между Казахстаном и Республикой Корея завязались международные дипломатические отношения в области экономики, политики и гуманитарии. В стране появилась необходимость в специалистах со знанием корейского языка.

В конце 1980-начале 1990-х гг. в ряде вузов Казахстана

стали преподавать корейский язык, что положило начало созданию отделений и кафедр. В Казахстане специалистов со знанием корейского языка готовят на факультете востоковедения КазНУ им. аль-Фараби, Казахском государственном университете международных отношений и мировых языков, Кзыл-Ординском Государственном университете, Талды-Курганском университете, Восточно-казахстанском техническом университет, Академии КНБ, Казахской государственной академии управления.

В ряде вузов и на отдельных факультетах корейский язык преподается в качестве второго иностранного языка. Подготовка специалистов корейского языка проходит в Казахстане, затем студенты проходят стажировку на 1-2 семестра в университетах Республике Корея. На сегодняшний день сотни студентов корейских отделений проходят языковое обучение и практику в Республике Корея.

В настоящее время профессорско-преподавательский состав пополняется выпускниками корейских отделений университетов. Ежегодно растет число молодых преподавателей с научными степенями магистра, кандидата наук и докторами философии PhD. На корейских отделениях также работают приглашённые профессора из Республики Корея.

Преподавателями корейского языка опубликованы учебные пособия по корейскому языку. Помощь от правительственных фондов, посольств Республики Корея и других государственных учреждений сыграла решающую роль в улучшении материально-технической базы преподавания корейского языка. В качестве спонсорской помощи они обеспечивают учебные аудитории компьютерами, аудио-визуальной аппаратурой, оргтехникой и учебными материалами. Связи корейских отделений с корейскими университетами с каждым годом нарастает. Студенты из Кореи также приезжают на стажировку в Казахстан для пополнения знания русского и казахского языков.

Благодаря системе образовательных грантов Республики Корея в последнее время интерес к изучению корейского языка среди молодежи возрос, так как хорошее знание дает возможность получить престижную работу. Большую полезную и образовательную работу проводит Алматинский корейский центр просвещения.

После получения Казахстаном независимости позволили раскрыть все стороны жизни корейцам. Корейцы, однозначно, осознавали тот факт, что не даётся всё так просто. И перед ними стояли задачи преодоления трудности социального порядка, выучить и вспоминать забытый родной корейский язык. В начале 1990-х г. заметный вклад в изучении и преподавании корейского языка в Казахстане внес профессор из Сеула Шин Ге Чол. Он являлся основателем и первым директором Алмаатинской корейской Центром просвещения, открытый в августе 1991 года.

Не зная традиций и культуры местного населения, он активно взялся за преподавание корейского языка. Вначале предполагалось преподавание вести для корейской диаспоры, к интриге нового потянулись и другие этносы. В Центре слушателями и учениками являлись не только школьники, туда потянулись и взрослые. Директору активно помогала его супруга писатель Мун Мен Рэ, которая вела классы культуры и искусства.

В Центре просвещений кроме корейского языка проводятся уроки пения, танца, спорта, демонстрируются художественные и документальные фильмы, созданные в Республике Корея. Приглашаются профессора и деятели культуры из Республики Корея, которые проводят научные конференции и семинары. Они организовывают конкурсы и тесты на знание корейского языка. Конечной целью для слушателей курсов корейского языка является сдача экзамена, подтверждающий уровень владения корейским языком – TOPIK, это особенно относится студентам, чтобы своими хорошими достижениями продолжить обучение в Корее.

Центр является ровесником республики, в 2017 году исполнилось 26 лет, когда он впервые распахнул двери для учеников. За эти десятилетия он выпустил несколько десятков тысяч студентов. Многие выпускники, окончив обучение в Центре, продолжали учиться в университетах. После окончания университета устраивались работать на корейских фирмах.

В настоящее время Центр просвещения успешно функционирует, продолжает обучать корейскому языку молодое поколение, тяга к знаниям у которых так велика, что не все успевают вовремя подготовить необходимые документы. Он за эти десятилетия расширился, стал многогранным, занятие ведутся квалифицированными преподавателями и носителями языка, прогрессивными методами.

Обучение является бесплатным для всех желающих ближе познакомиться с корейской культурой, языком и традициями. Помимо обучения представители центра проводят тематические дни, а также отмечают все корейские национальные праздники, что позволяет всем обучающимся полностью окунуться в атмосферу корейского мира.

Ежегодно около 900 человек регистрируются на курсы корейского языка. Формируются около 40 учебных групп, с которыми работают на сегодняшний день 22 преподавателя.

Кроме языковых классов, в Центре просвещения действуют также театральный кружок, класс любителей корейской популярной музыки K-Pop, класс «волонтеров», кружок «журналиста», кружок любителей фотографии.

В конце мая в Центре просвещения проходит ежегодная церемония вручения дипломов слушателям. Каждый раз в ней принимают участие от 350 до 400 человек. Слушатели Центра просвещения выступают с праздничными номерами, демонстрируют свое театральное мастерство, игру самульнори, исполнение корейской традиционной музыки.

Центр просвещения сегодня раскрывает истинное содержание - дать хорошее корейское образование казахстанцам. Дело, которое проложил первый директор новатор преподавания корейского языка профессор Шин Ге Чол, успешно продолжается нынешним молодым поколением.

3. Как корё сарам живут в Казахстане

Недавно газета «Корё Ильбо» открыла новую рубрику, приуроченную к очередной сессии Ассамблеи народа Казахстана, - "Честно о диаспорах". В ее рамках говорили о том, как ощущают себя представители не титульных наций в современном Казахстане, каким они видят свое будущее, каков их вклад в жизнь страны, какие риски могут быть с ними связаны (без этого тоже нельзя). И наш первый разговор шел тогда о корейцах.

Корё сарам в республике далеко не самая многочисленная этнокультурное объединение, зато одна из самых уважаемых, трудолюбивых и влиятельных.

За многие десятилетия за корейцами не было замечено серьезных конфликтов на межнациональной почве. Их очень часто ставят в пример как людей предприимчивых, надежных и умеющих находить общий язык со всеми. Впрочем, не только в этом заключается особое отношение казахов к корейцам, и даже не в том, что внешне они очень похожи, а скорее в общих духовно-нравственных ценностях и единых интересах. Как говорят сами представители корейской диаспоры, они считают казахов своими братьями, искренне любят Казахстан и никуда не собираются переезжать отсюда. Автор приводит их выступления.

Роман Ким, депутат мажилиса парламента Республики Казахстан.

Q. Роман Ухенович, можете дать небольшую справку о современном состоянии корейской диаспоры в Казахстане?

А. Через два года, в 2017-м, исполнится ровно 80 лет, как корейцы были депортированы в Казахстан. Сегодня здесь подрастает уже пятое поколение представителей нашей диаспоры, и благодатная казахская земля является для нас настоящей Родиной.

Еще с советских времен в республике стабильно проживает порядка 100 тысяч корейцев. И если в сложные 1990-е годы, когда люди буквально боролись за существование, представители многих других диаспор предпочли уехать из страны, то большинство корейцев осталось и вместе со всеми продолжило строить молодое независимое государство. И сегодня мы с гордостью видим плоды общей работы.

Корейская диаспора является неотъемлемой частью многонационального народа Казахстана и, конечно, вносит свой вклад в развитие страны. Наши соплеменники представлены практически во всех сферах жизнедеятельности и всюду добиваются успехов, заслуженного признания. Еще наши отцы и деды начали создавать имидж корейского народа как трудолюбивого, порядочного и верного своей стране.

Сегодня мы с гордостью можем констатировать, что Ассоциация корейцев Казахстана (АКК) - одно из самых активных этнокультурных объединений в республике. Круг задач, которые она решает, выходит за рамки чисто внутридиаспорных интересов и касается общественно-политической, экономической, социальной сфер. И это логично, ведь мы как граждане нашей страны должны активно участвовать в решении проблем, стоящих перед обществом и государством в целом. Филиалы Ассоциации работают во всех регионах республики. У нас есть свой национальный театр, газета.

Q. А у вас есть ощущение, что на корейскую диаспору казахстанские власти возлагают особую миссию?

А. Сегодня в Казахстане проживают более 120 наций и народностей. Этот факт используется как большое преимущество. Нурсултан Назарбаев поставил задачу всем диаспорам стать живым мостом народной дипломатии между Казахстаном и исторической родиной. Мы, корейцы, восприняли эти слова не просто как красивую метафору, а как руководство к действию.

Так, за последние несколько лет в рамках международного сотрудничества с Республикой Корея АКК реализовала целый ряд проектов в аграрном секторе, сфере образования, медицине, промышленном производстве. Совместно с посольством Республики Корея мы установили в Алматинской области современные южнокорейские теплицы. В прошлом году в Алматы при Каспийском общественном университете был открыт казахстанско-корейский бизнес-центр. Его деятельность направлена на расширение связей между бизнес-структурами двух стран, привлечение южнокорейских инвестиций, инновационных технологий на казахстанский рынок. Также мы активно развиваем взаимодействие в образовании, туризме, реализации гуманитарных проектов.

Сегодня наши государства действительно имеют большой интерес друг к другу. И корейская диаспора Казахстана является не просто живым мостом между двумя странами, но и активным элементом в развитии двусторонних отношений.

Q. А как вы сотрудничаете с КНДР и сотрудничаете ли вообще?

A. Да, мы работаем и с северокорейской стороной. Официальных дипломатических отношений у Казахстана с КНДР пока нет, но на уровне Ассоциации мы рассматриваем различные варианты сотрудничества, в первую очередь через расширение культурных и гуманитарных связей. Члены Ассоциации входят в состав Комитета по мирному и демократическому объединению Кореи.

Q. "Языковой вопрос" продолжает оставаться актуальным для всех диаспор, проживающих в Казахстане. Как вы его решаете?

A. Мы особое внимание уделяем государственному языку.

С момента обретения нашей страной независимости прошло 20 лет. То есть нам было дано достаточно времени, чтобы выучить казахский язык. К сожалению, процесс пока идет медленно. Многие ссылаются на отсутствие методик, нехватку учебников и т.д., но все это отговорки. Главное - желание. Для некоторых, возможно, еще недостаточно мотивации, чтобы вплотную взяться за изучение.

Глава государства всегда подчеркивает, что развитие казахского языка должно происходить постепенно, не в ущерб русскому. Но нужно понимать, что президент дает нам время, он делает все, чтобы процесс проходил без перегибов.

В центральном офисе АКК и в областных филиалах организованы бесплатные курсы по изучению государственного языка для всех желающих. Что касается каких-то специальных проектов, то мы провели казахстанско-корейский молодежный форум, на который пригласили студентов из Южной Кореи. Причем учащиеся казахского отделения одного из южнокорейских вузов продемонстрировали отличное знание казахского языка, хотя они учили его всего три года, и у них не было языковой среды. Это стало конкретным примером того, что выучить язык - дело вполне реальное.

Q. Каковы сегодня, на ваш взгляд, отношения между корейцами и титульной нацией?

A. Как вы знаете, в годы тоталитарного режима в Казахстан были насильственно переселены сотни тысяч людей, более 60 этносов. Жестоким репрессиям подверглись целые народы. Первые эшелоны с корейцами прибыли в октябре 1937-го года на станцию Уштобе. Тогда уже начинались холода, шел снег. По дороге многие потеряли своих родных и близких. Помещенные в вагоны для перевозки скота и все время находясь под строжайшим надзором, люди даже не могли по-человечески похоронить умерших. Прибыв на место, наши предки попали в нечеловеческие условия и уже утратили всякую надежду.

Власти рассчитывали, что морально сломленные люди, выброшенные в степи без еды и крова, должны обязательно погибнуть. Но помощь и сострадание казахского народа вернули этим обездоленным людям веру в будущее, подарили надежду. Несмотря на запреты властей, казахи делились с совершенно незнакомыми людьми, объявленными врагами народа, последним куском хлеба, давали кров, протянули руку помощи.

Наши родители выжили благодаря поддержке местного населения - мы никогда этого не забудем и всегда будем в долгу перед казахским народом. Чтобы будущие поколения не забывали об этом, мы установили в Уральске и Уштобе мемориальные памятники - это символ благодарности казахам от всех репрессированных народов.

Герман Ким, профессор, директор Центра корееведения КазНУ им. аль-Фараби.

Q. Герман Николаевич, какое влияние на общественную жизнь в стране оказывает корейская диаспора? В чем заключается это влияние? Что корейцы дали Казахстану?

A. Корейцы в общественной жизни страны играют такую же роль, как и все остальные ее равноправные и равнообязанные граждане безотносительно этнической принадлежности. Хотя у нашей диаспоры есть некие специфические функции, которые на нас возлагают, в том числе и президенты Казахстана и Кореи. Мы должны быть связующим мостом, каналом сотрудничества между двумя республиками.

Как известно, все диаспоры в разных странах мира подразделяются, на так называемые, visible (видимые) и invisible (невидимые). Интересно, что, несмотря на малочисленность корейцев в Казахстане (чуть более

100 тысяч, что составляет 0,6% от общего населения страны), всем кажется, что нас много. Объясню почему.

Дело в том, что корейцы по природе своей очень трудолюбивы, ориентированы на личный успех, но в то же время очень лояльны по отношению к государству, в котором живут, и добросовестно относятся к своим обязанностям. В какой бы сфере ни работали, они достигают успехов и продвигаются по служебной лестнице. В их адрес редко услышишь критику, с ними нет проблем, они, как говорится, умеют и сами жить и другим дают жить. Корейцы, по большому счету, неконфликтные и поэтому удобные и приятные в общении люди.

Корейцы продвинулись в частном бизнесе, причем не только в малом и среднем, но и в крупном. К примеру, строительные компании "Куат" и "Век", Банк "Каспийский", торговые сети бытовой и электронной техники - "Планета электроники", "Сулпак", "Технодом", штат которых достигает нескольких сотен и даже тысяч человек. Получается, что за владельцами компаний с короткими фамилиями идут люди! Почему? Потому что многое зависит от того, как руководитель относится не только к своим служащим или партнерам, но и к государственной политике, национальной идеологии. Думаю, именно в этом и заключается их влияние. Довольно часто повторяется из разных уст, что они этими своими качествами служат примером для всех остальных.

Корейцы с древних времен придавали большое значение образованию и воспитанию детей. Это заложено конфуцианством. И сегодня одна из главных родительских обязанностей заключается в том, чтобы обеспечить своим чадам учебу в престижных университетах. Поэтому сегодня среди корейцев практически нет, образно говоря, сапожников и слесарей. Разительные метаморфозы налицо. После депортации с Дальнего Востока абсолютное большинство корейцев было вынуждено работать на колхозных полях Казахстана и соседнего Узбекистана. У них не было ни паспортов, ни права покидать места поселения. Однако, как только сняли запреты, корейцы быстрее, чем другие этнические группы, переместились в города. По разным причинам, но в первую очередь, чтобы дать детям хорошее образование.

То есть корейцы умеют хорошо и быстро адаптироваться в новых условиях. Об этом говорит и тот факт, что они в очень короткий период перешли на иной языковой код. Сегодня русский язык - родной для казахстанских корейцев.

На мой взгляд, все диаспоры изначально должны быть на полголовы выше, чтобы достичь каких-то успехов. И наши предки приложили массу усилий, чтобы мы, их потомки, могли жить достойно. Сегодня корейцы играют видную и видимую роль в общественной жизни Казахстана, не пропорциональную их реальной численности. К сожалению, некоторые журналисты пытаются спекулировать на этом факте, заявляя, что корейцы "контролируют Алматы", и неся в массы подобные глупости.

Конечно, многое зависит и от государственной политики. Достаточно посмотреть на то, как живут корейцы в соседних с нами странах и как они иммигрируют в Россию или на историческую родину. В Казахстане такого активного действия не наблюдается. Наоборот, корейцы из ближнего и дальнего зарубежья стремятся к нам. Наше государство очень лояльно к нам, и мы лояльны к нему. Мы очень любим Казахстан и все делаем для его развития.

Посмотрите, что сделал для страны молодой спортсмен - Денис Тен, как он ее прославил. Я знаю, как тяжело досталась ему эта победа, как трудно было его родителям. А ведь какие только "пряники" ему не обещали за рубежом, но он выбрал Родину Казахстан···

Q. Кого из представителей корейской диаспоры вы назвали бы наиболее влиятельными?

A. Влиятельный человек, в моем понимании, - это необязательно тот, кто занимает высокий пост или важную должность. При этом понятно, что влиятельные корейцы пользуются авторитетом и признанием не только внутри диаспоры, но и в национальном масштабе. И здесь я хотел бы вспомнить покойных Юрия Алексеевича Кима - экс-председателя Конституционного Суда РК, а также Владимира Васильевича Ни - бывшего председателя совета директоров корпорации "Казахмыс" и президента корпорации "ХОЗУ".

Они были крупнейшими государственными деятелями. Нельзя не отметить известного ученого, проректора Алма-Атинской высшей партийной школы Гурия Борисовича Хана, у которого училась вся политическая элита Казахстана; Юрия Андреевича Цхая - известного тренера, видного общественного и государственного деятеля (бывшего сенатора парламента РК), успешного предпринимателя.

Влиятельными корейцами также можно назвать потомственного юриста, ныне депутата сената парламента Георгия Владимировича Кима, а также депутата мажилиса Романа Ухеновича Кима.

Последний - единственный кореец, который в "лихие" 1990-е работал акимом: он возглавлял Каратальский район Алматинской области с центром в г. Уштобе, в простонародье именуемом "столицей корейцев". Это шуточное определение пришло из советских времен, сейчас там корейцев осталось совсем немного.

Влиятельных корейцев много в культуре, образовании, спорте, искусстве. К примеру, хорошо известен сценарист Лаврентий Сон, детские воспоминания которого легли в основу народной драмы "Жеруйык". Картина посвящена казахскому гостеприимству, в ней отражена трагедия разных народов, оторванных от родного дома и высланных на чужбину. Или взять Алексея Ни, который подготовил олимпийских чемпионов по тяжелой атлетике, принесших Казахстану четыре золотые медали в Лондоне.

Q. А каково отношение к корейцам со стороны титульного этноса? Есть жалобы на притеснения по языковому или национальному признаку?

A. Как я уже говорил, корейцы быстро урбанизировались. Согласно результатам переписи 2009 года, около 85% из них проживают в городах, причем преимущественно в крупных. Каждый третий кореец живет в Алматы.

Понятно, что все они получили образование на русском языке, так как не было ни национальных школ, ни детсадов, ни вузов. Не по своему желанию или выбору они забыли свой родной язык. Они вынуждены были жить, учиться и работать в русскоязычной среде и, естественно, говорить по-русски. Впрочем, это коснулось не только корейцев, но и представителей всех других советских народов, в том числе и казахов.

С недавних пор ситуация стала заметно меняться, сейчас повсюду слышна казахская речь. И понятно, что корейцы вместе со всеми должны изучать государственный язык страны, в которой живут. Главное, что есть мотивация. Я уверен, что следующее поколение корейцев будет свободно говорить на казахском, и это естественный процесс.

Отмечу, что среди корейцев очень распространены межэтнические браки (в основном с казахами и русскими). По городу Алматы их доля составляет порядка 35-40%. К примеру, мои внуки носят фамилию Ким, но моей крови там четвертинка, а то и 12,5%, потому что моя "половинка" из аргынов, и мой зять и невестка - казахи. Это пример межнациональной семьи во втором поколении. И таких немало.

Мы настолько сплелись родственными и

дружескими связями, что воспринимаем казахов как родных людей. Между нашими народами никогда не было и, я уверен, никогда не будет конфликтов или непонимания на национальной почве. Бывают, конечно, бытовые и частные инциденты, но я на это реагирую корейской поговоркой: "Дураки и подлецы - одной национальности"···

Q. Как вы считаете, каковы дальнейшие перспективы корейцев в Казахстане?

А. Мне часто говорят: вот, мол, немцы уезжают в Германию, евреи в Израиль, греки в Грецию··· На что я всегда отвечаю с улыбкой: "Не дождетесь!" Конечно, никто не собирается выталкивать нас из Казахстана. Я не встречал людей с таким желанием. Мы, местные корейцы, приняли стратегическое решение, что будем и дальше жить в своем родном Казахстане.

Ко мне как к вице-президенту Ассоциации корейцев Казахстана недавно обратились за советом молодые ребята из Уштобе: они собираются построить у себя в районе мечеть, а рядом спортивную площадку. Говорят, там проблемы с безработицей и наркоманией. Они хотят через религию и спорт помочь молодежи обрести смысл и понять ценность своей жизни. Для меня это яркий пример того, как молодые корейцы пытаются найти новые возможности для обустройства лучшей жизни дома, а не бежать в поисках лучшей жизни за границу.

На ближнюю перспективу я не вижу каких-то особых проблем. Что же касается далекой перспективы - лет так на 100 вперед, то, я думаю, следующее поколение казахстанских корейцев освоит казахский как родной язык, возможно, часть из них примет ислам: конечно же, они будут не только чтить обычаи, но и совершать сами казахские обряды. То есть я вполне предполагаю, причем без траурной скорби, что корейцы как диаспора могут ассимилироваться в следующем веке. Но история знает и обратное - что в течение тысячелетия диаспора не растворяется в окружающей среде и сохраняет свои уникальные особенности.

В чем я точно уверен, так это в том, что сохранятся наши короткие фамилии. Как казахи помнят свои корни до седьмого колена, так и наши потомки будут помнить нас. Мы же должны сохранить то, что передали нам наши предки, наше доброе имя. За это я чувствую свою персональную ответственность.

Денис Ким, лидер Молодежного движения корейцев Казахстана.

А. Сегодня представители корейской молодежи, наряду со своими сверстниками, охвачены стремлением стать профессионалами в тех специальностях, которые они выбрали. Я говорю о студентах, так как школьники пока еще находятся на распутье тех самых дорог, что приведут их в дальнейшем к делу, которому они посвятят всю свою жизнь. Быть лучшим и успешным - это тренд нынешнего поколения. Если вспомнить, в их возрасте мы были совсем еще детьми, у которых все мечты были ограничены возможностями того времени. Сегодня в нашей стране созданы все условия для роста и развития молодых лидеров. Благодаря политике нашего президента мы ощущаем эти возможности, то равенство между гражданами нашей страны, о котором говорится в Доктрине национального единства Казахстана. С момента переселения наших предков прошло уже более 80 лет. У корейцев Казахстана, да и у корейцев всех постсоветских стран, сформировалась своя история - история "русскоязычных" корейцев. Каждый представитель корейской молодежи понимает, что на этой земле жили наши деды и отцы, в этой земле они были похоронены, и здесь будут жить наши дети.

Если говорить о перспективах, то главный приоритет сегодняшнего поколения молодежи -

сохранить все достижения наших старших и создать еще лучшие условия для роста наших младших. Я не упускаю тот факт, что многие перспективы связаны со знанием государственного языка. Считаю, что его нужно изучать, и для этого государством созданы все условия

Конечно, у корейской молодежи есть стандартные проблемы: трудоустройство, квартирный вопрос для молодых семей, доступность образования для малоимущих, выбор профессии. Но, на мой взгляд, все они напрямую связаны с подходом каждого человека к жизни. Однажды я стал свидетелем диалога между учеником и учителем. Первый спросил: "Учитель, как я стану успешным? У меня нет никаких особых способностей и навыков⋯". На что второй ответил: "У тебя есть одна особенность - способность к труду". Я считаю, что это и есть решение всех проблем каждого представителя казахстанской молодежи.

Мы прослушали выступления корё сарам трёх поколении, из этого можно сделать вывод, что нам в Казахстане живётся вполне комфортно и хорошо.

4. Корё сарам в культурном многообразии Казахстана

С провозглашением государственной независимости перед молодой республикой Казахстан встали новые ответственные задачи: обоснование новой системы ценностей, радикальное изменение ориентации общественного сознания и взаимопонимание в многообразии этнических культур. Чтобы преодолеть эти важные проблемы, политика государства трансформировалась от прежней идеологии и определила новые ценностные культурные конструкции. Прощание с прежними догмами и стереотипами тоталитарной идеологией позволило заново открыть и переосмыслить многоликой культур республики. Одним из главных достижений является возрождение и развитие этнических культур Казахстана.

В современном казахстанском обществе наблюдается богатое культурное многообразие. Здесь нашли свою Родину представители многочисленных этнических и религиозных групп. Корё сарам, живущий в Казахстане уже на протяжении нескольких поколений, в значительной степени ассимилировались в местных условиях, и считают его своей Родиной. После получения независимости и распада

Советского Союза, с изменением национальной политики, корейцы прилагают усилия восстановить особенности своей культуры и передать их новому поколению.

Культура – необходимое условие существования всякой национальности и поэтому может рассматриваться как всеобщее достояние. Все человеческие достижения имели свою цель, мир культуры является миром ценностей, каждую культуру можно представить как набор конкретных, разделяемых большинством её представителей ценностей, находящихся в определенной иерархии.

Культура является проявлением консолидации нации и этносов, вступающих отношения друг с другом. Казахстан является полиэтничесим и поликонфессиональным государством, одним из ярких проявлений консолидации стало межэтническое согласие и стабильность. Формирование консолидирующегося сознания выражается в появлении национальных культурных центров, в их деятельности по возрождению культур и языков.

Культурное многообразие – важное условие для самопознания человека. Чем больше культур он узнаёт, тем лучше он поймёт себя и тем богаче будет его духовный мир. Диалог культур – основа и важная предпосылка для формирования и укрепления таких ценностей, как толерантность, консолидация и интеграция.

Культура – явление целостное и органическое.

Необходимо усвоить, что она искусственно не конструируется и не трансформируется, подобные эксперименты ведут только к ее повреждению и разрушению. Утверждается идея специфичности и многообразия развития разных культур. Каждая, из которых по своему встраивается в общемировой цивилизационный процесс, опираясь на свои глубинные духовно-нравственные архетипы. Человеческий мир многоцветен и интересен именно потому, что основу культуры каждого из народов составляют свои культурные святыни, не подлежащие никакому логическому обоснованию и не переводимые адекватно на язык культуры иной.

Это вовсе не значит, что нужно отвергать чужое. Изучать чужой опыт можно, но стоит помнить, что это именно чужой опыт. В мире существуют различные культуры, но они не могут быть «лучше» или «хуже». Ошибкой является стремление их исправить или улучшить по какому-то образцу или модели.

Что мы имеем при исследовании и изучении культуры корё сарам в многообразной казахстанской среде. Она переживает сложный период, характеризуемый развертыванием, как противоречий, заложенных в её историческом становлении, так и вызванными процессами развалом СССР.

Культура корё сарам содержит в себе национальное

своеобразие и в союзе с других этнических многообразии. В период пребывания всех этносов в составе Советского Союза культура прошла серьёзные испытания и понесла значительный урон. Народам навязывалась чуждые идеологизированные культурные ценности другого народа.

Всякое стремление к развитию национальной культуры рассматривалось властями как проявление национализма. Всё это привело к переоценке ценностей, усилению оторванности значительной части людей от своих культурных корней. Стиранию из их памяти национальных обычаев и традиций, обесцениванию их родного языка в общественно-политической жизни. Но, несмотря на все эксперименты по формированию единого «советского народа», лишённого национальных различий, корё сарам сумел сохранить свою самобытность.

Проживая уже более 80 лет на земле казахов, корейцы вносят элементы своей культуры в типично русской, казахской и других этносов образ жизни. Новый образ жизни отражает бикультурный характер этой среды. Когда мы говорим о культуре казахстанцев, мы имеет в виду не смешение культур, а ее разнообразие. Каждая национальная культура имеет право на существование и на плодотворное развитие.

Казахстан – это сообщество разных культур, в котором всегда есть место для нового развития со своим голосом.

Если мы живее в Казахстане, то он для нас является Родиной, в неё нельзя войти, оставаясь самим собой, можно только подчиниться.

Корё сарам во взаимодействии с разными культурами. В этом взаимодействии проявляется двойственные тенденции. Взаимное усвоение элементов русской культуры способствует интеграционным процессам – усилению контактов, распространению двуязычия, увеличению смешанных браков, а с другой стороны сопровождается усилением этнического самосознания. В зависимости от различных внутренних и внешних факторов взаимодействий культур на национальном уровне может принимать различные формы и приводить к возможным вариантам этнокультурных контактов:

1. прибавление – простое количественное изменение в культуре корё сарам, который, сталкиваясь с другой культурой, осваивает некоторые ее достижения;

2. усложнение – качественное изменение культуры под влиянием более зрелой;

3. убавление – потеря собственных навыков в результате контактов с более развитой культурой;

4. обеднение – деструкция культуры под воздействием извне, происходящая в силу отсутствия достаточно устойчивой и развитой собственной культуры.

В целом протекающие при взаимодействии на этническом уровне процессы могут привести к разным формам, как объединение этносов и их культур (ассимиляции, интеграция), так их разделения (транскультурация, геноцид). В пределах казахстанской культуры есть много адаптированных, но и уникальных культур, это множество различных этнических культур. Будучи страной полиэтнической Казахстан находится под влиянием многих культур, включая в себя различные обычаи, традиции, религии, искусстве, еде и во многом другом. Почти каждый этнос повлиял на развитие культуры корё сарам, в первую очередь это была русская, затем культуры коренного населения и других братских этносов.

В Казахстане национальный уровень взаимодействия культур возникает на базе уже существующих этнических отношений. В результате национальное единство на моноэтнической или полиэтнической основе через общую хозяйственную деятельность, дополняется созданием государственного языка, являющегося и языком межэтнического общения. Ведущим элементом национального единства выступает государство, регулирующие межэтнические отношения внутри своих границ. Государство стремится к интеграции нации и этносов.

Независимость республики открыла перед корейцами

Казахстана широкие возможности для национального возрождения и развития их культурных ценностей, вхождения в мировые культурные процессы, от которых в течение многих десятилетий они были оторваны. Большие возможности независимости республики открыла и для культурного сотрудничества между этносами внутри страны и с исторической родиной Корейским полуостровом.

Культура корё сарам представляет сложную систему с определенной иерархии ценностей. Эта система является динамичной в том смысле, что она развивается и ее иерархические установки постоянно меняются. Взаимодействие культур образуют межэтническое общение с меняющимися в пространстве и времени характеристиками.

С приобретением независимости Казахстана можно заметить актуализацию корё сарам, который в советское время считалось ассимилированным с другими этносами, сохранили свою самобытность и самосознание. У корейцев начался процесс, получивший название «поисков корней» или возвращения этнической идентификации.

Безусловно, национальное самосознание, любовь к своей нации – важнейшие условия формирования и функционирования этноса. Это один из центральных компонентов идентичности человека и одно из главных свойств, обусловленных этнической общности.

В Казахстане эта сфера особенно значима в связи с многонациональностью. В свое время сталинский режим проводил политику репрессий по признакам национальной принадлежности, строго регламентировалось государством. В Конституции РК восстановлено право, соответствующее мировым нормам, согласно которому указание собственной национальности – не обязанность, а право человека.

Национальная принадлежность не должна ничем ограничивать гражданские права человека и тем более унижать. В то же время на пересечении проблемных полей многообразия культур возникает вопрос современного общественного развития, решение которого приобретает экзистенциальный характер. Как адекватно организовать это разнообразие и одновременно обеспечить гражданское единство и согласие полиэтнической и поликонфессиональной стране. Эта насущная проблема для многокультурного Казахстана.

Казахстан приступил к реализации масштабной программы Президента РК Н.А. Назарбаева «Модернизация общественного сознания», которая включает эффективное продвижение современной казахстанской культуры за рубежом. Становясь участниками любого вида многообразия культур, люди взаимодействуют с представителями других культур, зачастую существенно отличающихся друг от друга. Отличия в языках и в бытовых условиях, нравах зачастую эти контакты делают трудными и даже невозможными. Но это лишь частные проблемы в культурном многообразии. Основные проблемы лежат за пределами очевидных различий. Они в различиях в мироощущении, ином отношении и понимании мира и к другим людям.

Главное препятствие, мешающее успешному решению этой проблемы, состоит в том, что мы воспринимаем другие культуры через призму своей культуры. Поэтому наши наблюдения и заключения ограничены ее рамками. С большим трудом мы понимаем значения слов, поведений, которые не характерны для нас. Отсюда напрашивается вывод, что эффективная многообразие культур не может возникнуть сама по себе, ей необходимо целенаправленно учиться.

Существующее в Казахстане многообразие культур в значительной мере обусловлено многообразием культурных традиций. Традиций образуют коллективную память обществ и социальных групп, обеспечивая их самотождественность и преемственность в развитии. Каждое поколение, получая в свое распоряжение определенную совокупность культурных образцов, не просто воспринимает и усваивает их в готовом виде, но всегда осуществляет их собственную интерпретацию и выбор. В этом смысле каждое поколение выбирает не только свое будущее, но и сохраняет прошлое.

Богат национальными культурами Казахстан. Культура жизни народа этой страны любопытна и многообразна. Одна из них культура корё сарам. Богатую культуру Кореи нередко называют уникальной. Несомненно, она обладает своеобразными, присущими только ей чертами, и все же такое определение звучит расплывчато и употребляется слишком часто. Прежде чем приступить к изучению истории корейской культуры или хотя бы к серьёзному разговору о ней необходимо составить ясное представление о культуре всего Корейского полуострова.

С момента обретения независимости основными приоритетами деятельности государства в культурной сфере были объявлены, сохранение и развитие национальной культуры и культур этносов, населяющих Республику Казахстан. Заметную роль в развитии культуры корё сарам играет Корейский театр. Корейский театр активно участвуют в различных фестивалях дружбы народов, в которых принимают участие профессиональные и самодеятельные художественные коллективы. Развиваются международные связи Корейского театра с искусством Южной и Северной Кореи.

Таким образом, взаимодействие культур – необычайно актуальная тема в условиях современного Казахстана и мира в целом. Вполне возможно, что она важна с проблемами экономическими и политическими. Культура составляет в стране известную целостность. Чем больше у культур взаимодействий и взаимных дополнений, тем выше она поднимается.

Как реальность многообразие культур не сводится к процессам коммуникации, он включен самым активным образом в другие процессы в межкультурного общения, включает восприятия друг друга партнерами. Корё сарам вернулся к ценностям прошлой культуры, возврат стал возможным благодаря тому, что сохранились некоторые памятники материальной культуры, живые носители культуры, а также традиции, обычаи, трудовая этика, религия, историческая память народа.

Культурная ассимиляция у корё сарам: усвоение культурных черт, которая попала в культуру большинства, то есть ситуацию усвоения через эмиграцию в страну с другой культурой. Корё сарам была и остаются национальным меньшинством. На протяжении 80 лет они впитывали черты доминирующей национальной русской культуры. Ассимиляция могло продолжаться до полного растворения в новой культуре и потери своей культурной самобытности.

Процесс взаимодействия культур, ведущей их к унификации, вызывает у корейцев к культурному самоутверждению и желание сохранить собственные культурные ценности. Процессу открытия культурных границ они противопоставляют непроницаемость своих собственных и гипертрофированное чувство гордости своей национальной самобытностью. Различные возрастные группы корейцев реагируют на влияние извне по-разному. Диапазон сопротивления процессу слияния культур достаточно широк, от пассивного неприятия ценностей других культур до активного противодействия их распространению и утверждению.

Результатом новых экономических отношений стала широкая доступность прямых контактов с культурами, которые ранее казались недоступными. При непосредственном контакте с такими культурами различия осознаются не только на уровне одежды, пищевого рациона, но и в различных ведения способах ведения дел. Взаимодействие осуществляется на разных уровнях и разными группами носителей соответствующих культур.

Проблемы культурного многообразия. Прежде всего является в различий в мировоззрений и разногласий в межкультурной коммуникации. В одних культурах цель взаимодействия важнее, чем само общение, в другом – наоборот. Но овладение культурными знаниями способствует совершенствованию многообразие культур. Многообразие культуры определяет такие категории, как человечность, добро и душевное состояние индивида.

Но в то же время, как бы ни складывались обстоятельства, представители разных культур, находясь в процессе взаимодействия, неизбежно испытывают определенные психологические неудобства. Движущей силой адаптации является взаимодействие доминирующей группы, которая обладает большим влиянием процессу многообразию культур.

Благодаря мировой глобализации экономики и политики, процесс взаимной адаптации культур приобрёл более массовый характер. Безусловно, с одной стороны, это способствует более равномерному развитию экономики всего мира. Весь мир связан одной экономической цепочкой, ухудшение ситуации в одной стране не оставляет равнодушным других стран. Каждый участник мировой экономики заинтересован в благополучии всего мира. Огромную роль в мирной сосуществований государств с различными идеологиями играет культура.

Глава 3

Участие молодого поколения Корё Сарам в социуме Казахстана

1. Современная профессиональная и трудовая деятельность Корё Сарам

Осенью 2017 года корейцы, проживающие в СНГ отметили 80 лет депортации с Дальнего Востока в Центральную Азию. Случай, конечно, уникальный в истории человечества, объявить весь народ японскими шпионами, неблагонадёжными. Как известно, трагическую роль для корейцев сыграло Постановление № 1428-326 сс кремля от 21 августа 1937 года «О выселении корейского населения из пограничных районов Дальневосточного края» за подписью И.Сталина и В. Молотова. Это «историческое творение» тоталитарного режима на десятилетие предопределило трагическую судьбу корейцев, проживающих в Советском Союзе. Оно принесло нам деградацию культуры, тяжкие демографические потери и потерю языка.

Если внимательно прочесть этот пресловутый документ – тут произвол, беззаконие, издевательство над целым народом. Власть приняла жесткие профилактические меры по отношению ко всему корейскому народу, которое мирно проживало на Дальнем Востоке. Не смотря на то, что корейцам к тому времени уже не надо было доказывать свою лояльность и трудолюбие по отношению к государству, по директиве Сталина-Молотова весь корейский народ подлежал принудительной депортации.

С тех трагических дней прошло уже более 80 лет. Для отдельного человека это солидный возраст, а для этноса творение в будущее. Что стало с корейцами за 80 лет проживания на просторах бывшего Союза? Стали они слабее, потеряли свою волю, поддались уготованной судьбе или же восстали из пепла как птица феникса? Пусть об этом рассудит сама история корейцев, которая не превратилась в пыль человечества, а выстояла и стала нацией сплошной грамотности, ему по плечу на сегодня все мировые творения цивилизации. Среди них можно встретить членов правительства, парламента, знаменитых ученых с мировыми именами, генералов, руководителей промышленности и сельского хозяйства, успешных бизнесменов и мн. др.

Много воды утекло с тех пор, когда наши первые предки переселились на Российский Дальний Восток, устанавливали советскую власть, дети их строили социализм в Советском Союзе, а внуки с успехом освоили рыночную экономику. С развалом СССР началось дробление истории советских корейцев. Теперь это уже прошлое, пришла эра корейцев СНГ уже со своими государственными историческими событиями, социальным развитием и культурой. Но, несмотря на превратности судеб мы все являемся корейцами, где бы не жили, будь это Корея, Китай, США, Япония, СНГ, Европа, Латинская Америка, Африка и т.д. У нас внешнее биологическое сходство, в жилах течет одна кровь, нас объединяет всё- таки один язык, культура, обычай и традиция.

Развал Советского Союза и трудовая деятельность корейцев. Если в начале депортации в конце 30-х годов XX в. профессиональной деятельностью был сельскохозяйственный труд, то в середине 50-х годов корейская молодежь начала активно осваивать университетские науки. В то время с корейцев сняли позорное «крепостное право» проживания только в одной местности, где они были зарегистрированы. После смерти вождя всех народов Сталина они уже могли перемещаться по всей территории Советского Союза.

Многие поступили в вузы Москвы, Ленинграда, Киева, Минска, Алма-Аты, Новосибирска и в другие крупные города. После окончания институтов они уже не возвращались в места бывшего постоянного пребывания. Началась массовая образовательная и трудовая миграция корё сарам на пространстве СССР.

Таким образом, корейцы становились сплошным грамотным населением. Они занимали лидерское положение как в СССР, так и в современном Казахстане. В настоящее время, когда становление молодой государственности Казахстана проходило в очень сложных условиях, когда формирование рыночной экономической системы охватило весь спектр общественной жизни, ни один человек не может остаться без приобщения, без чувства сопричастности ко всему происходящему. Новое поколение корейцев, проходя весь этот сложный процесс обновления, перемен и преобразований, оказалось одной из тех общественных групп, которая требует выработки адаптации к реформам республики.

Существующие проблемы нельзя рассматривать в отрыве от общегосударственных, так как все население Казахстана испытывает в целом одинаковые социально-экономические испытания. Рыночные тенденции, появившиеся в стране на пути к цивилизованному современному обществу, обнаружили дифференциацию во всех проявлениях общественной жизни. Благодаря кардинальным изменениям в экономической сфере, у корейцев, как и у других народов, имущественный ценз становится определяющим. Другими словами, главными социально дифференцирующими признаками становятся материальное положение и отношение к собственности. Из этого следует, что изменение материального положения корейцев, произошедшее за последние годы, отражает не только общую тенденцию жизненного уровня населения, но и процесс его дальнейшей социальной дезинтеграции.

Безусловно, как мы уже отмечали, образовательный статус корейцев по процентным характеристикам существенно выше, чем у других этносов республики. Следовательно, у корейцев больше возможностей адаптироваться к новым экономическим условиям. Преимуществом нового поколения, вступающего сегодня на жизненную стезю, является то, что они подходят к делу без предвзятого мышления, умеют быстро учиться и переключаться с одной идеи на другую, не заботясь об уже принятых за истину теориях, социальных парадигмах. Проводившиеся научные исследования в местах компактного проживания корё сарам показали, что оценка социального расслоения, как естественного процесса, превалирует среди корейцев Казахстана более молодых возрастов.

При этом значительное количество представителей молодого поколения, считая, что люди отличаются друг от друга своими способностями и возможностями, выступают приверженцами либерального подхода к проблеме неравенства. Примечательно, что либеральный подход в отношении к социальному неравенству наблюдается у 22,8% респодентов 18-29-летнего возраста, в то время как у 50-59-летних этот показатель составил 13,1%. Более чётко тенденция снижения толерантности к процессу расслоения с повышением возраста опрошенных проявились на примере демографического сознания. Так, 28% респодентов корейцев молодого возраста считают, что государство должно предоставить всем равные стартовые возможности, невзирая на национальность. Среди 60-летних лишь 16,6% опрошенных согласились с такой позицией. Таким образом, повышение возраста респондентов обратно пропорционально удельному весу сторонников либерально-демократического отношения к углублению социального неравенства.

Тем не менее, сферу экономических и трудовых отношений 45,6% респодентов 18-29 летнего возраста оценили как сложную. Сложившуюся ситуацию в социальной сфере считают сложной 39,5% из числа опрошенных 18-29-летнего возраста.

Согласно этим же исследованиям, наиболее актуальными проблемами казахстанского общества, по мнению корейцев, являются выплата зарплаты, инфляция национальной валюты, безработица, проблемы в здравоохранении и образовании. Таким образом, уровень социального напряжения среди корейцев, как и общества в целом, напрямую связан с вопросами обеспечения нормального образа жизни.

Проблемы более сложного взаимодействия социальной системы, как, например, проблемы этнические, языковые, миграционные, правовые и другие, волнует в меньшей степени. В целом относительное большинство нового поколения корейцев сложившуюся в Казахстане общественно-политическую ситуацию оценивают как позитивную. Согласно опросам, так считают 49,3% респодентов.

За последние десятилетия заметно снизился уровень в общественно-политической активности корейцев. Как показали проведённые исследования, в республике наблюдается достаточно низкая степень политизации сознания у корейского населения, так как они не стремятся к политическим оценкам своей ситуации. Официальный курс реформ, будь то приватизация или частная собственность на землю, не вызывает отклика и соответствующей оценки у корейцев. А нынешнее молодое поколение в целом аполитично, инертно и нейтрально к происходящим политическим событиям.

По сравнению с людьми пожилого и более старшего возраста корейская молодёжь проявляет меньший интерес к политике. Показательно, что в сознании современной корейской диаспоры стремление к власти и популярности, которые сопровождают всякую политическую деятельность, занимает одно из последних мест среди жизненных ценностей и идеалов.

Видимо, это объясняется тем, что в обществе интерес к политике существует по преимуществу у тех, кто делает политику и напрямую связан с ней. Молодое и среднее же поколение больше занято решением и повышением своих профессиональных навыков. Их больше тяготит участие в бизнесе и коммерции. Там можно приложить больше свои творческие способности и конкурировать на рынке.

Следует отметить, что и политическое сознание молодых и среднего возраста корейцев, в частности, относительно приоритетности форм собственности, отличается известной долей либерализма. То же самое нельзя сказать о другой части более старшего возраста, которые отдают предпочтение государственной форме собственности.

Среди корейцев старшего возраста прослеживается чёткая тенденция роста привлекательности идеи сильной власти, так как общество, в особенности его, наиболее социально уязвимые слои, устало от тяжёлой жизни. Но среди молодёжи идея установления любых форм авторитаризма приветствуется в наименьшей степени. Более того, большинство корейцев поддерживает политический плюрализм при соблюдении объективных правил игры.

68% молодых и среднего возраста корейцев поддерживают либерально-демократическое понимание политического процесса, данный показатель хорошо коррелирует с потенциалом авторитарности, который равен 13%. Иначе, молодое и среднее поколение наименее склонно к авторитаризму, тогда как лица старше 50 лет в определённой степени склонны к установлению «железного порядка».

Результаты социологического опроса показали, что большинство молодёжи (27%) в первую очередь хотели бы реализоваться в бизнесе. После бизнеса по степени приоритетности идут такие сферы человеческой жизнедеятельности, как семья – 25,7%, производство – 16%. Значительная часть молодого поколения для оценки сфер жизни в качестве своего предназначения поставила семью. Большинство корейской молодёжи менее всего видит возможность реализации своих возможностей в политике.

Политическая деятельность требует материальных затрат, необходимого образования, определённых человеческих качеств и множество других сопутствующих факторов, которыми молодой человек ещё в достаточной мере не обладает. Если исходить из того, что все вышеперечисленные условия настораживают многих, то представляется вполне закономерным тот факт, что молодые люди выбирают менее рискованную, более безопасную, стабильную сферу деятельности. С другой стороны, падение интереса молодёжи к политике связано с их разочарованием в результатах деятельности власти и возрастающей ориентации на сферу бизнеса и потребления.

С наступлением рыночных реформ новое поколение корейцев восприняло идеи капитализма как вполне естественная закономерность эволюции любого цивилизованного государства. Закон стоимости действует как закон всемирного тяготения, все должно регулироваться рынком. Неестественное, механическое единообразие корейцев под флагом демократии и свободы личности стало социокультурным императивом нашего времени.

В культурной жизни корейской диаспоры наблюдается восхваление вестернизации. С экономическим развитием страны, мы всё больше идём к тенденции прогресса духовной и культурной ассимиляции. В этой связи представляет опасность превращение нынешней интеллектуальной молодёжи в денационализированную интеллигенцию. Нация, не имеющая особой исторической культуры и специфики, всё больше становится образцом развития для корейской молодёжи. Настоятельным образом требуется принятия мер, которые вобрали бы в себя как культурное прошлое, так и историческую перспективу.

Социологический анализ проблем социально-стратификационной структуры корейского населения показал, что и среди него происходят некоторые изменения: переход из одних социальных структур в другие и появление новых социальных страт, становление среднего класса и обеднение других слоёв. В последние годы среди корейцев появляются новые слои или, как мы их называем, страты, социокультурные образования – предприниматели и деловые люди, свободные профессионалы, кооператоры и другие. Исследования показали изменения в социальной структуре корейской диаспоры, в том числе и молодёжи, от иррационального (мифологического) отражения начинается поворот к более «взвешенной» идентификации, более рациональному пониманию собственного места в казахстанском обществе.

Провозглашение независимости Казахстана повлекло за собой ряд событий, которые определили новые условия существования многонационального Казахстана и корейцев в том числе. Стремление казахского народа к социальному возрождению начинает приобретать торопливое наверстывание упущенного. Этот инновационный напор в сторону «казахизации» как бы в противовес былой «русификации» превышает адаптационные возможности людей и вызывает у представителей некоторых народов тревогу за судьбу своих культур на территории республики. Обоснована или нет эта тревога – другой разговор, но она есть.

Обретение Казахстаном суверенитета, становление его государственности пришлось на тяжёлый период экономического кризиса, расстройства всех связей от экономического до личностных между республиками Советского Союза. Именно это обстоятельство больше всего переживается каждым гражданином и особенно теми, кто живёт вне своей исторической родины. Корейцы как бы вспомнили о своей национальной принадлежности, будучи ранее довольно равнодушны к ней. Они задумались над тем, где же настоящая родина – там, где они родились, или где привыкли жить, или где земля предков. Такие переживания свойственны, конечно, не только корё сарам.

Помимо успехов достижений в науке, технике, культуре, бизнесе у корейцев имеются также и проблемы, которые необходимо решать. Одной из важнейших проблем для корейцев было и остаётся возрождение потерянного родного языка и культуры. Остальные проблемы тесно связаны с другими народами, с которыми они проживают. Сказать, что у корейцев больше успехов или больше проблем накопилось за время проживания в Казахстане также нельзя. Не бывает так, что один народ преуспевал или отставал во всем от остальных. Корейцы Казахстана – это часть населения республики, все радости и беды переживают вместе с другими народами, потому что политика государства, как отметил великий современный писатель О. Сулейменов направлено по принципу «восхваляя степь, не унижай горы».

Таким образом, можно сказать, что будущее корейцев органически связано с разворачивающейся глубокой трансформацией страны на путях обновления. И надо сказать, что этот процесс стал естественным союзником в деле укрепления государства, придания большой цивилизованности. Вызванные глубокие сдвиги социально-экономического порядка в Казахстане, в значительной мере ставят перед корейцами одни и те же проблемы с другими народами, требующих схожих решений или совместных усилий. Поиск оптимальных форм организации современной экономики повышают тягу к сочетанию многообразных форм хозяйствования и собственности, социализации ряда сфер общественной жизни, опоре на индивидуальную или групповую предприимчивость.

С переходом к рыночным отношениям открываются перед корейцами большие, а во многом значительные возможности и достижения. И всё-таки важно отдавать себе отчёт в том, что будущее корейцев, как в целом развитие Казахстана, полностью зависят от общественного развития.

Никакого благородства в реализации тенденций не существует. За 80 лет проживания в Казахстане в жизни корейцев показали огромные трудности, связанные с осуществлением её целей, наличие, как позитивных тенденций, так и мощь тормозящих сторон.

Таким образом, можно отметить, что в перечне человеческих заслуг важное место занимает профессиональные качества, умение быть мастером в своем деле, корейцы в этой структуре проявили себя, как умельцы высокого качества. При этом замечено, что высокий профессионализм соседствует с моральным принципом. Именно такая совокупность заслуг позволяет говорить о какой-то значимой личности, причислять его к достоянию нации.

Конечно, автор многое не затронул о профессиональной структуре корейцев Казахстана, многих не упомянул, но цель была иная донести до читателя об основных их успехах в профессиональной деятельности. Многое изменилось в республике после приобретения независимости, корейцам приходилось «на марше» менять свое статусное положение, менять свою профессиональную деятельность в соответствии к рыночным отношениям. Многим это удалось достичь, многие стали успешными предпринимателями, банкирами, руководителями различных производств. Всего этого они добились благодаря упорному труду и высокой профессиональной грамотности, а также проявлению патриотизма своей Родине, которая называется Казахстан.

Корейцы уже проживают в республике 80 лет, если взглянуть на нас за прошедшие годы кем мы были и кем стали, это небо и земля. Тогда мы были самыми обездоленными и бедными, о грамотности и учености речи не было, первый вопрос стоял - выжить. И мы выжили, стали достойными и уважаемыми гражданами своей Родины, нет такой профессии и такой науки, где бы ни проявляли свою творческую деятельность корейцы.

Нам очень тяжело взвесить хорошее и плохое за 80 лет проживания в Казахстане. На одной чаще тысячи умерших от голода, болезни и репрессии. На другой – капитал, с которой мы вошли в эру независимости, довольно с классическим образованием. Корейцы сами бы думали дать хорошее образование детям, но советская власть, дав возможность получить образование, значительно ускорило этот процесс.

Мы гордимся своими достижениями, среди нас есть известные ученые, успешные бизнесмены, культурные деятели, великие спортсмены, которые привносят славу своей Родины. Разве мы могли тогда в 1937 году мечтать, что через несколько десятилетии высококлассный хирург Юрий Пя станет Героем труда Казахстана, Нелли Ким станет пятикратной чемпионкой Олимпийских игр, а Денис Тен станет призером Олимпийских игр в Сочи и мирового первенства по фигурному катанию. Таких примеров можно привести множество. Сейчас наша задача не останавливаться на лаврах прежних достижений, а приумножать и прославлять свою страну, которая много сделала для нас.

Много лет прошло с тех пор, как судьбы тысячи людей неожиданно и навсегда связались в один исторический клубок. Страх, голод, болезни, смерти – казалось, разорвать порочный круг несправедливости и безысходности им никогда не удастся. Мы – депортированные с Дальнего Востока, ныне соотечественники, корейцы Казахстана. Потребовалось немало времени и усилий для того, чтобы память безбоязненно вспомнила годы лишений, а сердце радостно ликовало за нынешнее счастье. Сегодня это зовётся историей.

В своём поздравительном письме в честь 70-летия проживания соотечественников в Казахстане Президент Республики Корея Но Му Хён писал: «Прошедшие семьдесят стали для вас историей трудных испытаний и успехов. Вы были депортированы в далёкую незнакомую землю, и вам пришлось перенести большие трудности. Но вы неимоверными усилиями преодолевали их и выросли уважаемыми людьми Казахстана. При этом вы сохранили своеобразие корейской нации, традиции и культуру и продолжаете развивать их. Это благородное дело и нельзя не гордиться им.

Мы надеемся, что наши соотечественники станут надёжным мостом в укреплении связей между двумя странами, и будут идти в авангарде этого движения. Народ Республики Корея и правительство приложат все усилия, чтобы сделать страну такой, чтобы вы, соотечественники, могли ей гордиться». Вот такие мы сегодня корейцы Казахстана.

Страна меняется, идентичность и единство для корейцев имеет прямой смысл. Мы тоже через некоторое время заговорим на казахском языке. Придёт новое поколение и для них казахский язык станет родным, это естественный процесс. Практика формирования казахстанского общества идентичности – самое главное тому доказательство.

Мир постоянно меняется, он будет меняться, и мы корейцы, тоже меняемся и будем меняться. Именно такой момент переживаем мы сегодня. На наших глазах и с нашим участием происходят важнейшие сдвиги в общественном сознании и в политической структуре нашего социума.

За 80 проживания нами в Казахстане сделано немало. Но все-таки это было только накопления количественных параметров. Теперь наступает период глубоких качественных перемен во всех сферах жизни. Надеюсь, что корейцы Казахстана сумело подойти к этому рубежу достаточно подготовленными и четко осознающим необходимость дальнейших реформ.

Одними из главных качеств представителей корейской нации, наряду с трудолюбием, чаще всего называют неконфликтность и целеустремленность. Доктор исторических наук, профессор Герман Ким в одном из своих интервью сказал: «Дело в том, что корейцы по природе своей очень трудолюбивы, ориентированы на личный успех, но в то же время очень лояльны по отношению к государству, в котором живут, добросовестно относятся к своим обязанностям. В какой бы сфере они ни работали, корейцы достигают успехов и продвигаются по служебной лестнице. В их адрес редко услышишь критику, с ними нет проблем – они, как говорится, умеют и сами жить, и другим жить давать». Иными словами, можно смело говорить, что у казахстанцев и корейцев отсутствуют взаимные фобии и страхи.

Итак, XX1 век идёт своим стремительным маршем, каким будет следующие годы проживания для корейцев на своей Родине – Республике Казахстан? В какой-то мере ответ может подсказать реалистический анализ прошедшего периода, тенденций и перспектив, вырисовывающихся уже сегодня. Нам нечего стыдится за пройденные годы жизни.

Все эти годы корейцы проявляли искреннюю благодарность и уважение к земле и народу Казахстана. С мужеством и достоинством, наравне со всеми разделяли выпадавшие нам трудности и испытания. Трудолюбивая корейская диаспора вносила свой вклад в развитие казахстанской промышленности и сельского хозяйства, науки и культуры, образования, в укрепление взаимопонимания и межнационального согласия в стране.

Мы с гордостью отмечаем, что являемся органичной и неотъемлемой частью яркой и многоцветной палитры народов республики. На благодатной казахстанской земле, благодаря казахов, мы сохранили и обогатили свои национальные обычаи и традиции. Здесь расцвели таланты и дарования многих наших сынов и дочерей. Наши достижения – это достояние всего народа Казахстана. В единой дружной семье мы вместе созидаем новый Казахстан.

2. Корейский деловой современный бизнес в Казахстане

Исследуя бизнес корё сарам в Казахстане необходимо отметить, что уже в начальный период после развала Советского Союза наибольшую актуальность приобрела его социальная мобильность. Как и другие этнические группы корейцев в социальной стратификации выделяет такой критерий характера труда, его квалифицированность. В результате корейское общество делится на две социальные группы — работники умственного и физического труда.

Из статистических данных можно заметить, что после обретения независимости доходы казахстанцев по категориям населения выглядели следующим образом: у 79,9% доходов хватает только на питание и текущие расходы, 3,1% не имеют доходов даже на питание, 11,6% откладывают часть денежных средств «на чёрный день» и только 5,4% сумели капитализировать свои доходы.

Таким образом, реформы в новом Казахстане изменили социальную структуру населения. В ней появились социальные группы и слои населения, в том числе потенциальные представители среднего класса. Наиболее выгодными сферами деятельности частного предпринимательства в Казахстане становятся торговля продуктами питания, различного рода услуги, страхование, пенсионные накопительные фонды.

В результате экономического преобразования в обществе корё сарам появились бедные, чьи доходы не превышают установленного прожиточного минимума, малообеспеченные, средний класс и люди высокого достатка. Недостаток рабочих мест, повсеместное сокращение производства стали причиной активизации частного предпринимательства корё сарам в Казахстане. В результате среди корейцев начинает формироваться средний класс–собственники и предприниматели.

Однако в среднем слое главной силой общества остается интеллигенция: ученые, учителя, врачи, инженеры, артисты и другие, которые способны продвигать общество как духовно, так и экономически. В этом положении мы можем опираться на данных исследований известных учёных корееведов Ким Г.Н. и Ем Н.Б. Они объясняют активность в бизнесе среди корё сарам следующим образом:

Во-первых, очень высока доля учащейся молодежи, которая составляет выше 20% от общей численности корейцев.

Во-вторых, абсолютное преобладание городского населения подтверждает широкий социальный слой людей интеллектуального труда.

В-третьих, численность квалифицированных промышленных рабочих и работников физического сельскохозяйственного труда весьма незначительна.

В-четвертых, фактор места проживания в урбанизированной или аграрной среде не является для корейцев критерием их социальной принадлежности.

В-пятых, переход к рынку вызвал ускоренную социальную динамику корейского населения. Значительно вырос слой мелких и средних предпринимателей, поглотивший будущих ученых, деятелей культуры, искусства, образования и т.д.».

По данным последней переписи населения, 30% всего населения корейской национальности заняты в сфере экономики. Из числа занятых в целом по республике 8,3% составили руководители всех уровней, при этом у лиц корейской национальности этот показатель составил 17,3%, у казахов — 7,9%, русских — 9,3%, лидирующее положение занимают евреи — 27,5%.

Специалисты высшего уровня квалификации составили в целом по республике 12,9%, среди корейцев 18,4%, казахов 14,5%, русских 12,1%, а у неквалифицированных рабочих соответственно: 9,8, 6,5, 9,4, 10,2%. Если распределить занятое население корейской национальности по роду занятий, то наибольшее их число занято в сфере обслуживания жилищно-коммунального хозяйства, торговли 17,5% и сельского хозяйства 12, 2%, а в промышленности, строительстве, транспорте и связи 7,6%.

Такимобразом, слоймелкихисреднихпредпринимателей среди корейцев Казахстана значительно вырос. По данным последних исследований казахстанского ученого Г.Н.Кима, в Казахстане из 1178 предприятий и учреждений государственного сектора и частного предпринимательства корейцев, корейской, главным образом, собственностью частных компаний были 940, или 78,8% от всех ведущих позиций. Корейские женщины широко представлены как топ-менеджеры — 272, что составляет 23% от общего числа в целом по Казахстану.

На всё трудоактивное население в возрасте от 16 до 60 лет приходится до 60 тысяч человек, или около 60% от общего числа населения. В Алматы, с большим количеством школьников, студентов и пенсионеров, доля фактически занятых ниже, чем средний национальный показатель. Гипотетически из 20 тысяч чел. корейского населения в Алматы меньше половины занята в трудовой деятельности. Таким образом, среди всех занятых корейцев в Алматы около 12-15% занимают ведущие позиции, в то время как в Казахстане в целом эта цифра выше —17.3%.

Корейские предприниматели занимают сильные позиции на казахстанском рынке в следующих отраслях: финансы и банковское дело, строительство, оптовая продажа и розничная торговля, производство и продажа бытовой электроники, медицинские, юридические, консалтинговые услуги, досуг.

Можно привести яркие примеры, на которых более рельефно выглядят достижения бизнесменов из числа корё сарам. Первой названа крупнейшая строительная компания Казахстана "Куат" (председатель правления Олег Нам), логотипы которой можно встретить по всему городу. Компанию 17 лет назад основал ее владелец Юрий Цхай, президент Ассоциации корейцев Казахстана. Большой импульс роста "Куат" получил благодаря строительному буму, начавшему после перемещения столицы из Алматы в Нур-Султан. За последние годы обороты компании выросли в 50 раз. Еще упомянуты компании "Вертекс" (председатель правления Эдуард Огай) и "Алматыинжстрой" (председатель правления Бронислав Шин).

Сеть магазинов электроники "Сулпак" названа "покупательской Меккой в центре Алматы". Название "Сулпак" составлено из имен двух совладельцев сети – казаха Султангазина и корейца Андрея Пака. По объемам продаж компания занимает второе место в данной сфере.

Вячеславу Киму, еще одному этническому корейцу, принадлежит "Планета электроники", крупнейшая дистрибьюторская сеть электронных товаров в стране. Третью позицию в отрасли занимает компания "Технодом плюс", руководителем является Эдуард Ким.

Основная доля бизнеса этнических корейцев приходится на строительные и дистрибьюторские компании. В этих отраслях доминируют корейские компании: LG и Samsung Electronics. Они лидируют на рынке электронной продукции Центральной Азии, также в регионе ведут бизнес 18 строительных компаний. Фирмы, принадлежащие этническим корейцам, первоначально становятся партнерами компаний из Кореи, приобретая ценный деловой опыт, помогая им в свою очередь закрепиться на казахстанском рынке.

Хотя по-прежнему есть немало корё сарам, живущих в бедности, но их число сокращается. Даже корейцы, живущие в аграрных регионах, говорят, что они относительно зажиточны.

Своеобразным символом благополучия диаспоры можно считать "Корейский дом", расположенный в престижном здании, построенном корпорацией "Куат". Вход и окна здания, принадлежащего Ассоциации корейцев Казахстана, (АКК) украшены в традиционном корейском стиле. Здесь расположены корейские объединения, включая редакцию газеты Корё ильбо и Ассоциацию корейской молодежи. "Корейский дом" был построен без какой-либо финансовой помощи со стороны правительств как Кореи, так и Казахстана. Президент Ассоциации корейцев Казахстана говорит: "У нас есть ресурсы, и мы не видим причин просить помощи у правительства Кореи".

И хотя часто в СМИ отмечается, что в ширящихся рядах казахстанских миллионеров немало тридцати- и сорокалетних корейцев, отсутствие, по крайней мере, одного имени вызывает недоумение. Перечислив миллионеров, авторы почему-то забывают упомянуть о миллиардере. Имеется в виду, самый богатый (из тех, кто не скрывает своих доходов) казахстанец – руководитель корпорации "Казахмыс" Владимир Ким, состояние которого журнал Forbes в марте прошлого года оценил в 2,8 миллиарда долларов.

Если верить последним сводкам с Лондонской фондовой биржи, акции казахстанского медного монополиста уверенно растут, вслед за ценами на металлы. Можно предположить, что за год Ким Владимир серьезно увеличил свои капиталы..

За прошедшее годы корейцы достигли в Казахстане значительных успехов в бизнесе, что было обусловлено не только правовыми, социально-экономическими предпосылками, общими для всего населения страны, но и другими причинами. Вот что говорит профессор Ким Г.Н.:

Во-первых, уровень образования, профессиональный опыт и организаторские способности позволили занять определенные ниши в частном секторе экономики. Корейцев отличало также трудолюбие, упорство и коммуникабельность, умение ладить с людьми, что было необходимо в новых деловых взаимоотношениях.

Во-вторых, корейцы на начальном этапе имели некоторое преимущество, так как у них имелся определенный стартовый капитал, заработанный в советские времена сезонной аграрной деятельностью.

В-третьих, часть корейцев, сумевших удержаться на руководящих должностях в предприятиях и государственных учреждениях, получили возможность участия в их приватизации.

В-четвертых, установление дипломатических отношений между Казахстаном и Южной Кореей, динамичное развитие экономических связей создали благоприятные предпосылки для создания совместных компаний и партнерских связей между соотечественниками.

В-пятых, корейцы, проживающие в Казахстане преимущественно в крупных городах, заняты урбанизированными видами предпринимательской деятельности. Лишь немногие корейцы занялись фермерским хозяйством.

В-шестых, ряд корейцев смогли создать и возглавить крупные компании, с многонациональным коллективом работников, число которых достигало нескольких тысяч человек. Примером тому мощнейшая в начале 1990-х годов полугосударственная корпорация «КРАМДС» которой руководил Виктор Тё; Компания «Казахмыс» - Владимир Ким; крупная группа компаний, контролируемая Юрием Цхаем; строительная корпорация «Куат» - Олег Нам и т.д.

В-седьмых, предприниматели-корейцы занимают довольно сильные позиции на казахстанском рынке в следующих отраслях: финансы и банковское дело; строительство; мелкооптовая и розничная торговля; производство и продажа бытовой техники и электроники; оказание медицинских, юридических, консалтинговых услуг; сервисное обслуживание и досуг.

Изменения в социальной структуре, профессиональном составе и, в конечном счете, в финансово-имущественном положении корейцев, происшедшие за годы независимого государства, отражают общую тенденцию, характерную для всего населения Казахстана. Среди корейцев, как и во всем обществе, условно выделяются три ассиметричных по численности социальных слоя: высоко-, средне- и малообеспеченных людей.

В силу понятных причин основная масса предпринимателей освоила свой бизнес в Алматы и затем в новой столице Астане. Число компаний, основанных в прежней столице в начале 1990-х годов представителями корейской диаспоры, составляло около свыше одной тысячи, за прошедшие годы многие из них либо прекратили свое существование, либо изменили названия, что затрудняет анализ их деятельности. В свою очередь появились новые фирмы и поэтому в начале 2000-х годов общее число осталось примерно на прежнем уровне.

Из 1178 предприятий, учреждений государственного сектора и частного предпринимательства корейцы были в преобладающей массе владельцами частных компаний – 940 человек или 78,8 процента всех руководящих должностей. Женщины-кореянки довольно широко представлены в качестве главных лиц – 272 человека, что составляет 23% от общей численности руководителей. В целом по Казахстану, все трудоспособное население в возрасте от 16 до 60 лет составляет около 60 тыс. человек или около 60% от общей численности населения.

В г. Алматы, где высок удельный вес учащихся школ, студентов университетов и людей пенсионного возраста, доля реально трудозанятых ниже среднего показателя по стране. Из 30 тысячного корейского населения крупнейшего города Казахстана предположительно менее половины занята трудом. Таким образом, из общего числа трудозанятых корейцев в г. Алматы около 12-15 процентов занимают руководящие должности, в то время как по Казахстану в целом эта цифра несколько выше – 17,3 процента. Имеющиеся данные из Департамента статистики г. Алматы позволяют рассмотреть распределение корейцев-руководителей по виду производственной деятельности.

Для примера взят Бостандыкский район, в котором 246 корейцев возглавляли государственные предприятия и частные фирмы, в таких отраслях как: торговля – 79; производство товаров –16; строительство и архитектура – 26; сфера просвещения и образования – 9; общественное питание – 5; издательское и рекламное дело – 7; компьютеры, ремонт, программное обеспечение - 11; здравоохранение – 5; общественные организации и фонды – 5; услуги – 23; отдых и развлечение – 8; управление недвижимостью r10; научно-исследовательская деятельность –11; юридические услуги и служба безопасности – 8; туризм, транспорт, монтаж оборудования и др. – 23 Данные по району подтверждают предположения, что корейцы заметны в сфере торговли, строительства, оказания различных услуг, науки и образования. Не исключено, что по другим районам г. Алматы могут получиться несколько иные показатели, однако общая картина предпринимательской деятельности корейцев видна налицо.

Таким образом, на фоне социальных позиций корейцев Казахстана, которые заняты практически во всех сферах жизнедеятельности — торговли, строительства, оказания услуг, науки и образования, определены высокие показатели представительства корейцев в этническом предпринимательстве. Этнический бизнес позволил корейской диаспоре приспособиться к ресурсам, предоставляемым их условиями, которые существенно различаются между обществами и во времени.

Южнокорейский бизнес в Казахстане. В 1990-х годах Южная Корея одной из первых заняла ключевое место в списке иностранных инвесторов в Казахстане. Именно тогда в республику пришли ведущие корейские транснациональные корпорации: Samsung, LG, Hyundai, Daewoo и другие.

Положительное восприятие Кореи к корё сарам Казахстана - один из основных факторов, способствующих легкому продвижению южнокорейского бизнеса в республике. Одними из главных качеств представителей корейской нации, наряду с трудолюбием, чаще всего называют не конфликтность и целеустремленность. У южнокорейского бизнеса в республике есть надежная опора – местная корейская диаспора, то есть корё сарам.

Целый ряд крупных компаний Казахстана принадлежали или продолжают оставаться под контролем этнических корейцев, в числе «Куат», «Век», Kaspi Bank, «Планета электроники», Sulpak, «Технодом» и др. Местные казахстанские корейцы выступали проводниками южнокорейского бизнеса в республике. Но помимо частных контактов, одна из ключевых структур, содействующих установлению и дальнейшему развитию деловых связей между нашей страной и Южной Кореей является Ассоциация корейцев Казахстана.

Она зачастую инициирует конкретные совместные проекты. Работа ведется практически во всех сферах. Приоритет отдается проектам в реальном секторе экономике, в том числе высоким технологиям, телекоммуникациям, а также сельскому хозяйству.

Сегодня хорошие, прочные связи между Казахстаном и Республикой Кореей установились не только на государственном уровне, но и на уровне бизнеса, образования, культуры и туризма. Деятельность южнокорейских организаций и казахстанских корейцев позволяет минимизировать существующие ментальные различия и подходы в строительстве совместного бизнеса.

В межгосударственных отношениях Кореи и Казахстана они играют надежную роль, укрепляющего нашу дружбу и доверие друг к другу, способствуют расширению деловых связей». Еще одной опорой для крепких деловых связей между Казахстаном и Кореей, безусловно, является близость традиций и обычаев. Она особенно явно просматривается в уважении старшего поколения, соблюдению многовековых традиций, в отношениях между людьми.

В 2014 году, в Казахстане работало около 300 совместных предприятий. Южнокорейские компании умели оперативно реагировать на изменение ситуации на внутреннем рынке Казахстана. Сейчас южнокорейские инвесторы отдают предпочтение высоким технологиям, телекоммуникациям, строительству, сельскому хозяйству, машиностроению и энергетике. Благодаря совместным усилиям казахстанских и корейских бизнесменов, с 2013 года на одном из заводов в Костанае начали собирать автомобили южнокорейской марки SsangYong. А в Усть-Каменогорске осуществляется сборка авто другого корейского бренда – Kia.

В Алматинской области наладили сборку грузовиков Hyundai. В числе успешно развивающихся в Казахстане корейских компаний – Samsung, LG Electronics, LG

International, SK Corp., NTC, Ritex, строительные фирмы Yurim, SungWon и Hanjin. Работают в нашей стране и корейские БВУ: Kookmin Bank, Shinhan Bank и Woori Bank.

Крупные совместные инвестиционные проекты продвигаются и на государственном уровне. В ходе последних переговоров главы Казахстана и Южной Кореи Нурсултан Назарбаев и Пак Кын Хе обсудили участие корейского бизнеса в программе индустриально-инновационного развития страны. На стадии реализации уже находятся такие крупные проекты, как строительство Балхашской ТЭС, газохимического комплекса в Атырауской области, освоение месторождения Жамбыл. Имеет большое значение и тот факт, что южнокорейская сторона приняла активное участие в подготовке и участии всемирной выставки ЭКСПО-2017 в Астане.

Следует признать, что Казахстан далеко не лидер по получению южнокорейских инвестиций и технологий. Так, например, среди стран Центральной Азии наибольшего внимания Южной Кореи добился Узбекистан. Там южнокорейские компании осуществляют более масштабную деятельность. В частности, уже более 10 лет на территории страны производят автомобили Daewoo, Корея участвует в разработке Кандымской группы газовых месторождений, там же строится газоперерабатывающий завод.

Во втором по величине городе Узбекистана Самарканде

реализуется проект по строительству солнечной электростанции мощностью 100 мегаватт. В сельском хозяйстве именно Республика Корея совместно с узбекскими компаниями реализует амбициозные планы по модернизации аграрного производства. В частности, осуществляется повсеместный переход на капельное орошение.

В Казахстане же власти вынуждены постоянно привлекать корейских инвесторов посредством различных мероприятий. Например, практически ежегодно в нашей стране проводится Казахстанско-корейский бизнес-форум. Как бы то ни было, но широкие связи между бизнес-кругами двух стран фактически не способствуют развитию казахстанского бизнеса в самой Южной Корее. Почти 100% совместных проектов реализуются исключительно на территории Казахстана.

Жесткая конкуренция на корейском рынке останавливает отечественных предпринимателей. К слову, отличительной особенностью бизнеса в Южной Корее является тот факт, что официально около 98% всех предприятий здесь относятся к малому бизнесу.

Южнокорейские компании слабо представлены в нефтегазовом секторе Казахстана. Хотя нашей стране, находящейся между двумя гигантами - Китаем и Россией, важно диверсифицировать экспортные поставки и расширять список покупателей сырья. В этом плане Южная Корея, как ведущий региональный игрок, могла бы стать одним из весомых внешних балансиров. В Казахстане исключительно благосклонно относятся к Южной Корее, что в будущем должно стимулировать корейских предпринимателей. Казахстан заинтересован в ответственных инвесторах и надежных партнерах, к которым и относится Южная Корея.

Подводя итоги, автор подтверждает на основе данных переписи населения корейцев в Казахстане, а также данных последних исследований, проведенных отечественными исследователями. что высокий уровень урбанизации, достойные позиции в уровне образования, ответственность и бережливость, формирование этнических и семейных сетей при ведении предпринимательской деятельности характеризовали предпринимательскую среду корё сарам в Казахстане. Корейцы обрели свою достойную нишу в предпринимательской деятельности.

3. Память великому спортсмену Казахстана Денису Тену

Фото фигуриста Дениса Тена до

26 июля 2018 года стал одним из самых мрачных в истории Казахстана. В результате подлого нападения скончался прославленный фигурист, гордость страны, казахстанский король льда — Денис Тен. Страна отдает дань памяти всеобщему любимцу и предлагает вспомнить, каким он был. Денис Юрьевич Тен появился на свет 13 июня 1993 года в Алматы. Всего месяц назад ему исполнилось 25 лет. Спортсмен — потомок известного в Корее генерала Мин Гын Хо времен Корейской империи. Свои первые шаги в спорте Тен сделал еще в детстве: на лед он стал в 6 лет.

Однако будущий чемпион не ограничивался одним лишь фигурным катанием, мальчик активно увлекался теннисом, плаванием, акробатикой, тхэквондо, карате и танцами.

Денис всегда говорил, что это заслуга мамы, которая всегда считала всестороннее образование неотъемлемой частью развития личности. Она не хотела, чтобы сын зацикливался на одном лишь спорте и уж тем более только на одном его виде, пока не подрастет и не поймет сам, что ему нужно.

После переезда семьи в Москву Дениса отдали не в спортивную, а в обычную школу. Семья поддерживала всесторонние таланты и увлечения Дениса. Стоит отметить, что талантлив он был практически во всем. Парень занимался живописью, музыкой и пением. Вокал и вовсе мог стать призванием Дениса, в составе казахстанского хора он получил серебро на певческой олимпиаде в Пусане в 2002 году.

Тем не менее, становясь старше, Денис начал осознавать, что выбор все же придется сделать. Он склонился к фигурному катанию. По воспоминаниям фигуриста, в какой-то момент он понял, что тренироваться на льду для себя ему уже недостаточно. Раз взялся за дело, его нужно выполнять максимально хорошо.

Семья восприняла такое решение с энтузиазмом. По словам спортсмена, его сумасшедший фанатизм передался всем: отец Дениса даже начал точить ему коньки, купив специальный станок и самостоятельно научившись это мастерски делать. Но спорт не стал единственным занятием Тена благодаря мудрой маме. Она говорила, что, когда фигурист катается на льду, его мысли хорошо видны зрителю.

Денис не хотел быть не интересным, а потому продолжал вкладывать силы в саморазвитие. Первым документом об окончании высшего учебного заведения в 2014 году для Дениса стал диплом с отличием из академии спорта и туризма. На этом Денис не остановился и поступил в Бизнес-школу при КБТУ.

Как любил шутить он сам, процесс его развития уже не остановить, фигурное катание стал образом жизни. В отличие от многих своих коллег фигурист признавал безоглядную любовь к спорту, но не считал, что он должен быть самоцелью. Осознавал Денис и скоротечность карьеры фигуриста. Именно поэтому он пробовал свои силы в работе с различными компьютерными программами, организации мероприятий и т. д.

В 2015 году стало известно, что спортсмен увлекся фотографией. Своими снимками Денис делился с поклонниками на специально созданной странице в соцсетях. Участниками фотосессий Дениса становились известные личности, такие как волейболистка Сабина

Алтынбекова, актрисы Айсулу Азимбаева, Динара Бактыбаева и Алия Телебарисова, боксер Серик Сапиев.

О личной жизни спортсмен говорить не любил, на вопросы прессы о свадьбе обычно отвечал коротким и неопределенным «Скоро». Известно, что в 2014 году Денис был сильно привязан к корейской олимпийской чемпионке Ю На Ким, с которой даже катался в паре на Олимпиаде в Сочи.

Чемпионат Казахстана Денис выиграл в 12 лет. Причем это было не юниорское состязание, соперники Тена превосходили его возрастом и опытом. Год спустя фигурист достиг необходимого возраста для перехода на международную арену и занял 10-е место на юниорских состязаниях в Нидерландах.

С самого начала карьеры в спорте Денис Тен участвовал в таких известных профессиональных состязаниях как :

· Haabersti Cup;
· юниорские Гран-при в разных странах мира;
· Dragon Trophy;
· кубок России;
· Four Continents Figure Skating Championships.

Фото с выступления Дениса Тена

Прорывом для Тена стал 2009 год и дебют на мировом чемпионате. Денис, один из десяти лучших фигуристов, получил возможность отправиться на ванкуверские Олимпийские игры. На состязаниях он, будучи самым юным олимпийским спортсменом среди мужчин, занял 11-е место. Спустя год Денису пришлось сменить тренера — место Елены Буяновой занял Юрий Гуськов, а затем олимпийский тренер из Америки Фрэнк Кэрролл.

Сезон открылся для фигуриста не слишком удачно, а вот его окончание подарило абсолютную победу на соревнованиях Азиатских игр в зимних видах спорта. Последующий сезон принес Денису пятые места на соревнованиях в Америке и Канаде, вторую позицию в турнире Golden Spin of Zagreb и золотую награду на Istanbul Cup.

В сезоне 2011—2012 гг. Тен получил первую для РК малую бронзу на мировом состязании среди юниоров и поучаствовал в профессиональном состязании в Ницце, где установил лучший личный результат — 229,70 баллов.

Год спустя весь мир узнал, кто такой Денис Тен — на чемпионате мира ему удалось улучшить свои показатели и заслуженно получить серебряную награду. Тем самым фигурист стал первым медалистом из Казахстана мирового первенства. Достижения Дениса отмечены на государственном уровне: в 2013-м он получил звание Заслуженного мастера спорта Республики Казахстан.

В 2014 году фигурист стал участником очередных зимних Олимпийских игр. Денис Тен в Сочи с успехом откатал показательные выступления и произвел настоящий фурор. Многие зрители и профессионалы фигурного катания отмечали, что взаимодействие Тена с аудиторией было важнейшей частью его выступлений. Сам спортсмен строил свою карьеру с оглядкой на зрительский интерес и внимание. По его словам, худшее, что может сделать спортсмен для своих болельщиков, — не проиграть, а остаться равнодушным.

· Тен был послом от Казахстана в кампании за проведение Зимней олимпиады 2022 года в Алматы;

· тренерами Дениса в свое время были Рафаэль Арутюнян, Татьяна Тарасова и Елена Буянова;

- в последние годы жизни звезду льда одновременно тренировали Николай Морозов и Фрэнк Кэрролл;
- хореографами Тена в разное время были Николай Морозов, Ше-Линн Бурн и Лори Николь и Стефан Ламбьель.

Денис Тен — настоящая гордость Казахстана. Он был добрым, сильным, волевым молодым человеком, замечательным сыном и прекрасным другом. Он был настоящим патриотом, который сделал все, чтобы о родной стране узнали за рубежом. Он был полон планов и мечтаний, которым, увы, уже не суждено сбыться.

4. Братская помощь казахов в восстановлении корейского этноса

Мы являемся хоть и дальними, но родственниками. А если взять по большому счету, конечно же, казахи и корейцы – исторически родственные народы. Причем можно предположить, что когда-то в далеком прошлом они жили недалеко друг от друга. Корни казахского сознания надо искать не на Западе и не на Юге, а на Востоке. Оттуда происходят кочевые тюрки. Там живут народы, чей образ мышления и чьи поведенческие стереотипы схожи с нашими. Имеются в виду корейцы, а также японцы.

Профессор Герман Ким в своем выступлении по

телеканалу поделился со зрителями с таким любопытным наблюдением. Оказывается, изучение корейского языка студентам казахам, окончившие казахскую среднюю школу и являющиеся выходцами из аульной глубинки, дается заметно легче, чем их сокурсникам-корейцам, имеющим аттестат об окончании русской средней школы и выросшим, в большинстве своем, в городской русскоязычной среде.

В разговоре с автором этих строк на данную тему Герман Ким в числе причин этого парадоксального, на первый взгляд, явления назвал такой фактор, как схожесть звуков и конструкции предложения в корейском и казахском языках. Такая же близость обнаруживается и у японского и казахского языков. Вот пример из выпущенного Московским государственным институтом международных отношений "Самоучителя японского языка" (Б.П.Лаврентьев, издательство "Наука", М., 1982 г.): "Например, русское предложение: "Я недавно читал роман японского писателя о жизни трудящихся" согласно японскому порядку слов приняло бы следующий вид: "Я недавно трудящихся жизнь о японского писателя роман читал".

Если японский порядок слов, ничего не меняя, переложите на казахский язык, получится настоящее казахское предложение: "Мен (Я) жакында (недавно) енбекшілер (трудящихся) оміри (жизнь) туралы (о) жапон (японского) жазушысынын (писателя) романын (роман) окыдым (читал)". Все это говорит о том, что образ мышления у корейцев и японцев точно такой же, как у казахов. Из этого следует, что казахи и корейцы как народы являются хоть и дальними, но родственниками. Истоки их родства определяются их изначальной принадлежностью дальневосточной цивилизации.

И тут дело не только в том, что далекие предки казахов пришли сюда с востока. Дело еще и в том, что в средневековом прошлом для Казахстана и Центральной Азии Дальний Восток явно не был недостижимо далеким. Что же касается конкретных исторических свидетельств, надо еще сказать и о том, что они зафиксированы со второй половины I тысячелетия нашей эры.

Из истории известно, что представитель Когурё (Кореи) изображен на одной из композиций относящейся к VII веку монументальной живописи дворцового комплекса Афрасиаб. Там запечатлены сцены приема послов в Самарканде правителем Согдианы Вархумаком.

В ту эпоху, когда Поднебесная империя и арабы вступили в открытое противостояние в борьбе за распространение своей власти в Центральной Азии, во главе китайского экспедиционного корпуса, отправленного на штурм Чача (Ташкента) в 749 году, стоял корейский генерал Гао Сянь-Чжи. А после поражения китайских войск от арабов в 751 году на реке Талас, на территории современного Казахстана, один из потомков древней корейской династии Чао совершил поездку по городам нашего региона.

А в далеком прошлом предки корейцев жили, по всей видимости, в близком соседстве с предками казахов. Есть немало антропологических и лингвистических данных, которые позволяют предполагать, что этнические корни корейцев связаны с Центральной Азией и Алтаем. То есть, они у них такие же, какие есть у казахов.

Казахскому сознанию свойственна тяга к поиску родственников. Обнаружение удалившихся и поэтому почти позабытых родных, хоть дальних уже, и возрождение былых связей с ними – это для него всегда событие большой, даже исторической важности. А история восстановления былых связей нашего региона и нашей страны с Дальним Востоком совершается прямо сейчас, на наших глазах.

У казахов, как и у жителей всего Дальнего Востока, от суперсовременной Японии и входящей в десятку самых развитых государств Южной Кореи, до коммунистической страной Вьетнама сохраняются культ духов предков. Так у нас было и до прихода Советской власти, и при ней. Так есть и сейчас. Следовательно, у казахов есть общее с дальневосточными народами не только в физическом облике.

После насильственного переселения с Дальнего Востока адаптация корейцев на казахской земле происходила трудно и противоречиво. Статистические данные и сводки официальных органов госбезопасности не дают полной картины этого сложнейшего процесса. К счастью, ещё сохранились прямые свидетельства, которые рассказывают о депортации, в трагические дни конца 1930-х годов были детьми.

Историки утверждают, что депортация народов стала элементом политики сталинизма, направленной на искоренение национальной самобытности. С этим тезисом можно безусловно согласится. Это ведь не только про индивидуальные трагедии в эпоху сталинских репрессий. Это и про судьбы целых народов, которые оказались заложниками бесчеловечных экспериментов.

И в тоже время, корейцы оказались выше и чище в отношении взаимного восприятия, поставив выше всего остального общечеловеческие ценности. Можно полностью согласиться с мнением казахстанского историка Нурбулата Абуова, который утверждает, что депортированные народы способствовали дальнейшему развитию Казахстана в качестве агропромышленного региона. Благодаря созидательному труду корейцев и местного населения на карте Казахстана появились новые населенные пункты, развивалась сеть научных, культурных учреждений. На базе этих предприятий, возникших в то время, появились ряд казахстанских учреждении.

Перечень проблемных зон для переселенцев был стандартным: недостаточное продовольственное снабжение, отсутствия жилья и рабочих мест, топлива, одежды, возможности обучать детей, ограничения в передвижении. Основная масса населения Казахстана относилась с пониманием к нуждам переселенцев.

Местные жители, несмотря на свое тяжелое положение, помогли им встать на ноги, протянули переселенцам руку помощи. Особо уязвимой категорией населения были дети, оказавшиеся заложниками тоталитарной системы. Как сказал один политолог, до сих пор, слова "Сибирь", "Казахстан", "Средняя Азия" у каждого корейца невольно ассоциируются со словом "депортация". Но если спросить тех, кто сам пережил трагедию 1937 г., то для историков их слова будут важнейшим источником: "Несмотря на наш статус "врагов народа", казахи приняли корейцев гостеприимно. И потом никто никогда не упрекал тем, что они являются корейцами. Выжить помогали местные жители казахи.

Как отмечает депутат мажилиса Роман Ким: "Именно тогда, благодатная земля Казахстана стала Родиной для многих обездоленных. Казахи сами прошедшие через жернова тоталитаризма, испытавшие горечь потерь и унижений, стали опорой для всех, кто волей судьбы оказался здесь. Казахские женщины согревали своим материнским

Памятник благодарности Казахскому народу

теплом осиротевших детей переселенцев. Спросите любого корейца, из высланных в Казахстан, и он расскажет о гостеприимстве, толерантности и симпатии казахов".

В чем причина того, что местное население и переселенцы, не избежав проблем и трений, во взаимоотношениях друг с другом, нашли понимание, адаптировались к новым реалиям, стали выстраивать механизмы взаимодействия во всех областях жизни? В какой-то степени, это результат вековых традиций казахского народа, присущей ему толерантности, отсутствия отчуждения перед другими народами. Это особый менталитет, связанный со спецификой кочевого уклада жизни. Но ведь нужно было в этих условиях не просто избегать конфликтов, а они все равно происходили на бытовой почве, но и формировать новое пространство взаимодействия.

Для казахов с их обычаями степенного гостеприимства, даже предшествующие события начала 1930-х не разрушили привычное их укладу отношение к представителям других народов. Глубоко укоренившиеся принципы восприятия "иных" обеспечивали пусть не одномоментное, но все же, сближение с корейцами также другими народами.

Это была не ассимиляция, не поглощение, а сосуществование в общем географическом пространстве, которое в условиях независимого Казахстана превратилось в элемент государственной политики. В составной элемент осуществления важнейшей идеологической цели для формирования политической нации под названием казахстанцы.

Тут необходимо сказать, что дружба между корё сарам и казахами, закрепленная годами невзгод и радостей, давно приняла облик братства. Корё сарам оценил это в 1937-м году, в годы изгнания, когда казахский народ протянул руку помощи. Такое не забывается никогда. Весь наш народ выражает искреннюю благодарность братскому казахскому народу за эту поддержку.

До сих пор живя в Казахстане, они чувствуют себя полноправными гражданами. Казахстан стала для многих корейцев Родиной. Это происходит благодаря мудрой политике казахского руководства.

«Спасибо казахам, что мы выжили» - говорит Гурий Борисович Хан, действительный член Московского отделения Международной академии наук о природе и обществе, доктор философских наук, профессор, заслуженный работник КазССР, отличник народного образования Республики Казахстан, имеет 15 государственных наград. Отец четырех дочерей, дедушка девяти внуков, прадедушка четырех правнуков.

Это о нем, о Гурии Борисовиче, говорят, что самые лучшие специалисты в стране его выпускники. Сколько через его лекции прошло слушателей, которые до сих пор помнят его яркие выступления, никто не скажет. Ведь Гурий Борисович в свое время был ведущим лектором ЦК Компартии Казахстана, именно ему страна доверяла выступать с научными докладами в Алжире, Египте, Японии, Венгрии, ГДР, ФРГ, США, в Республике Корея. И это в советское время.

Недавно Казахстан отмечает новый праздник, 1 марта объявлен днём благодарности всех этносов друг к другу и казахам, с милосердием принявших репрессированных народов. Для потомков репрессированных и депортированных 1 марта стал не просто праздником весны и признательности, но ещё и днём памяти об ушедших родственниках и хороших друзей. Репрессированные народы говорят, насколько значимы, а также актуален для нас указ Президента о новой дате в календаре Дне благодарности.

Конечно, ведь все мы корейцы, чеченцы, немцы, курды и другие представители этносов и народов, волею судеб в разные годы оказавшиеся на казахстанской земле, не перестаем благодарить казахский народ за то, что выжили в те далекие годы.

Свидетельством тому являются установленные в Уштобе и Уральске памятники благодарности казахскому народу. Также по инициативе Южно-Казахстанского филиала Ассоциации корейцев Казахстана собираются открыть такой мемориальный комплекс и в Шымкенте.

Более восемьдесят лет прошло с того дня, когда первый эшелон прибыл в Казахстан с переселенцами с Дальнего Востока, для которых эта земля стала родной. Конечно, наши предки, мы и наши внуки бесконечно благодарны казахам и вполне естественно, что в Казахстане теперь есть официальный День благодарности.

История полна трагических дат и несправедливости по отношению к простым людям, которые растят хлеб, заботятся о благополучии своих семей. Наверное, и обиды на власти должны быть у тех, кто пострадал от того Постановления 1937 года за подписью Сталина и Молотова. Но злобы у нас нет.

В постановлении-то речь шла о депортации корейцев только с 11- регионов Приморья, то есть о 20 тысячах человек. Однако власти на местах перестарались. В итоге были депортированы все корейцы Приморского края более 200 тысяч человек.

Казахстан, конечно, готовился к приему переселенцев, но не в таком количестве. Проблему обустройства на новом месте усугубляло еще и то, что люди срывались с обжитых мест в основном глубокой осенью. К тому же всем было приказано брать самые необходимые вещи, объясняя, что на месте они всем будут обеспечены. И поехали, оставив на своих полях выращенный урожай, нажитые годами дома, живность и пр.

Всегда вспоминают переселенцы уходящие все дальше в историю 30-е годы, когда казахи, пережившие голодомор, в результате которого умерли несколько миллионов человек, еще не оправились от горя, но делились последним куском хлеба. Корейцы попали в жесткие условия неведомой им степи, но их встретили неравнодушные люди. Благодаря этому гостеприимству, которое веками сложилось в традициях казахов, корейцы выжили.

60-летие проживания корейцев в Казахстане с президентом Казахстана Назарбаевым Н.А.; 1997

А еще мы часто вспоминаем 1997 год, когда в зале Дворца республики собралось около четырех тысяч человек. Нас, корейцев в честь 60-летия проживания в Казахстане приветствовал Президент Казахстана Нурсултан Абишевич Назарбаев.

Он тогда дал очень верную оценку корейцам, сказав, что «корейцы Казахстана не превратились в пыль истории, они активно участвуют в политической, экономической, культурной жизни Казахстана. И нет такой отрасли народного хозяйства, где бы они ни трудились сегодня. Действительно, корейцы сегодня работают во всех отраслях народного хозяйства Казахстана, среди них много известных ученых, юристов, экономистов. Корейцы прославляют Казахстан на сценах театров, на Олимпийских играх, работают на процветание нашей страны, достойно представляя ее в других странах мира».

Обид нет еще и потому, что, обретя в Казахстане свою Родину, в целом корейцы получили большое развитие и сами. В силу своего трудолюбия они многому научились и многого добились. К примеру, на территории Каратальского района тогда было создано 20 корейских хозяйств, а корейцам дай землю и воду и они вырастят хороший урожай. Так и получилось. В довоенные годы эти хозяйства давали рекордные урожаи хлеба, риса, сахарной свеклы.

Таков был ответ за радушный прием. И результат был просто ошеломляющим. Только в Каратальском районе из 26 героев Социалистического труда этого звания были удостоены 23 корейцам.

Что они умели до Казахстана? Выращивать рис и овощи, заниматься рыболовством. А сейчас? Так что, как говорится, нет худа без добра, а еще говорят: не было бы счастья, да несчастье помогло. У нас есть свой театр, который имеет статус академического и государственного, есть своя одна из старейших в республике газета «Корё Ильбо». Корейцы участвуют в Парламенте, правительстве, а также и в других общественных организациях. В общем, нам есть за что благодарить Казахстан и мы обязательно оправдаем это высокое гостеприимство.

Обратимся ещё раз к профессору Гурию Борисовичу:

Q. Вы всегда держали руку на пульсе времени. Преподавали в ведущих вузах страны, написали несколько книг, связанных с историей проживания корейцев в Казахстане. Как историк, философ, политолог можете назвать событие, которое оставило в истории развития корейской диаспоры неизгладимый след, в хорошем смысле этого слова?

А. Таких событий было немало. Тем не менее, я часто задаюсь такими вопросами, как: «Что значит быть корейцем сегодня?», «Кто я?». Как представителя от любого этноса корейца отличает тяга к знанию родного языка, культуры и истории.

В этой связи мне вспоминается первый съезд корейцев Казахстана, который состоялся 17 марта 1990 года. Такой форум был в принципе невозможен лет 10-15 назад. Меня бы обвинили в национализме. Ведь по национальным признакам таких съездов никто не проводил. А после нашего съезда такие форумы провели почти все национальные центры. Это говорит о том, что сегодня каждый может самоидентифицировать себя как представитель отдельного этноса, и для нашей многонациональной страны это только работает на ее развитие и процветание.

Q. Как Вы думаете отмечать 1 марта?

А. Хороший пример у нас уже есть. В 1993 году, когда я был председателем корейского культурного центра, мы решили провести такой праздник и поблагодарить казахов за то, что они приняли наш первый эшелон здесь, в Уштобе. Подготовка была очень тщательной. Нас тогда поддержали не только местные власти, но и лично посол Республики Корея в Казахстане Ким Чан Гын, который поддержал нас практическими делами, выделил средства на ремонт центральной улицы Уштобе и стадиона, также щедрые подарки за лучшие выступления на празднике тоже были из Сеула.

Помню, тот далекий осенний день 1997 года, возвестил о празднике гудок паровоза. Первой включили запись с приветствием нашего Президента. Второй прозвучал запись с приветственной речью Главы Кореи Ким Ен Сам. Праздновали всем народом, вспоминали те трудные годы. Был замечательный концерт, выступление артистов Корейского театра. Таким образом, вылился праздник в своеобразное торжество дружбы представителей всех этносов, проживающих на казахстанской земле.

Q. Что вспоминалось Вам ещё?

А. Нашей семье повезло. Первый эшелон переселенцев, а это октябрь, мне было семь лет. После длинной дороги чуть ли не в месяц, встретили нас казахи. Я запомнил их национальные одежды, дыни на базаре, солнечный день. Всех ослабленных и стариков посадили на повозки с быками, остальные шли пешком.

Забивался колышек прямо в степи, после очередного километра, и у колышков оставались несколько семей. Так мы разбились по голой степи на десятки километров. Началось строительство ветхих временных жилищ. И еще я помню, что мы еще жили в землянках, а школа к следующему учебному году уже была построена. И мы приступили к занятиям уже осенью 1938 года. Наш колхоз был самым богатым и на урожаи, и на героев 9 Социалистического труда были моими односельчанами.

Q. Вы стали талантливым лектором, пропагандистом, агитатором, педагогом. Не чувствовалось ли каких-то ограничений, сказывалось ли то, что все-таки вашему поколению мало приходилось видеть, как, например, живут корейцы в других странах?

А. Мне повезло в жизни, в свое время приходилось побывать на международных конференциях в Европе,

Азии, 13 раз посетил Южную Корею. Помню Алжир. Мы, конечно, были всегда под «обстрелом» многих неудобных вопросов, так как накануне прошли антисоветские акции. И, честно говоря, не все справлялись с этим натиском недоброжелательности, а порою даже нескрываемой враждебности.

Запомнилась поездка в Алжир. Первым выступал представитель из Узбекистана. Ушел с трибуны, опустив голову. Слово дали мне. Я уже использовал первые факты, которые всегда заинтересовывали любую аудиторию – никакой реакции, пробую излюбленные приемы ноль эмоций. И вдруг говорю: «Казахстан по территории – это шесть Франций». Аудитория вдруг неимоверно оживилась. Дальше, что бы я ни говорил, все слушалось и воспринималось с восторгом и пониманием. Потому что этот слушатель все мерил Францией. И вдруг есть такая страна, в которой шесть Франции.

Q. Что запомнилось в других странах?

А. В Японии удивил театр «Кабуки». Там все роли, в том числе женские, играли только мужчины. Этакая своеобразная труппа актеров. Раньше, знаете, японцы запрещали женщинам выходить на сцену. Но не это удивительно. А то, что как альтернатива чисто мужскому коллективу организовалась женская труппа. Женщины решительно требовали для себя мужских ролей, доказывая, наверное, свое равноправие. Видимо, слабая половина решила, что их права уже давно ущемляются и их мастерство до сих пор не востребовано.

Q. **Вас, наверное, по жизни считают человеком, не взирающим на национальности, для которого нет таких понятий, как национализм, кумовство, например, землячество?**

A. Думаю, так все и считают, тем более что и в моей семье с дружбой народов все в порядке. Среди моих зятьев казах, украинец, русский и кореец. Я считаю, что о человеке нужно судить не по национальной принадлежности, ни по его материальному уровню, а по человеческим качествам, а что касается работы, только по деловым.

Q. **Вопрос начистоту и не в обиду. Интересно, вы кореец, ощущаете себя корейцем в Казахстане, только честно?**

A. А у меня на этот случай ответ всегда готов. Сердце у меня корейское, душа советская, а по мышлению я интернационалист.

5. Казахстан и Республика Корея: Диалог ценностей в пространстве цивилизации

Международное сотрудничество между Республикой Казахстан и Республикой Корея начался после распада Советского Союза. Став суверенным государством Казахстан столкнулся с геополитическими реалиями, которые сделали доминирующей в его внешнеполитической стратегии задачу сбалансированного развития отношений с внешним миром. Верно оценив их, молодая республика продолжала утверждаться в качестве независимого субъекта международного права и строить международные связи на основе равноправия, взаимоуважения и взаимной выгоды.

Казахстан в настоящее время является связывающим звеном между Европой и Азиатско-Тихоокеанским регионом. На нем лежит значительная доля ответственности за обеспечение мира и стабильности в регионе. Развитие регионального сотрудничества между Астаной и Сеулом имеет важное значение. Поэтому обе страны стремятся укреплять отношения и использовать потенциал международных политических, экономических отношений, максимально использовать и активизировать свои внешнеполитические связи. Важнейшей задачей является также укрепление престижа страны на международной арене – в глазах политических и деловых кругов зарубежных стран.

Внешнеполитический курс обеих государств базируется на открытой рыночной экономике и демократической политической системе – это активность, сбалансированность, прагматизм, конструктивный диалог и многостороннее сотрудничество. Центральная Азия для Республики Корея весьма перспективный и динамично развивающий регион, располагающий богатыми природными ресурсами и большим транзитно-транспортным потенциалом. Возросшие экономические и политические возможности позволяют Казахстану играть более активную и весомую роль в региональных интеграционных процессах.

Учитывая высокие показатели социально-экономического развития, имеющиеся инвестиционные возможности, Казахстан способствует сотрудничеству с Республикой Корея. Активно участвовать в формировании общего рынка, поддерживать все направления интеграции – создание отраслевых консорциумов, совместных холдингов и инвестиционных структур.

Активность Казахстана в сфере азиатского сотрудничества с Республикой Корея, готовность принять на себя обязанность и ответственность продиктованы искренним стремлением использовать потенциал Казахстана во благо обеих государств. Если подводить итоги за 27 лет, то Казахстан - это типичный пример удачной авторитарной модернизации, когда государство удовлетворило процесс развития этнических, региональных общин и начало их прогресса, а затем направило энергию всего общества на достижение личного успеха.

Казахстан и Республика Корея, объединенные на базе общности цивилизованных, исторических характеристик азиатских государств, расширяют связи не только между собою, но в то же время этим своим импульсом создают благоприятную политическую атмосферу в азиатском континенте. С началом дипломатических отношений наблюдается резкая активизация сотрудничества в Казахстане и Республике Корея со стороны официальных кругов.

Дипломатия обеих государств, стали проявлять углубленный интерес в экономической, политической и культурной жизни в республиках, налаживанию прямых дружеских контактов. Оперативность и открытость внешнеполитической деятельности руководства Казахстана, огромный экономический потенциал, уникальные природные богатства стали привлекать все возрастающее внимание со стороны политических и деловых кругов Республики Корея. Опыт экономического прогресса Республики Корея показывает, что свободный рынок, свободное развитие идей – основные принципы демократического общества, найдут развитие в независимом Казахстане, что создаст предпосылки для плодотворного сотрудничества между двумя странами.

В начальный период Республика Корея рассматривала Казахстана лишь как часть Центральной Азии и через призму своих отношений с мировыми державами. В Сеуле доминировал геоэкономический подход к энергетическим ресурсам Центральной Азии в целом и Казахстана, в частности.

Корейский бизнес опережал в своем вхождении на рынок Казахстана Японию и Китай инвестициями в различные совместные проекты и экспортом качественных товаров в тот сложный для новой независимой республики период, испытывавшей острый финансовый и товарный дефицит. Таким деятельным и динамичным сотрудничеством Сеул сумел создать положительный имидж надежного экономического партнера Казахстана, обладающего всем необходимым: мощным капиталом, передовой технологией и апробированным менеджментом.

Однако финансово-экономический кризис конца 1990-х годов остановил приток корейского капитала и стал причиной сворачивания ряда перспективных совместных проектов. К этому времени Казахстан отказался от ядерного арсенала в обмен на гарантии безопасности и финансовую инвестиционную поддержку, привлек к себе ТНК и крупных западных компаний как к новому перспективному региону добычи минеральных ресурсов и сырья. Таким образом, Республика Корея упустила шанс не только стать, но и быть страной-инвестором номер один в Казахстане, получить доступ к энергоносителям, начать реализацию крупных долгосрочных проектов и тем самым занять прочные позиции на казахстанском рынке.

Современный этап перехода отношений между двумя странами в качественно новое состояние стратегического партнерства начался в конце первого десятилетия и продолжается до сегодняшнего дня. Этот этап хронологически совпадает с периодом президентства Ким Дэ Чжуна, Но Мун Хён, Ли Мён Бак и Пак Гын Хе. Он был направлен на расширение и углубление реального партнерства с центрально-азиатскими странами. Об этом свидетельствует официальные визиты глав государств Но Му Хёна, Ли Мён Бак и Пак Гын Хе в Казахстан, а также Президента РК Н.А. Назарбаева в Республику Корея.

Казахстанско-корейские отношения с первого дня установления официальных дипломатических отношений имеют тенденцию к обретению позитивного свойства. Об этом говорит геополитическое положение Казахстана, также как и Республика Корея, находясь на перекрестке многих стратегических интересов.

Независимо от уклада внутриполитической жизни Сеул и Нурсултан привлекает внимание предпринимателей, промышленников, политиков, прежде всего, богатством неосвоенных подземных недр, огромными запасами природных ресурсов.

Казахстан сегодня способен превратится в мост мира, дружбы и прогресса, соединяя Европу и Азию. Республика Корея, продолжая это развитие в сторону АТР и всей Северо-Восточной Азии, сможет возродить уникальную древнюю цивилизацию, сделать ее сегодняшние плоды достоянием мировой цивилизации. Прочные международные отношения Казахстана и Республики Корея полезны не только для этих государств, но также будет способствовать налаживанию добрых отношений с другими странами.

Казахстан для Республики Корея это - огромный рынок и мост в страны Центральной Азии. Республика Корея в свою очередь для Казахстана выход на мировой океан через побережье Желтого и Восточного морей. Это положение одно из весомых и наиболее значительных особенностей геополитического положения Казахстана и Республики Корея и новых открытий в международном сотрудничестве.

Правительство Казахстана занимает ясную позицию, которая заключается в превращении Корейского полуострова в безъядерную зону в сохранении международной системе нераспространения ядерного оружия, прилагает все более активные усилия для мирного решения северокорейской ядерной проблемы. В то же время правительство Республики Корея высоко оценивает эти усилия казахстанского правительства и надеется, что и в будущем Казахстан будет продолжать вносить конструктивный вклад в достижении мирного решения северокорейской ядерной проблемы.

Крайне важный аспект корейской внешней политики состоит в том, что Сеул всегда и при любых обстоятельствах поддерживал и поддерживает США. Таким образом, особые отношения с США позволяют Республике Корея усиливать свое влияние в мировой политике, и в то же время растет корейский вес в политике Азии.

Одной из важной внешнеполитической проблемой Сеула остается отношение США и КНДР. Крайне негативное отношение США к КНДР не всегда поддерживалось населением и правительством Республики Корея. На данный момент корейская экономика занимает 12 место в мире, в целом корейская геополитика строится на мирном сосуществовании со всеми странами мира.

В Республике Корея правит искушенная и достаточно сплоченная политическая элита, которая реалистично оценивает национальные интересы. В настоящее время она исходит из того, что страна должна в будущем объединиться с КНДР, затем превратится в развитую экономическую державу не только в азиатском континенте, но и в мире в целом .

Таким образом, в проведении реальной политики Республики Корея в отношении Казахстана следует четко отличать собственно корейские интересы от обязательств Сеула перед США, учитывая степень свободы и зависимости Сеула от АТР, особенности корейской политики в отношении России ближайшего партнера Казахстана по политике и экономике.

Республика Корея является одной из ведущих в Азии и одной из мировых лидеров в экономическом развитии. Без нее не может принято ни одно решение, затрагивающие судьбы Азии. Налаживание продуктивного казахстанско-корейского сотрудничества будет способствовать укреплению положения республики в международном сообществе, содействовать всестороннему развитию Казахстана.

Будучи, нацеленной на экономический прорыв, данная стратегия ориентирована, прежде всего, на оптимальное использование. Внешнеэкономической помощи во всех ее видах и будучи реализованной на практике, она принесла стране огромные преимущества по сравнению со многими государствами, которые, получая содействие извне, позволяют себе поддаваться иждивенческим настроениям, губящим потенциальный эффект.

Значение корейского опыта основных несущих конструкций, на котором зиждется современная внешнеполитическая модель Республики Корея, для Казахстана требует оценки под разным углом зрения, включая ее интересы, прежде всего, в регионе Центральной Азии. Немалое значение имеет для Казахстана международное сотрудничество с Республикой Корея, ее опыт организации открытой политики.

Этому способствовал экономический прорыв Сеула в Казахстан. Появление первых совместных предприятий на казахстанском рынке, открывшаяся возможность использовать корейские инвестиции, развитие взаимной торговли – все это приоткрывает неплохие перспективы дальнейшего сотрудничества Казахстана и Республики Корея.

Для Казахстана, безусловно, важно, что в мире корейской модели движения к успеху он имеет убежденное доказательство огромных потенциальных способностей любого народа, а значит, и своего, совершить решительный прорыв на фронте хозяйственного строительства, приобщения к успехам и открытиям мирового научно-технического прогресса. Повысить свое материальное благосостояние и культурный уровень, стать вровень со многими индустриально развитым государством. Этот опыт может дать некоторые, вполне приемлемые ориентиры перехода к рыночной экономике и, что особенно важно для Казахстана, оптимальное использование иностранной помощи.

Но в любом случае хорошо бы не забывать, что Республика Корея совершила свой путь к успеху, имея гарантом его США – в силу специфических интересов последних на Дальнем Востоке, в частности, и в Азии в целом. Этим уникальным условием Казахстан не обладает, ни Запад, ни США не в состоянии сделать для огромной территории то, что они сделали для малых стран.

По мере того, как в годы «холодной войны» конфронтация между Западом и Востоком обострялась, Республика Корея заняла свое место среди государств западного блока. Она предпринимала всяческие усилия к расширению своих внешних сношений, укрепляя связи со своими традиционными союзниками и налаживая сотрудничество со странами «третьего мира» и новыми государствами, только получившими независимость.

С момента принятия ее в ООН в 1991 году Республика Корея настойчиво добивается членства в организациях, функционирующих под эгидой ООН, а также в различных специализированных учреждениях ООН. Она играет очень заметную роль в международных организациях, двадцать ее представителя избраны в исполнительные или руководящие органы. А бывший министр иностранных дел Республики Корея Пан Ги Мун в 2006 году избран Генеральным секретарем ООН.

Таким образом, напрашивается краткий вывод: внешняя политика Казахстана по отношению к Республике Корея нацелена на содействие укреплению всеобщей безопасности и стабильности, развитию взаимовыгодной интеграции. Активными дипломатическими усилиями создать благоприятные внешние условия для достижения стоящих перед обеими странами стратегических целей. Можно с удовлетворением констатировать, что сегодня Астана и Сеул сумели выстроить конструктивные, дружественные отношения без ущерба собственным национальным интересам, проявить себя ответственными партнерами по основным международным проблемам.

В этом политическом процессе корё сарам Казахстана может и должна сыграть роль медиатора между двумя народами, ибо этнические корейцы срослись с казахами и другими народами Казахстана тысячами нитей и по-братски воспринимают друг друга.

Как отмечалось, Республика Казахстан – многонациональное государство, где корейцы входят в десятку наиболее крупных этносов. И принято считать, корейцы появились на территории страны в результате депортации в 1937 г.

Однако, науке известно, что связи между Великой степью и Корейским полуостровом существовали с древнейших времен. Это подтверждается схожестью древних археологических культур, близостью тюркских и корейского языков, исконностью шаманских верований в Казахстане и Корее, а также антропологическим родством.

Жибек Жолы, (Шёлковый путь) соединявший в течение многих веков Восток и Запад, обеспечил контакты древней Кореи через земли Поднебесной с территорией современного Казахстана. С прекращением перемещения караванных потоков по Великому Шелковому пути древние связи оказались прерванными.

Корейцы также оказались в числе первых народов, депортированных в Центральную Азию в 1937 г. Однако, проживание нескольких десятков корейцев на территории Казахстана было зафиксировано уже в материалах первой всероссийской переписи населения Российской империи 1897 года. А весной 1928 г. в Казахстан прибыли 300 корейцев с семьями из Дальневосточного края, которые организовали в Кзыл-Ординской области сельскохозяйственный артель «Казахский рис» (Казрис).

Говоря о политическом аспекте роли корейской диаспоры в международных отношениях Казахстана и Республики Кореи, следует сделать небольшой исторический экскурс. Сразу после окончания Второй мировой войны советские корейцы оказались втянутыми в политику сталинского режима на Корейском полуострове.

В 1946 г. из Москвы в ЦК Компартии Казахстана и Узбекистана поступило распоряжение – взять на учет всех корейцев: коммунистов, кандидатов в члены партии, комсомольцев, имеющих высшее образование, владеющих корейским или китайским языками. В целом по Казахстану составили список в количестве около тысячи человек.

С корё сарам, подобранными для отправки в Северную Корею ЦК Компартии Казахстана работала комиссия. Затем кандидаты на отправку в Северную Корею проходили повышение квалификации и направлялись в Москву. Отправка в Северную Корею считалась специальной командировкой по заданию ЦК ВКП(б). Из двух тысяч корейцев Казахстана и Узбекистана, включенных в первоначальные списки, в Пхеньян в составе нескольких групп были направлены более 400 человек.

Национальные кадры в самой Северной Корее в послевоенный период были чрезвычайно слабыми, и поэтому советские корейцы, имевшие большой опыт партийной, государственной, управленческой, культурной деятельности, заняли в КНДР значительные должности. К тому же советская военная администрация повсюду, где это было возможно, ставила своих людей. По этим причинам советские корейцы с первых же дней стали играть в политическом и военном руководстве КНДР важную роль.

Советские корейцы принимали непосредственное участие в Корейской войне 1950–1953 гг., за что некоторые из них удостоились высшей воинской награды – «Героя КНДР», стали генералами северокорейской армии. Однако, вскоре после войны большая часть советских корейцев Ким Ир Сеном была из страны выслана. Остались лишь несколько десятков, многие из которых подверглись репрессиям. Лишь десятки, наиболее преданные вождю, остались в Северной Корее и закончили свою жизнь естественной смертью.

После разоблачения культа «отца народов» Сталина и в связи с обострением советско-китайских отношений Москва и Пхеньян друг от друга дистанцировались. В 60–70 гг. в Казахстане лишь изредка отмечались юбилейные даты, такие, как освобождение Кореи, образование КНДР, которые, по сути дела, проходили, не затрагивая жизни корейской диаспоры.

После развала Советского Союза и обретения независимости Республика Казахстан установила дипломатические отношения на уровне посольств с обоими корейскими государствами. Важную роль в первых контактах казахстанских корейцев с Югом и Севером стала играть, помимо официальных правительственных органов, созданная в 1990 г. Ассоциация корейских культурных центров в Казахстане.

Первоначально Северная Корея пыталась конкурировать с Югом за установление и развитие связей с казахстанскими корейцами. В 1989 г. из Пхеньяна впервые были присланы 3 тыс. букварей и учебников корейского языка. Также Пхеньян делегировал профессоров, для преподавания корейского языка в Алматинском государственном университете им. Абая. Инструктор по тэквандо из Северной Кореи обучал восточному виду боевого искусства молодежь Казахстана.

В 1989 г. был создан Казахстанский филиал Всесоюзной ассоциации содействия объединению Кореи (АСОК), деятельность которой финансировалась из Северной Кореи. В первые годы АСОК наладила посещение КНДР для корейцев из Казахстана и, в первую очередь, представителями старшего поколения. Около 100 человек по этой программе посетили Северную Корею.

В сентябре 1994 г. АСОК в Казахстане прошла перерегистрацию и стала называться «Казахстанская корейская ассоциация «Единство». Эта организация, имевшая в своем составе несколько активистов, сохранила про северокорейскую ориентацию и получала из Пхеньяна учебную и пропагандистскую литературу, корейские музыкальные инструменты, национальные одежды и др.

Раз в год в Пхеньян на мероприятия, объединенные под общим названием «Апрельская весна» и приуроченные ко дню рождения Ким Ир Сена, отправлялась небольшая группа казахстанских корейцев. Вступление северокорейского режима в середине 1990-х гг. в полосу глубокого кризиса привело к тому, что Пхеньян был вынужден закрыть посольство в Алматы и отозвать своих дипломатов.

Таким образом, международные отношения Казахстана с Северной Кореей не оставили заметного следа. Пхеньян не приобрел какого-либо влияния на корейскую диаспору. В настоящее время между Республикой Казахстан и КНДР не существует тесных контактов ни экономических, политических и гуманитарных.

Надо отметить, что советские корейцы, в силу идеологической пропаганды, о Южной Корее имели весьма смутное и искаженное представление. О каких-либо контактах с «неправильной» исторической родиной не могло идти и речи. Впервые Южная Корея открылась советскому народу во время XX1У летних Олимпийских игр, проходивший в Сеуле в 1988 г., из числа советских корейцев побывать на этой Олимпиаде удалось лишь единицам.

Дипломатические отношения между Республикой Казахстан и Республикой Корея были установлены 28 января 1992 г. С тех пор тысячи казахстанских корейцев имели возможность побывать на исторической родине, с другой Кореей и тысячи южных корейцев посетили нашу страну. В течение всего прошедшего с 1992 г. времени отношения между Казахстаном и Республикой Корея отмечались динамикой и многоаспектностью.

Целенаправленную политику в отношении зарубежных корейцев Республика Корея стала проводить чуть более двадцати лет тому назад. Для этого в 1997 г. был создан специальный правительственный фонд «Хэви донгпхо чедан» – Фонд зарубежных корейцев, тесно работающий с Министерством иностранных дел. В декабре 2005 г. правительство Кореи приняло программу поддержки этнических корейцев, проживающих в странах СНГ.

С момента установления дипломатических отношений между двумя странами корейцы Казахстана стали принимать активное участие в развитии двусторонних связей в самых разных сферах: экономике, культуре, образовании, медицине, науке и др. Южнокорейский бизнес – один из самых активных игроков на рыночном поле Казахстана. Республика Корея занимает одну из первых строк в списке зарубежных стран-инвесторов. Ведущие корейские концерны («чеболи») – «Самсунг», «Эл-Джи», «Дэу», «Хёндай», а также компании малого и среднего бизнеса интегрировались в разные сферы казахстанской экономики.

Южнокорейские бизнесмены признают, что им было легче, чем другим, адаптироваться в Казахстане, ибо, во-первых, действовал эффект позитивного имиджа местных корейцев (трудолюбие, исполнительность, образовательный уровень и т. д.), и, во-вторых, корейцы Казахстана являлись как бы связывающим звеном в установлении взаимоотношений, а порой они даже выступали в роли гарантов успешной сделки.

Бизнесмены из числа казахстанских корейцев не только сами создавали с соотечественниками совместные предприятия, разрабатывали бизнес - проекты, но и выполняли посреднические функции между ними и местными предпринимателями. С этой целью создавались Федерации по сотрудничеству и содействию в бизнесе, проводились различные семинары и бизнес-форумы Корея-Казахстан.

Многие южнокорейские бизнесмены развернули свою деятельность именно благодаря первоначальной поддержке со стороны корейской диаспоры.

В диалоге между Казахстаном и Республикой Корея важное место занимает Ассоциация корейцев Казахстана (АКК) – общественная организация, консолидирующая корейскую диаспору. Очень многое АКК сделала для сохранения и развития этнической культуры, очагов национальной культуры, средств массовой информации, а также тесного сотрудничества с Посольством Республики Корея, Центром корейского просвещения, представительствами KOICA, KOTRA, Ассоциацией южнокорейских граждан.

Без преувеличения можно сказать, что ни одно мероприятие в сфере культуры, будь то концерт, фестиваль, выставка из Республики Кореи в Казахстане не обходится без самого активного участия в нем корё сарам. В 2007 и 2018 гг. Ассоциация корейцев Казахстана провела Международный фестиваль корейского искусства и на сцене Корейского театра впервые выступили артисты из Сеула и Пхеньяна.

Уже более 20 лет в Алматы действует Центр просвещения, где любой желающий может изучать корейский язык, заниматься корейскими танцами, тэквондо или осваивать компьютерную грамоту. В течение продолжительного времени Ассоциация корейцев Казахстана находилась в том же здании, что и Центр просвещения. Это было не только символично, но и практично, ибо многие мероприятия, празднования памятных дат, культурные акции проводились совместно.

Теперь у корейцев Казахстана есть свой «Корейлер Үйі» – Корейский дом, построенный на народные и спонсорские средства казахстанских бизнесменов. В нем находятся офис АКК, редакция национальной газеты «Корё Ильбо», библиотека, хореографический класс, Молодежное движение корейцев Казахстана, НТО «Кахак». «Корейский

Дом» принимает гостей с исторической родины, причем как из Южной, так и из Северной Кореи, и этим вносит свой вклад в нормализацию межкорейских отношений на пути к мирному и демократическому объединению исторической родины.

Вступили в новый этап – этап стратегического партнерства, предусматривающий укрепление и наращивание сотрудничества по всей палитре межгосударственных связей. Такое партнерство включает в себя расширение и углубление гуманитарных обменов, тесную кооперацию в сфере образования, культуры, искусства, спорта и др. Настала пора говорить не о том, что отличает казахский и корейский народы, а о том, что их объединяет, сближает и делает связи между ними крепче. Любой бизнес, в том числе и международный, строится на взаимном доверии, уважении и признании.

Казахи и граждане Южной Кореи должны ближе узнавать друг друга, увидеть родственные черты в мировоззрении, народной философии, менталитете, этнической психологии, обрядах и обычаях. Корейская диаспора Казахстана играет роль своеобразного моста между двумя государствами и народами, ибо этнические корейцы срослись с казахами и другими этносами Казахстана тысячами нитей и по-братски воспринимают друг друга.

В то же время, южнокорейские бизнесмены и другие

граждане Страны утренней свежести, желающие закрепиться на казахстанском рынке, должны воспринимать корё сарам не просто как диаспорный инструмент, предназначенный для достижения ими своих целей, не как младших братьев, которым нужно оказывать помощь, а как равноправных партнеров, родственных по происхождению.

Для более эффективного участия в укреплении связей между Казахстаном и Республикой Корея корё сарам необходимо активнее усваивать казахский и забытый родной язык, быть шире представленными в государственных органах и учреждениях, вовлекаться в политические процессы страны, поддерживать контакты как с Югом, так и с Севером Кореи, а также с южными корейцами, проживающими в Казахстане.

Следует отметить, что сотрудничество между Ассоциацией корейцев Казахстана и Ассоциацией граждан Южной Кореи, коих на сегодняшний день насчитывается (вместе с несовершеннолетними детьми) свыше 2,5 тыс. человек, носит эпизодический характер, в основном, в форме взаимного представительского присутствия на отдельно проводимых мероприятиях.

В наступившем новом этапе стратегического партнерства Казахстана и Республики Корея все общественные организации казахстанских корейцев должны прилагать все усилия. Чтобы не только выполнять роль «живого моста», обеспечивающего взаимопонимание, дружбу и сотрудничество между Казахстаном и Республикой Корея, также активно действовать в рамках гуманитарных, межкультурных обменов и деловых связей между двумя странами.

Литература

[Часть 1]

Кан Г.В. История корейцев Казахстана. Алматы: 1995

Корейцы Казахстана: кто есть кто.- Алматы: 2005

Корейцы Казахстана в науке, технике и культуре.- Алматы: 2002

Мен Д.В., Квон Л.А., Ким З.В., Пан Н.Г. Советские корейцы Казахстана: Энциклопедический справочник.- Алма-Ата: 1992

Ли Г.Н. Семейные устои корейцев Корё сарам.- Бишкек: 2002

Энциклопедия корейцев Казахстана.- Алматы: 2017

Корея. Справочник.- Сеул: 1993

Пак Б.Д. Корецы в российской империи.- М.: М.: 1993

Пак И.Т. Корейцы в науке Казахстана.- Алматы: 1997

Мен Д.В. Корея и корейская диаспора Казахстана: политический аспект.- Алматы: 2008

История корейцев Казахстана. Сборник архивных материалов.- Сеул: 1998.- Том1

Кан Г.В., Ким Г.Н., Мен Д.В., Ан В.И. Корейцы Казахстана: Иллюстрированная история.- Сеул: 1997

[Часть 2]

Ким Г.Н. История иммиграции корейцев. Книга вторая. 1945-2000 годы. Часть 1.- Алматы «Дайкс-Пресс» 2006; Мендикулова Г.М. Исторические судьбы Казахской диаспоры. Происхождение и развитие.- Алматы: Ғылым, 1997

Мендикулова Г.М. Исторические судьбы Казахской диаспоры. П роисхождение и развитие.- Алматы: Ғылым.- С. 14

Мендикулова Г.М. Исторические судьбы Казахской диаспоры. П роисхождение и развитие.- Алматы: Ғылым.- С. 16

Бромлей Ю.В. Этнические процессы в современном мире.- М.: 1987.- С. 17

Миграция и мигранты в мире капитала: исторические судьбы и современное положение.- Киев: 1990.- С. 171

Кан Г.В. История корейцев Казахстана.- Алматы: 2017.- С. 150-278

Мен Д.В. Корея и корейская диаспора Казахстана: политический аспект.- Алматы: 2008.- С. 291-293

Кан Г.В. История корейцев Республики Казахстан.- Алматы: 2017.- С.134-135

Ким Г.Н. История иммиграции корейцев. Книга вторая. 1945-2000 годы. Часть 1.- Алматы «Дайкс-Пресс» 2006; Мендику лова Г.М. Исторические судьбы Казахской диаспоры. Про исхождение и развитие.- Алматы: Ғылым, 1997.

Мендикулова Г.М. Исторические судьбы Казахской диаспоры. П роисхождение и развитие.- Алматы: Ғылым.- С. 16

Мендикулова Г.М. Исторические судьбы Казахской диаспоры. П роисхождение и развитие.- Алматы: Ғылым.- С. 17

Бромлей Ю.В. Этнические процессы в современном мире.- М.: 1987.- С. 17

Миграция и мигранты в мире капитала: исторические судьбы и современное положение.- Киев: 1990.- С. 171

Хан В.С. Диаспоральные среды.- Ташкент: 2013.- С. 41-42

Ким Г.Н. Миграция или репатриация в Южную Корею // Корё И льбо.-21 апреля 2017 г.

Шамуратова Н.Б. и др. Миграционные процессы Казахстана в ус ловиях мировой интеграции//Известие НАН РК. Серия об щественных и гуманитарных наук.- 2014.- № 2.- С. 130-132

Досумов Ж. Иммиграция – одна из основ открытого гражданско го общества.- Мысль.- 2004.- № 8.- С. 34-35

Цхай Юрий Андреевич.- Энциклопедия корейцев Казахстана.- А лматы: 2017.- С. 650-651

Шин Бронеслав Сергеевич.- Энциклопедия корейцев Казахстана.- Алматы: 2017.- С. 677

Нам Олег Юрьевич.- Энциклопедия корейцев Казахстана.- Алматы: 2017.- С. 399

Кан Сергей Влалимирович.- Энциклопедия корейцев Казахстана.- Алматы: 2017.- С. 176-177

Ли Юрий Сангерович.- Энциклопедия корейцев Казахстана.- Алматы: 2017.- С. 353-354

Ким Владимир Сергеевич.- Энциклопедия корейцев Казахстана.- Алматы: 2017.- С. 206

Ким Вячеслав Константинович.- Энциклопедия корейцев Казахстана.- Алматы: 2017.- С. 206

Ким Вячеслав Семенович.- Энциклопедия корейцев Казахстана.- Алматы: 2017.- С. 206

Кан Евгений Петрович.- Энциклопедия корейцев Казахстана.- Алматы: 2017.- 173-176

Пак Андрей Иванович.- Энциклопедия корейцев Казахстана.- Алматы: 2017.- С. 436

См.: Государственный республиканский академический корейский театр музыкальной комедий.- Энциклопедия корейцев Казахстана.- Алматы: 2017.- С. 94-97

См.: Сольналь (сэри) в Казахстане .- Энциклопедия корейцев Казахстана.- Алматы: 2017.- С. 533

См.: Чинсон- Энциклопедия корейцев Казахстана.- Алматы: 2017.- С. 663

Корейцы Казахстана в науке, технике и культуре.- Алматы: 2005

Корейцы Казахстана в спорте.- Энциклопедия корейцев Казахстана.- Алматы: 2017.- С. 304-305

Ким Г.Н. Литература советских корейцев.- Энциклопедия корейцев Казахстана.- Алматы: 2017.- С. 358-359

Сен Ирина, Цой Ен Гын. Корейское радиовещание.- Энциклопедия корейцев Казахстана.- Алматы: 2017.- С. 387-288

Ким Г.Н. Религиозное верование корё сарам.- Энциклопедия корейцев Казахстана.- Алматы: 2017.- С. 491-492

См.: Чой Вен Чжин. Баптистские корейские миссии в Централь

ной Азии.- Энциклопедия корейцев Казахстана.- Алматы: 2017.- С. 52-53

См.: Ким Г.Н. Буддизм на территории Казахстана.- Энциклопед ия корейцев Казахстана.- Алматы: 2017.- С. 62

См.: Ким Г.Н. Вон-буддизм .- Энциклопедия корейцев Казахстан а.- Алматы: 2017.- С. 62

«Корё Ильбо».- 22 сентября 2017 г.

«Корё Ильбо».- 22 сентября 2017 г.

Доктрина национального единства Казахстана // Казахстанская правда.- 2009 г. – 6 ноября.

См.: Хазанов А.М. О русских в Центральной Азии и не только о них // Этнографическое обозрение.- 2008.- № 2.- С. 47.

Назарбаев Н.А. Национальное единство – наш стратегический в ыбор. Выступление Президента РК Н.А. Назарбаева на ХУ сессии Ассамблеи народа Казахстана // Казахстанская пра вда.- 2009 г.- 27 октября.

«Корё Ильбо».- 2007 г., 5 октября.

[часть 3]

Советские корейцы Казахстана.- Алматы: 192.- С. 11-42

Абсаттаров Р.Б., Мен Д.В., Мукажанова А.Ж. Культура межэтнич еского общения: казахстанский опыт:- Алматы: 2012.- С. 63

Ли В.Ф. Россия и Корея в геополитике евразийского Востока.- М.: 2000.- С. 497

См.: Энциклопедия корейцев Казахстана.- Алматы: 2017.- С. 663-664

Корейцы в науке, технике и культуре.- Алматы: 2002.- С. 16-17

Альмуканова А. Роль корё сарам в установлении связи с историч еской Родиной

Ким Г.Н. Казахстан – Южная Корея: по пути стратегического па ртнерства. Книга 1.- Алматы: 2012

Мен Д.В. Корея и корейская диаспора Казахстана: политический аспект.- Алматы: 2008

Кан Г.В., Ким Г.Н., Мен Д.В., Ан В.И. Корейцы Казахстана: Иллю стрированная история.- Алматы: 1997.- С. 22-26

Ли У Хе, Ким Ен Ун. Белая книга. О депортации корейского насе ления России в 30-40-х годах. Книга первая.- М.: 1992.- С. 12

См.: Абылгожин С.А., Козыбаев М.К., Татимов М.Б. Казахстанска я трагедия// Вопросы истории.- 1989.- № 7.- С. 53-57

Ким Г.Н., Мен Д.В. История и культура корейцев Казахстана.- Ал ма-Ата.- 1995.- С. 9

Кан Г.В., Ким Г.Н., Мен Д.В., Ан В.И. Корейцы Казахстана: Иллю стрированная история.- Алматы: 1997.- С. 30-34

«Корё Ильбо».- 22 сентября 2017 г.

«Корё Ильбо».- 22 сентября 2017 г.

«Корё Ильбо».- 22 сентября 2017 г.

Энциклопедия корейцев Казахстана.- Алматы: 2017.- С. 11

Амелин В.В. Этническое многообразие и власть в российском ре гионе. –М.: Институт этнологии и антропологии им. Н.Н. Миклухо-Маклая.- 2004

Ильин В.И. Драматургия качественного полевого исследования.- СПб: Интерсоцис: 2006

Народы России. Энциклопедия.- М.: Научное издательство «Бол ьшая Российская энциклопедия».- 1994

Национальный состав и владение языками, гражданство: Итоги Всероссийской переписи населения 2002 года.- М.: ИИЦ « Статистика России», 2004

Российская нация: становление и этнокультурное многообрази е.- М.: Наука, 2011

Семёнова В.В. Качественные методы: введение в гуманитарную социологию.- М.: 2009

Тишков В.А. Стратегия и механизмы национальной политики // Национальная политика в Российской Федерации.- М.: Н аука, 2010

Хантингтон С. Кто мы? Вызовы американской национальной ид ентичности.- М.: Праксисс, 2004

Корейцы Казахстана в науке и технике и культуре.- Алматы: 2002.- С. 16

Назарбаев Н.А. Послание Президента РК Н.А. Назарбаева народу Казахстана. Казахстанский путь – 2050: Единая цель, едины́е интересы, единое будущее // Казахстанская правда, 18 января 2014

Корейцы Казахстана: кто есть кто.- Алматы : 2005.- С. 404

«Корё Ильбо».- 2007.- 28 сентября.

Мен Д.В. Корейская интеллигенция в Казахстане: История и совре́менность // Известия корееведения Казахстана.- 1996.- № 1.- С.17-27.

Назарбаев Н.А. К экономике знаний через инновации и образование // Казахстанская правда.- 2006.- 27 мая.

«Корё Ильбо».- 2007.- 5 октября

Мен Д.В. Корейская интеллигенция в Казахстане: История и совре́менность // Известия корееведения Казахстана.- 1996.- № 1.- С.17-27.

Кан Г. В. История корейцев Республики Казахстан.- 2017

Ким Г.Н. Избранные труды по корееведению.- Алматы: 2013

Стефаненко Т.Г. Этнопсихология.- М.: 2009

Солдатова Г.У. Психология этнической напряженности.- М.: 2007

Рыжова С.В. Этническая идентичность в контексте толерантности. – М.: 2011

Арутюнян Ю.В., Дробыжевой Л.М., Сусоколова А.А. Этносоциология.- М.- 2011

Ташков В.А., Е.И. Филиппов. Культурная сложность современной нации.- М.: 2016

Малаков В.С. Культурные различия и политические границы в эпоху глобальные миграции.- М.: 2016

Семененко И.С. Между государством и нацией дилеммы политики идентичности на постсоветском пространстве // ПОЛИС- № 5.- 2017

Тлостанова М.В. От философии мультикультуризма к философи и транскультурации.- М.: РУДН.- 2008